Soñar en ruso

Soñar en ruso
El imaginario cubano-soviético

Jacqueline Loss

Traducción de Paula Coto

Almenara

Consejo Editorial

Luisa Campuzano	Waldo Pérez Cino
Adriana Churampi	Juan Carlos Quintero Herencia
Stephanie Decante	José Ramón Ruisánchez
Gabriel Giorgi	Julio Ramos
Gustavo Guerrero	Enrico Mario Santí
Francisco Morán	Nanne Timmer

© Jacqueline Loss, 2019
© de la traducción, Paula Coto, 2019
© Almenara, 2019

www.almenarapress.com
info@almenarapress.com

Leiden, The Netherlands

ISBN 978-94-92260-32-1

Imagen de cubierta: El Lissitzky, *Клином красным бей белых!*, 1919.

All rights reserved. Without limiting the rights under copyright reserved above, no part of this book may be reproduced, stored in or introduced into a retrieval system, or transmitted, in any form or by any means (electronic, mechanical, photocopying, recording or otherwise) without the written permission of both the copyright owner and the author of the book.

	Introducción 7
I.	Koniec 37
II.	Destinos cruzados. 71
III.	Los intermerdiarios cubanos 105
IV.	«Made in USSR» 161
V.	El fantasmagórico Sputnik 207
	Coda. El parque temático soviético 251
	Bibliografía 275
	Agradecimientos 309

Introducción

Este libro surgió de una de esas conversaciones que son las que suelen tener el mayor impacto en mí: las que no me incluyen. Fue en 2001 cuando acompañé a un compañero cubano que vivía en Estados Unidos y a su esposa rusa hispanohablante a la casa en la Habana Vieja de dos de sus amigos, crítico teatral uno y pintor el otro. Tras un poco de ron la conversación pasó a ser en ruso, de modo que en la última media hora de la cena me quedé al margen. Había muchas risas y poca traducción. Finalmente, los cuatro se pusieron de acuerdo para explicarme que les unía el hecho de añorar ciertos elementos de la Unión Soviética, donde años atrás todos habían estudiado. Me quedó claro que si bien el ruso ya no era el idioma principal de los asuntos internacionales, funcionaba como escudo en mi presencia. Para estos cubanos, nacidos en los años cuarenta y cincuenta y formados en la Unión Soviética, la lengua rusa, al menos durante esa velada, seguía preservando a Cuba de los estadounidenses.

Más o menos en ese momento ocurrió algo más. Caminaba por La Habana de manera similar a como imagino que lo hacían los *flâneurs* por París, aunque me daba la impresión (al menos entonces) de que pensaba en algo distinto al aura de las ruinas urbanas, en algo que me resultaba igualmente atractivo y que era a la par frívolo y crucial. Me acompañaba mi cómplice por las calles, con su discurso sobre por qué él prefería que sus parejas sexuales usasen ropa interior sencilla, infantil, de algodón, en vez, por así decir, de Victoria's Secret o de su réplica española, Women's Secret, marcas ambas que difícilmente podría adquirir el cubano «medio». Por lo que pude deducir, no buscaba excusas para alentar una perversión al más puro estilo de *Lolita*, sino más bien hacer entender que la ropa interior de algodón evocaba otro tiempo, el de su juventud, cuando casi todo el mundo vestía la misma clase de blúmers. Se refería, por supuesto, a la época en que los cubanos adquirían la ropa principalmente del bloque soviético y no de China, Venezuela, Estados Unidos o Europa Occidental, ni mediante transacciones con turistas.

Así se confirmó lo que conocía de oídas. La fantasía de mi amigo no era precisamente una rareza. Un año o dos más tarde, la galardonada escritora cubana Wendy Guerra (nacida en 1970) me contó que su próximo libro se titularía *Blúmers*, y aunque posteriormente se retituló como *Ropa interior*, un término mucho menos local, tanto el nuevo título como el revisado aludían por igual a los años ochenta, cuando los cubanos llevaban el mismo tipo de ropa interior que un pueblo inmenso de bien lejos.

Soñar en ruso demuestra que aunque el bloque soviético ya no exista como aliado político cubano, su influjo aún se aprecia en restos significativos y complejos dentro de la producción cultural actual de la isla. Por medio de entrevistas con artistas, funcionarios e intelectuales cubanos, y de archivos cinematográficos y bibliográficos de los años sesenta, setenta y ochenta, así como gracias a la teoría sobre el postmodernismo, el postcolonialismo y la cultura postsoviética, este libro ilustra cómo Cuba se encuentra en la extraña posición de recordar sus propias interacciones con la Unión Soviética al tiempo que los órdenes político y social cubanos son percibidos por algunos como una reliquia de la Guerra Fría.

Tras la desintegración de la Unión Soviética en 1991, la comida, la electricidad y la gasolina comenzaron a escasear. Para sobrevivir sin su mayor aliado, Cuba se vio obligada a revisar sus paradigmas legales, culturales y económicos. En 1992, la Constitución cubana fue modificada; las referencias a Marx y Lenin se acompañaron con nuevas referencias al héroe nacional cubano, José Martí, y la frase «fraternidad con la Unión Soviética» quedó borrada. En 1993, la legalización del dólar como forma de intercambio marcó el comienzo de una economía dual. En medio de esta agitación social, no es de extrañar que muchos cubanos, casi inmediatamente después de la disolución de la Unión Soviética, afirmaran no haber heredado apenas nada de los soviéticos, o que incluso culparan de las medidas más represivas de la Revolución al influjo soviético. Sin embargo, como atestigua *Soñar en ruso*, la producción cultural desde mediados de los noventa sí representa el impacto soviético, mediante enfoques interpretativos que van desde la nostalgia *naif* a la parodia. Los artistas cubanos a menudo implantan una «memoria defensiva» como catarsis y como forma de combatir el miedo ante el futuro incierto de la nación. El «ruso» del título de este libro hace referencia a la ambigüedad con que los cubanos utilizan el término «rusos», tanto para referirse al pueblo y a las cosas de la Unión Soviética como a los de otras partes del bloque soviético. Además, en ocasiones «ruso» se empleaba también para aludir al oficialmente proclamado «Soviet». Hoy en día estas ambigüedades e inexactitudes deliberadas siguen vigentes.

Hacia finales de los noventa y ya en el siglo XXI, la nostalgia por el bloque soviético, y más concretamente por la Alemania del Este, ha sido una fuerza con la que han lidiado artistas, políticos, sociólogos y críticos culturales.

El fenómeno, conocido por el término alemán «*Ostalgie*», captó la atención internacional en 2003 con la irónica película de Wolfgang Becker *Good Bye, Lenin!*, una popular tragicomedia que describe los esfuerzos de un hijo por preservar los recuerdos de su convaleciente madre socialista en medio del floreciente capitalismo de Berlín. *La vida de los otros* (2006), intenso melodrama de Florian Henckel von Donnersmarck, ofrece un retrato cinematográfico más sombrío de la vida en la Alemania del Este. Ambos filmes registran la actualidad contemporánea y muestran la historia reciente; al mismo tiempo, los políticos socialistas han vuelto a escena, no sólo en el área del antiguo bloque soviético, sino también en varias regiones de Latinoamérica.

Estos procesos tienen numerosas implicaciones para el estudio de la política cultural cubana actual.

De hecho, ambos filmes han provocado comparaciones vívidas y directas de los cubanos. El primero se proyectó en un pase público en un pequeño festival de cine alemán en 2003 en La Habana e inspiró el cortometraje realizado en 2005 por Asori Soto, un documental sobre los dibujos animados del bloque soviético, titulado *Good Bye, Lolek*. El hecho de que *La vida de los otros* –una película que evidencia las atrocidades perpetradas por la Stasi y la participación del pueblo alemán en el espionaje cotidiano– también se proyectase en Cuba en 2007 podría sugerir que el gobierno cubano no le temía a las comparaciones entre la Alemania del Este y la historia cubana. La película, sin embargo, se proyectó sólo por tiempo limitado y ante un selecto grupo de gente, de manera que quedaba asegurada la distancia y falta de complicidad con los cubanos de la isla, cuya precariedad resulta obvia viendo el apodo de «La vida de nosotros» que le endilgó la gente para referirse a la película, en lugar del título español *La vida de los otros*.

En 1997, el mismo año en que se convirtió en ministro de Cultura en Cuba, Abel Prieto publicó *El humor de Misha: La crisis del «socialismo real» en el chiste político*, un compendio fascinante del humor socialista soviético. Al abordar directamente el tema es como si Prieto asegurase a sus lectores que los cubanos son los testigos, más que las víctimas directas: que están lo bastante distantes del tipo de opresión que evocaba aquella respuesta humorística. Prieto identifica chistes relacionados con la noción internacionalista de «la amistad entre los pueblos» y explica que surgieron de la «percepción colonial de las relaciones entre la URSS y otros países del bloque», percepción que no puede compararse a la experiencia cubana de los soviéticos, puesto que, según Prieto, los cubanos se situaron en una posición estética y sentimentalmente superior a la de ellos (1997: 45).

Con respecto al término que emplean los cubanos para referirse a los soviéticos, «bolos», afirma Prieto:

era más bien una ironización benevolente, perdonadora, donde no había rencor ni hiel. Esta expresión [...] nos separa radicalmente de todo mecanismo plattista de subordinación: coloca al cubano en una instancia superior, casi paternal, y contempla al bolo como a alguien proveniente de un mundo rudimentario. No hay, pues, la admiración plattista por el extranjero, ni la envidia, ni el afán de imitación, ni el odio que se genera en el reverso del plattismo contra el colonizador. (1997: 56).

El contraste dibujado por Prieto entre el impacto soviético en Cuba y la expansión de la esfera de influencia de Estados Unidos en la isla en los albores del siglo XX, con la Enmienda Platt, se basa en la noción de que la Unión Soviética no es un colonizador, como Estados Unidos[1]. Si la Revolución, como advertía Roberto Fernández Retamar en su rompedor ensayo de 1971 *Calibán*, era para avanzar sobre una base sólida, los cubanos debían aceptar la figura shakespeariana de Calibán como la voz híbrida y rebelde de las nuevas Américas antes que quedarse con la voz del colonizador, representado por Ariel, el burgués intelectual europeizado. El análisis de Prieto sobre el impacto soviético en Cuba, por otra parte, parecía decir que la Revolución no tendría que preocuparse por reformar a los «Yuris» (por Yuri Gagarin) de la «Generación Y», nacidos en los años setenta —muchos de los cuales recibieron nombres rusos—, cuando los soviéticos tuvieron mayor influencia.

Durante la visita a Cuba en diciembre de 2000 de Vladimir Putin, el primer presidente ruso en visitar la isla después de la desintegración soviética, un cubano de la calle le dijo a la corresponsal de Reuters

---

[1] La Enmienda Platt de 1901 estaba conformada por cláusulas anexadas a la Constitución de Cuba por el secretario de guerra estadounidense Elihu Root. Entre otros privilegios y restricciones, dio a Estados Unidos control sobre la base naval de Guantánamo y el derecho a intervenir en lo referente a la independencia cubana.

Isabel García-Zarza lo que pensaba de la presencia rusa/soviética: «No quedó nada, no bailamos como los rusos, no comemos como los rusos, y ni siquiera bebemos vodka». Un ruso que había vivido en Cuba durante trece años afirmó que «cubanos y rusos son pueblos con una cultura y una idiosincrasia tan diferentes que la fusión era imposible y la influencia mínima» (García-Zarza 2000: 21A). La presencia de los nombres rusos en la isla, los chollos de las tiendas rusas y el recuerdo de Putin hablando en su lengua materna con cubanos contrarrestaron las manifestaciones de desunión.

Esta inquietante unión se recuerda de forma estereotipada en la comedia cubano-española *Un rey en la Habana*, dirigida por el cubano Alexis Valdés. El filme es uno de los numerosos ejemplos que ilustran que los cubanos de la isla y de la diáspora a menudo recuerdan de forma similar a los soviéticos, aunque, como se verá, las ramificaciones de estos recuerdos puedan diferenciarse. En la película, los moradores de un solar traman cómo robarle a un español que ha fallecido por una sobredosis de «estimulante sexual». Para que su preciosa y joven novia cubana pueda hacerse con el patrimonio en el extranjero del español, sus vecinos incineran el cuerpo y simulan su boda con un sustituto convenientemente arreglado para hacerse pasar por el muerto. Este sustituto fue preparado por el mismo maquillador que, según nos cuentan, transformó al galardonado actor Mario Balmaseda en Lenin en la producción teatral de 1980 de *Las campanas del Kremlin* de Nikolái Pogodin. El detalle podría haber pasado desapercibido si no fuera por la cantidad de chistes sobre el periodo soviético presentes desde el principio, la mayoría sobre la maquinaria enviada a Cuba. «El amor es como un televisor ruso. Mientras funciona bien, pero cuando se rompe, coño».

Para que el engaño surta efecto, el cuerpo se lleva a la incineradora de la «amistad cubano-soviética», pero, ¡ay!, no funciona. Vigilando la incineradora se encuentra Gerardo, un viejo seguidor del régimen que había sido presentado anteriormente a los espectadores cuando andaba buscando «[su] *Capital*», a lo que su hijo responde que es «por supuesto el de Karl Marx». El viejo comunista explica que la incineradora no funciona porque están esperando a que llegue un repuesto de la Unión Soviética, y cuando se le dice que ese país ya no existe, se alarma. «¿Y qué? La gente espera a Santa Claus todos los años. Lo que importa en la vida es la espera. El repuesto es una metáfora». *Un rey en La Habana* sugiere que metáforas cómicas como estas no sólo existieron en Cuba durante el propio periodo soviético, sino que se mantuvieron en la isla durante el Periodo Especial en tiempos de paz, una época de escasez material y poca renovación ideológica tras la caída de la Unión Soviética.

El análisis de Susan Buck-Morss sobre la filosofía política y las artes en la Unión Soviética durante e inmediatamente después de la perestroika permite comprender mejor el periodo postsoviético en Cuba. El propio término «perestroika» es para muchos cubanos problemático, pues les detrae de la autoctonía que debían mantener, sobre todo al comienzo de la crisis de la desintegración de la Unión Soviética en 1991:

> In the last days of the Soviet regime, dissident artists within the Soviet Union represented its past history as a dreamworld, depicting the crumbling of the Soviet era before it occurred in fact. For this generation, the moment of awakening replaced that of revolutionary rupture as the defining phenomenological experience. Exemplary is a 1983 painting of Aleksandr Kosolapov, *The Manifesto*, in which, against a martial red sky and amidst ruins that include a bust of Lenin, three putti try to decipher a surviving copy of Marx's *Communist Manifesto*. The dreamer who is still inside the dream of history accepts its logic as inexorable. But at the moment of awakening, when the dream's coherence dissipates, all that is left are scattered images. The compelling nature of their connection has been shattered. (Buck-Morss 2000: 68)

La identificación y el análisis de las imágenes inconexas de la Unión Soviética –y en menor medida, del bloque soviético– dentro de la cultura contemporánea cubana es lo que se propone este libro, un proyecto particularmente complejo puesto que en Cuba el soñador, como ocurre en *Un rey en la Habana*, aún se encuentra dentro del sueño de la historia, aunque pueda narrarse de un modo ligeramente distinto.

Más que con ninguna otra pieza artística, la canción de 1995 «Konchalovski hace rato que no monta en Lada», del cantautor de la Nueva Trova Frank Delgado, captura lo que es vivir en los restos del bloque soviético en el Caribe[2]. Nacido en 1960, Delgado se crió, como narra la canción, con la típica dieta cultural cubano-soviética de los años setenta y alcanzó la mayoría de edad en los ochenta, con un gran conocimiento de la cultura soviética, como muchos otros artistas cuyas obras repaso en este libro. Las risas y los suspiros de los oyentes en la grabación en directo de la canción de Delgado sugieren que tras el desastre de las imposiciones soviéticas, los cubanos experimentaban cierta añoranza de algunos aspectos de la dieta, pero se sentían mucho más aliviados al poder expresar su opinión en materia ideológica en lo referente al bloque soviético. La balada de Delgado expone la capacidad para tener una opinión sobre Karl Marx. El estribillo «Alguien a mí me preguntó si me había leído *El Capital*. Sí, pero a mí no me gustó, pues la heroína muere al final» supone la conversión del marxismo-leninismo de narrativa única a sólo una ideología más, un relato menor para la crítica. Incluso para el Gerardo de la comedia de Valdés, *El Capital* es una obra de la literatura.

La lucha del sujeto por hacerse un hueco en el nuevo desorden mundial es una característica respuesta cubana a la desaparición soviética de la isla a comienzos de los noventa. El constructo del

---

[2] La Nueva Trova es un movimiento surgido en la década de los sesenta, con raíces en la música popular de la trova e influencias de la música folk, pop y rock internacionales. El original en español de la canción de Frank Delgado puede encontrase en <http://www.cancioneros.com/nc/4504/0/konchalovski-hace-rato-que-no-monta-en-lada-frank-delgado>.

«Periodo Especial» se erigió sobre la base de los cubanos insensibles a la caída de la fantasía utópica, mediante una reivindicación apasionada de la diferencia retórica desde la narrativa internacional. Buck-Morss describe brillantemente las reacciones artísticas contra el entumecimiento sentimental obligatorio. «Precisely because these socialist dreamworlds entered into the utopian fantasy of childhood, they acquired a critical power, as memory, in adults» (2000: 208-209). La misma observación sirve para la experiencia de los que alcanzaron la mayoría de edad en una ensoñación compuesta por la réplica de la grandeza soviética en Cuba. Podrían haberlo atestiguado en la masiva exposición de 1976 en el Pabellón Cuba, denominada Logros de la ciencia y la técnica soviética, u observando a Arnaldo Tamayo, el primer cosmonauta cubano, ascender al espacio en la Soyuz 38 desde el Cosmódromo de Baikonur, en 1980. La grandeza de esa maquinaria no desdecía las quejas de los adultos sobre la monocromía de los productos materiales soviéticos, de los dibujos animados y el cine, ni su desconfianza en tener que asumir con normalidad, como suya, la retórica de esa nación remota.

La sociedad cubana se hizo eco del sarcasmo presente en la letra de Delgado, especialmente en la última década del siglo XX y en los primeros años del XXI. Sobre la década de los noventa, el filósofo cubano Jorge Luis Acanda señaló: «Desacralizamos todos aquellos productos culturales abarcados por ese complejo ideológico que podemos denominar como *lo soviético*, desde el realismo socialista y los muñequitos rusos hasta la calidad de la tecnología *made in USSR* y la pretendida omnisapiencia de los líderes del PCUS» (2000: 60). La característica de la «omnisapiencia», que normalmente se refiere a Dios, se usa aquí para referirse a la dirigencia soviética, lo que revela hasta qué punto se veía a los soviéticos casi como una fuerza invisible de poderes sobrehumanos. En el proceso de la desacralización, el «made in USSR» queda desprovisto de su valor de uso y se vuelve una reliquia. Y las reliquias también pueden tener prestigio.

¿Cómo se construyó esta omnisapiencia? Víctor Fowler Calzada, escritor cubano, académico y bibliotecario, me contó una vez que era como si cada disciplina y estructura de conocimiento se abordasen a través de la lente soviética. Una de las muchas anécdotas de Fowler que ilustran este concepto es la de un compañero que, tras haber estudiado el sistema de clasificación bibliotecario y bibliográfico soviético –el BBK– entre 1986 y 1989, propuso su adopción en Cuba justo cuando el Muro de Berlín se derrumbaba. El relato, que *a priori* parece insignificante, es un claro ejemplo de cómo no sólo el conocimiento y su transmisión en todos los niveles pedagógicos y en cada materia, sino también el ocio, se originaban en un contexto totalmente distinto. Como cabría esperar, la ideología (en todas sus vertientes) se transmitía a los niños en proyectos de publicación conjuntos entre la URSS y Cuba, con libros como *A los niños sobre Lenin*, cuya contracubierta presenta unos exóticos niños en Cuba en una troika, con Lenin a modo de padrino.

Las obras infantiles a menudo se basaban en historias populares, como *Mashenka y el oso*, publicado por primera vez en español por la editorial soviética Malysh en los años setenta. Los que contaban con versiones animadas eran incluso más conocidos. Mientras que algunos libros se produjeron en colaboración con editores soviéticos, otros fueron editados en otros países del antiguo bloque socialista, como la República Democrática Alemana y Checoslovaquia.

Otro ejemplo de la omnipresencia soviética se encuentra en la obra de Lázaro Saavedra (nacido en 1964 en La Habana), que suele recontextualizar la actualidad o la parafernalia histórica en su obra con la mínima autoría artística posible. *Del diario de observaciones* presenta una página emblemática de un cuaderno de notas de 1979, que pretendía inscribir a los niños en el imaginario socialista mediante las típicas preguntas de corte ideológico sobre las vacaciones socialistas y la geografía del mundo socialista. Los cubanos fueron interpelados en la consciencia soviética mediante el ensayo doméstico de la familia soviética. Véase, por ejemplo, cómo la esfera doméstica

Cubierta de *A los niños sobre Lenin*, compilación de A. Kravchenko, diseño de N. Liamin, traducción de Nina Vasílieva. Moscú: Malysh, 1980. Edición de Gladys Valdés. La Habana: Gente Nueva. Copyright de 1979 de Malysh.

Cubierta de *Mashenka y el oso*, Evgenii Rachev, 1979. Moscú: Malysh, 1981. Cortesía de Vladimir Turkov.

Cubierta trasera de *Mashenka y el oso*, Evgenii Rachev, 1979. Moscú: Malysh, 1981. Cortesía de Vladimir Turkov.

Interior de cubierta de *Mashenka y el oso*, Evgenii Rachev, 1979. Moscú: Malysh, 1981. Cortesía de Vladimir Turkov.

Interior de cubierta de *Mashenka y el oso*, Evgenii Rachev, 1979. Moscú: Malysh, 1981. Cortesía de Vladimir Turkov.

soviética estaba representada en el popular libro infantil *La gallinita pinta*, de L. Mayorova, que resuelve la felicidad y sostenibilidad de la amorosa unión entre Cuba y la URSS con las palabras «En una casa muy linda vivían el abuelo y la abuela». La imagen proporciona una textura sentimental para la admiración prescrita de la cultura soviética y su penetración en Cuba.

Muchos cubanos no trabajaban con soviéticos, no viajaban a la Unión Soviética ni ostentaban un cargo profesional que exigiera formación soviética, y por eso son menos conscientes de haber tenido una experiencia «real» con ellos que de haber tenido una experiencia «real» con los productos fabricados por ellos. En este sentido, el fenómeno que estoy describiendo como «soñar en ruso» no supone que la mayoría de la población haya sido necesariamente consciente de haber sido afectada por él; más bien, está compuesto por toda una serie de corrientes inscritas en la cultura y la sociedad cubanas contemporáneas, que siguen influyendo en el modo en que la nación afronta el presente, el pasado y el futuro. Antes de 1989, a los soviéticos se les criticaba en privado. La crítica pública –incluso como la del comediante Enrique Arredondo de 1970, cuando su personaje Bernabé del programa de televisión *Detrás de la fachada* decía a su nieto «Si no te portas bien, te voy a castigar viendo los muñequitos rusos»– podía llevar a la cárcel. Luego, inmediatamente después de la desintegración de la URSS, los soviéticos fueron criticados públicamente, aunque a veces se los echaba de menos en privado. Y ya a partir de la segunda mitad de la primera década del milenio, se los ha vuelto a visibilizar, con objetivos muy dispares y a veces divergentes.

La cuestión de cómo los cubanos procesan la relación de su país con el bloque soviético no ha sido lo suficientemente estudiada, a pesar de que durante casi tres décadas la Unión Soviética sostuviera económicamente la isla, interviniera en cuestiones militares y exportara distintos modelos culturales y pedagógicos a la isla[3]. La rápida

---

[3] Curiosamente, uno de los primeros textos que en alguna medida aborda de frente lo que queda de los soviéticos en la isla no es de un estudiante cubano, sino

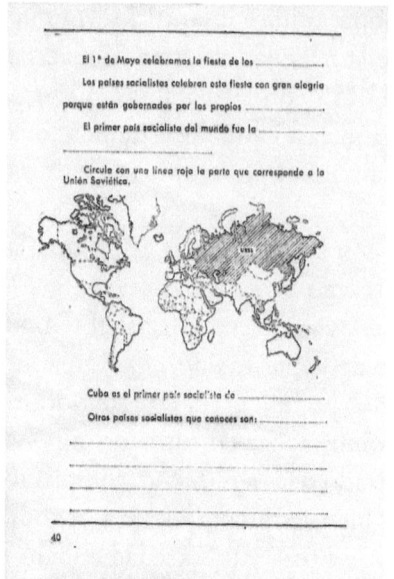

Lázaro Saavedra, «Del diario de observaciones» (de un libro de texto de Primaria de 1979), publicado en Internet hacia 2007.

creación entre 2007 y 2011 de «lugares de la memoria» por parte de distintos grupos oficiales y suboficiales ha distorsionado el proceso de recopilación. Según Pierre Nora, estos «lugares de la memoria» se crean cuando la historia deteriora el proceso del recuerdo espontáneo. En 2010, por ejemplo, la Feria Internacional del Libro de La Habana estuvo dedicada a Rusia. Con esta conmemoración en mente, publicaciones cubanas como *El cuentero* y *La gaceta de Cuba*, entre otras muchas de la isla y de distintas materias, dedicaron tiradas especiales a la Unión Soviética y Rusia. Cuando comencé este proyecto, habría sido imposible imaginar las nuevas inversiones económicas, políticas, culturales e incluso religiosos de Rusia en Cuba, incluidos la planificación de un oleoducto en la costa cubana, un nuevo acuerdo

---

del norteamericano Martin Cruz Smith. En su novela *Havana Bay*, un detective ruso, Arkady Renko, viaja a Cuba para hacerse cargo de la muerte misteriosa de un compañero. El punto de partida es el resentimiento cubano hacia los soviéticos, y, como tal, es casi un estudio antropológico que sirve de antesala al mío.

entre Raúl Castro y Dmitri Medvédev en 2009, más intercambios de estudios como los de 2010, y la consagración de la Iglesia Ortodoxa Rusa en La Habana en 2008. Algunos artistas y estudiantes cubanos, que ya habían estado dando forma a su relación con la vieja «amiga», utilizaron con buena fortuna la feria como una oportunidad para promocionar su obra.

Esa buena fortuna depende de varios factores –casualidad, economía, interacciones afortunadas con las personas acertadas. No toda la producción que surgió en torno a la feria corrió la misma suerte. Para Svetlana Boym, «Restorative nostalgia puts emphasis on *nostos* and proposes to rebuild the lost home and patch up the memory gaps… [Restorative] nostalgics do not think of themselves as nostalgic; they believe that their project is about truth… Restorative nostalgia manifests itself in total reconstructions of monuments of the past» (2001: 41). La «nostalgia restauradora» se constituye de distintas inclinaciones en la retórica cubana actual. En «De lo efímero, lo temporal y lo permanente», Fernando Rojas, el actual viceministro de Cultura y antiguo editor de *El caimán barbudo*, la publicación oficial para la juventud cubana, defiende el leninismo de la Revolución cubana y su supervivencia socialista en un mundo postsoviético. Es más, la antología reunida por Enrique Ubieta Gómez, en la que aparece el artículo de Rojas, habla a favor de estos cubanos que no miran hacia afuera y después, sino que viven su vida adentro y ahora (Ubieta Gómez 2002: 5)[4]. En un apartado de su ensayo convenientemente titulado «Réquiem por el lácteo y otras reminiscencias», Ubieta Gómez anhela una Cuba imaginaria, entera, y es en ese sentido también que Rojas relata sus vivencias de niño bebiendo leche barata a mediados de los sesenta en el recientemente inaugurado Parque Lenin. La importancia

---

[4] La antología de Ubieta Gómez fue una respuesta a la antología compilada por Iván de la Nuez, *Cuba y el día después: Doce ensayistas nacidos con la revolución imaginan el futuro*, cuyo punto de partida es el día posterior al fallecimiento de Fidel Castro.

de la orfandad económica respecto a la Unión Soviética sólo puede entenderse si tenemos en cuenta que en 1985, en el momento de mayor intensidad comercial, los intercambios comerciales alcanzaron los diez mil millones de pesos[5] (Bain 2006: 214).

La memoria se convierte en el punto de partida que une los primeros años de la Revolución cubana con su futuro. Fernando Rojas sostiene que una «desconocida tradición leninista» reconoció la prioridad de una política de solidaridad absoluta con los movimientos de liberación nacional, y que algo de eso permaneció en el corazón de la burocracia soviética y, sobre todo, en la gente de ese tremendo país (2002: 15). Ahora bien, según Rojas, los cubanos desarrollaron ese aspecto de la tradición todavía más que los soviéticos. En «El triunfo de Stalin», publicado en *El caimán barbudo* en 2004, Rojas evoca una frase similar. Al hablar de la URSS de los años treinta, afirma que la paradoja reside en los excesos mismos de principios de la década, que ayudaron a ese gran país a resistir y conquistar (2004: en línea). Me gustaría llevar las palabras de Rojas, y sobre todo las frases «ese tremendo país» y «ese gran país», aún más lejos. Si esa tradición leninista fuese de hecho desconocida, resultaría difícil imaginar la impronta dejada en el pueblo y el gobierno cubanos, ambos, según Rojas, bajo su influencia. Con el parque Lenin como mito fundacional para una narrativa que rechaza ver la alianza de Cuba con el bloque soviético como un fracaso, Rojas también está rechazando amargamente la noción de que Cuba era un peón para los soviéticos, y afirmando que Cuba mantuvo su alianza por las bases ideológicas que compartían.

Un momento especialmente controvertido en las reflexiones de Rojas sobre la Unión Soviética ocurre cuando, en «¿Por qué cayó el socialismo en Europa oriental?», un debate publicado en *Temas* en diciembre de 2004, reflexiona sobre hasta qué punto los soviéticos se podrían haber defendido de los nazis «sin la industrialización forzada, sin la cooperativización agrícola y sin la unidad de las nacio-

---

[5] Bain, «Gorbachev"s Legacy», 214.

nalidades» (Hernández & Brown Infante & Dacal & Díaz Vázquez & Rojas 2004: 99). Cuando el director y fundador de la revista, Rafael Hernández, le pregunta si cree que la Unión Soviética no habría resistido la invasión nazi sin el autoritarismo de Stalin, Rojas advierte que no hay que confundir esos programas con Stalin, pero confiesa su propio dilema sobre el periodo. Fernando Rojas no es el único pensador cubano que ha vuelto a Lenin para repensar el futuro de Cuba. Al retomar la Revolución de Octubre de 1917, y especialmente al volver a importantes modelos socialistas marginados por la Revolución, algunos cubanos, como Celia Hart, Ariel Dacal y Francisco Brown Infante, se han empeñado en separar el socialismo de la burocratización[6]. En «La bandera de Coyoacán», Hart apremia a los cubanos e internacionalistas a abrazar la tradición de León Trotski. Hart, hija de los revolucionarios cubanos Armando Hart y Haydée Santamaría, distingue el trotskismo de los horrores del stalinismo. Mientras que el tono de Fernando de Rojas es nacionalista a ultranza y apenas admite errores –se refiere, por ejemplo, a los años sesenta como la época de las mejores noches de La Habana, que casi habría desterrado por completo la miseria que se muestra en escenas de *P.M.* (Rojas 2002: 14)[7]–, Hart se muestra crítica con los cubanos por haber

---

[6] *Rusia: Del socialismo real al capitalismo real*, de Francisco Brown Infante y Arial Dacal, analiza las razones y las consecuencias de la caída de la URSS. El prefacio de Allen Woods, disponible en <http://www.elmilitante.org/content/view/3033/74>, recuerda a los lectores el atraso de Rusia antes de la Revolución y las discrepancias entre las ideas de Marx y Engels y la experiencia soviética real, así como el problema del aislamiento de la URSS, señalado por Lenin y Trotski. Concluye llamando a la destrucción de la burocracia, «el terreno en que las tendencias a favor de la burguesía pueden echar raíces y crecer». Para Woods, Venezuela serviría de guía para una Cuba menos aislada. Para más información sobre la reevaluación de Trotski en el siglo XXI, véase Arreola 2005.

[7] *P.M.*, dirigido por Sabá Cabrera Infante, es un cortometraje de 1961 que retrata la vida nocturna de La Habana. Fue censurada y poco después se cerró *Lunes de revolución*, el suplemento cultural que dirigía Guillermo Cabrera Infante. Esta controversia culminó el mismo año con las «Palabras a los intelectuales» de

silenciado a sus propios pensadores. Pero a pesar de todo, Rojas y Hart insisten en capturar distintos momentos «perdidos» con vistas a mantener el futuro de la Revolución cubana.

En vista de tales recuperaciones y memorias recientes, es esencial que se revisen las dimensiones más ingratas de la historia de la relación cubano-soviética. Muchas memorias cubanas pueden estar vinculadas al legado soviético, pero hay una en particular que vale la pena conservar por las resonancias que tiene para el presente. La aparición en 2007 de Luis Pavón Tamayo, presidente del Consejo Nacional de Cultura entre 1971 y 1976 –posiblemente el periodo de mayor represión de la Revolución cubana–, en el programa de televisión *Impronta*, dedicado a los cubanos que han dejado una huella importante en la esfera cultural, desató polémicos debates sobre el pasado soviético y el presente cubano en la isla y en el extranjero. En la época de Pavón no acatar la prescripción de que el arte debía ser tratado como un arma de la Revolución era considerado una desviación ideológica. El grado de represión artística e intelectual en el quinquenio gris de los años setenta, personificado en Pavón, se ve a menudo como resultado de seguir las tácticas estalinistas exportadas de la Unión Soviética, junto con el petróleo y la maquinaria.

De las muchas respuestas rotundas e inmediatas al escándalo de Pavón, la de Reina María Rodríguez (nacida en La Habana en 1952) es especialmente ejemplar; replicó a ese homenaje al Quinquenio Gris con otra dimensión de la herencia ruso-soviética que igualmente caló entre los artistas e intelectuales de la isla «de forma extraoficial». El siguiente pasaje muestra el grado en que las voces contestatarias de la isla estaban formadas no sólo por los que luchaban contra situaciones imperialistas y coloniales, sino también por los que luchaban contra el autoritarismo y el totalitarismo del bloque socialista. En «Carta

---

Fidel Castro, cuya parte más memorable se cita con frecuencia: «Dentro de la Revolución, todo; contra la Revolución, nada».

para no ser un espíritu prisionero», publicada por primera vez en el sitio web *Cubaencuentro*, Rodríguez escribe:

> Hará unos cuatro años leí un libro que bajo el título *Un espíritu prisionero*, publicado por Galaxia Gutenberg y traducido del ruso por Selma Ancira, recopila textos de Marina Tsvietáieva, fragmentos de su diario, relatos y poemas. También aparecen, hacia el final de este libro, documentos extraídos de los archivos de la KGB.
>
> *Un espíritu prisionero* trae una introducción que dice: «los escritores rusos, crecidos en espacios donde la libertad no ha abundado, siempre se han sentido portadores de esta libertad; por eso su suerte casi siempre ha sido aciaga. La muerte temprana de Pushkin y Lérmontov, la locura de Gógol, el cautiverio de Dostoievski, la censura –fiel compañera de todos ellos–, que tuteló con especial celo la obra de Tólstoi y Chéjov, son algunos ejemplos del pasado». Y prosigue: «esta tradición se ha visto perfeccionada en la época soviética: años de loas, de cantatas y también de silencios, prisiones y exterminios…».
>
> Recordemos, pienso ahora, a Mandelshtam, a Pasternak, a la Ajmátova, que ni siquiera tuvo un cementerio. No puedo, después de haber leído a estos autores y conocer cómo vivieron y murieron (Mayakovski, por ejemplo, y Marina, que se ahorcó en Yelábuga), quedarme con los brazos cruzados ante algo que me parece, a la distancia de aquellos hechos, y en esta isla en el centro del Caribe, una tragedia para la nación cubana que ya vivió expulsiones y censuras por los años setenta y aún sigue viviéndolas. (Rodríguez 2007: en línea)

Rodríguez menciona unas cuantas verdades en ambientes a todas luces hostiles para el pensamiento y la creación libre. Al evocar la crítica soviética Rodríguez exige que la sociedad civil cubana reconozca que siguen en deuda no sólo en lo que respecta a los peores aspectos del sistema soviético, sino también con las aportaciones de pensadores disidentes rusos y soviéticos.

El término «transición» normalmente se enfoca en la relación de Cuba con su futuro –un futuro donde Estados Unidos ocupa una posición central. Sin embargo, tenemos que plantear otras cuestiones para comprender en mayor profundidad el pasado, el presente y el futuro. ¿Cómo evoluciona la memoria colectiva/artística de la relación cubano-soviética en una sociedad cuyo gobierno sigue siendo socialista? ¿Cómo documentan los cubanos esta herencia en los distintos encuentros culturales? ¿Cómo afecta esta experiencia concreta de hibridez, en la que el imperialismo y las políticas de izquierda convergen, a los marcos actuales de identidad política dentro y fuera de Cuba? ¿Cómo complica la memoria actual del bloque soviético en Cuba la noción de transición al capitalismo? Rafael Hernández, en una conferencia impartida en la Universidad de Chicago con el título de «The Cuban Transition: Imagined and Actual», explicaba que los debates en Cuba han girado en torno a la transición durante medio siglo, y que desde mediados de los noventa Cuba ha experimentado cambios inmensos en los ámbitos de la diversidad social, las relaciones entre razas, los cambios económicos y las diferencias religiosas. Su punto de vista contrasta con lo que normalmente se escucha de la transición cubana en el exterior, desde donde por lo general se cree que lo que «debería ocurrir» es «algo que va a ocurrir cuando Fidel Castro muera», algo parecido a la «radical transformation that happened in Chile, in Spain, when authoritarian regimes failed and in Eastern Europe and in the Soviet Union when socialism collapsed». Hernández también recalca que imaginar la futura transición cubana como el momento propicio para la reconciliación entre los cubanos del exilio y los de la isla es ingenuo, en tanto esos encuentros existen ya en el aquí y el ahora (Hernández 2009: en línea).

Soñar en ruso fue ideado a inicios del siglo XXI, cuando la retórica de la transición parecía particularmente monolítica y Cuba se veía a sí misma aislada, sin el apoyo económico ni ideológico que ha recibido después de Venezuela, y sin el apoyo del resto de socialismos de Latinoamérica. El foco en la «transición», como categoría monolítica, pasa por alto la relación de Cuba con el bloque soviético en el pasado, e ignora también la fascinación actual entre Rusia y Cuba, especialmente en las artes. Esta investigación, en cambio, examina las reflexiones artísticas e intelectuales sobre el fracaso de una solidaridad internacional y un futuro incierto, y deja para la posteridad las huellas de esa solidaridad, que toma a veces la forma de parodia y «pequeño homenaje».

Este libro no es un compendio histórico. Se estructura como un rompecabezas que recoge los distintos pareceres, reacciones y recreaciones de los cubanos ante lo soviético. El libro evoca sobre todo esos sentimientos durante los años noventa y el nuevo milenio, que nos retrotraen, en su mayoría, a los años sesenta, setenta y ochenta, e incluso a épocas anteriores.

Mucha de la producción cultural del periodo postsoviético reflexiona sobre cómo hacerse cargo de esta extraña dimensión del pasado cubano, ligado a una esfera política y cultural tan remota. Para saber en qué medida la situación postsoviética de Cuba se rige por una lógica postmoderna, individualista y desatada, he repasado las hipótesis de investigadores de primera clase: Esther Whitfield, que ha teorizado sobre la comodificación de la cultura del Periodo Especial; José Quiroga, que ha analizados distintos sitios para el recuerdo que informan de las realidades posteriores a la Guerra Fría; y Rafael Rojas, que ha recuperado la biblioteca cubano-soviética. Mi argumentación sobre los puntos de comparación entre el «post» de «postsoviético» y el de «postcolonial» recuerda la explicación de Kwame Anthony Appiah sobre la relación entre la postmodernidad y la postcolonialidad, y al análisis de David Chioni Moore de la sovietización como colonización.

La conceptualización de Lawrence La Fountain-Stokes del *transloca* de Latinoamérica aclara el reto que supone para la narrativa de solidaridad nacional la transformación y el peculiar *Bildungsroman* de Cuba tras la Guerra Fría. El debate sobre el luto por el comunismo en el mundo postsoviético, en general y en particular en el fenómeno alemán de la *Ostalgie* (la nostalgia de la República Democrática Alemana), abonan la importancia de la memoria del bloque soviético en la Cuba de hoy.

El capítulo primero, «Koniec», examina el biculturalismo en la producción antropológica, literaria y visual de niños de matrimonios mixtos (entre cubanos y personas del antiguo bloque soviético) –un grupo, según Ernesto Hernández Busto, ignorado por el chauvinismo criollo–, así como la documentación visual de ellos y sus familias creada por cineastas y fotógrafos. Estudio el proceso por el que artistas como Polina Martínez Shvietsova, Dmitri Prieto Samsonov y Anna Lidia Vega Serova examinan la viabilidad del término «ajiaco» de Fernando Ortiz, ese característico estofado cubano que se ha convertido en una metáfora de la mezcla cultural del país, para explicar sus experiencias personales en torno al biculturalismo, así como las implicaciones estéticas, sociales y políticas de estas experiencias. Además de la búsqueda autoetnográfica, el interés de los artistas por la inmigración soviética y el biculturalismo en Cuba también se traduce en una seña sentimental e incluso ideológica, como evidencian el documental *Todas iban a ser reinas* (2006), de Gustavo Pérez y Oneyda González, y las fotografías de *Érase una vez... una matrioshka* (2009), de Lissette Solórzano.

El capítulo segundo, «Destinos cruzados», estudia la histeria social y psicológica producida por la relación cubano-soviética, y se centra en la performance «La Rusa Roxana Rojo», de Pedro González Reinoso. La performance paródica de La Rusa es paradigmática, no sólo en lo que respecta a la iconografía y las nuevas historias sobre el bloque soviético, sino también en lo que La Fountain «nicknamed *transloca* because of their exploration of homosexuality, transvestism, and spatial displacement» (2008: 194). *Transloca* tiene diferentes connotaciones para Puerto Rico y Cuba, dadas las diferencias entre la historia social y política de cada isla. Sin embargo, el periodo postsoviético en Cuba se ha visto caracterizado por la migración, un ir y venir que puede compararse a la «guagua aérea» de Puerto

Rico descrita por Luis Rafael Sánchez. Aunque la performance de «La Rusa Roxana Rojo» fue creada en 1992, la biografía de su protagonista se remonta a los años treinta, cuando Roxana escapa con su madre de los horrores de los campos de concentración nazis y de los gulags de Stalin. Más que ser una diva occidental, La Rusa alterna con distintas capas de la herencia soviética en Cuba. Con referencias a la literatura y el cine soviético y ruso, además de a la cultura popular del bloque soviético y las Américas, La Rusa, una *transloca* modelo, explica la noción de progreso y masculinidad que dejó la relación cubano-soviética. Además, el fantasmagórico humor con que muchos de los personajes viven el presente en las obras de ficción de Adelaida Fernández de Juan, Jorge Miralles, Ernesto Pérez Castillo y Ulises Rodríguez Febles sugiere que los cubanos proyectan su propia desilusión y anhelos en los rusos, que han experimentado ya el colapso del sistema en su país.

El capítulo tercero, «Los intermediarios cubanos», analiza cuadernos de viajes narrativos y visuales a la Unión Soviética y Rusia en los años ochenta, noventa y los primeros del siglo XXI, y examina lo que dicen sobre paradigmas raciales, estéticos y económicos, sobre la dimensión de esas experiencias, y sobre la relación de Cuba con la Perestroika. En buena parte de lo escrito por José Manuel Prieto, Jesús Días, Antonio Armenteros, Emilio García Montiel y Antonio Álvarez Gil desde los ochenta hasta el presente, los protagonistas cubanos transportados a la Unión Soviética y a Rusia se convierten en la prueba viviente de esa influencia. Las historias de cubanos que han viajado al bloque soviético y documentado sus viajes fechan las publicaciones. El sentimiento de estar como en casa qu refiere el diario de Samuel Feijóo sobre su viaje a la Unión Soviética en 1964, publicado en la revista de Santa Clara *Islas*, contrasta notablemente con el documental de dieciséis minutos de 1963 de Roberto Fandillo, *Gente de Moscú*, que adopta definitivamente la perspectiva del extranjero. Estos testimonios cubanos sobre el bloque soviético a comienzos de la

Revolución cubana sirven como fondo al compromiso de este capítulo con una prosa, una poesía y unas artes visuales contemporáneas por lo general menos idealistas.

Es cierto que los cubanos tradicionalmente se han identificado social y culturalmente con Occidente, pero este capítulo descubre hasta qué punto la visión cubana de Occidente ha sido, de hecho, alterada al viajar al Este, literal y figuradamente. Iván de la Nuez acuñó el término «Eastern» para referirse a un género postsoviético que «estalla hacia 1989», desarrollado por escritores del antiguo bloque soviético y por otros que deliberadamente se posicionan en la mirada postsoviética. Como es el caso en mi propia investigación, de la Nuez incluye a José Manuel Prieto, novelista y académico cubano, y a Desiderio Navarro, editor jefe de la revista *Criterios*, en este último grupo, tomando en cuenta su amplia formación cosmopolita y soviética, a la que mucho deben sus proyectos intelectuales actuales. Al incluir a estos pensadores en la categoría, de la Nuez también pone a prueba la identificación de los cubanos con Occidente, y admite una definición más complicada de la llamada transición.

> El eastern cubriría, pues, el tránsito no casual entre las sociedades basadas en el trabajo manual —las dictaduras del proletariado— y las sociedades de la informática e Internet: el paso que va desde un PC (partido comunista) a otro PC (personal computer). Un itinerario que abarca veinte años que se deslizan entre la crisis del comunismo y la actual crisis del capitalismo.
>
> [...] ese mundo occidental ha sido el espejo —y el espejismo— en el que se miraron estos países para tirar abajo sus respectivas tiranías. También porque hay, entre muchas otras, una cosa que Occidente puede hacer: aprender. Fijar el foco en algunos artistas procedentes del Este, cuya obra operó, bajo el comunismo, como un detector de represiones y que hoy, en el nuevo mundo, no se han limitado a relamerse en las antiguas censuras. Por el contrario, han mantenido entrenado su ojo crítico para percibir otras formas autoritarias, no siempre evidentes, que se renuevan en la actualidad poscomunista. (Nuez 2010: en línea).

Los narradores de la trilogía rusa de José Manuel Prieto –*Enciclopedia de una vida en Rusia*, *Livadia* y *Rex*– son, por ejemplo, reliquias de la antigua solidaridad cubano-soviética en la Rusia postsoviética, que se rinden a una subjetividad cosmopolita en la que letras, dólares y espacios convergen, las fronteras se traspasan y la autenticidad es cuestionada. Pero muchos otros autores pueden analizarse en la categoría de Iván de la Nuez. Las trayectorias vitales de los protagonistas de Alejandro Aguilar en *Casa de Cambio* y de Jesús Díaz en *Las cuatro fugas de Manuel* están determinadas por su estancia en Hungría y la Unión Soviética en los tiempos de la Perestroika y la Glásnost. Como señala Rafael Rojas en «Souvenirs de un Caribe soviético» a propósito del volumen de poesía de Emilio García Montiel *Cartas desde Rusia*, la subjetividad cubana está conformada por mucho más que la prescriptiva ideológica soviética; también son parte de ella todas las cosas bellas que sobrevivieron a pesar del sistema, cosas que ya existían antes de él. Antonio Álvarez Gil, por ejemplo, como José Manuel Prieto, fue enviado a la Unión Soviética para estudiar ingeniería. Su escritura sumamente realista en *Unos y otros* y *Del tiempo y las cosas* retrata las negociaciones y expectativas que los cubanos y otros extranjeros hacían realidad en la Unión Soviética, mientras que *Callejones de Arbat* es un relato retorcido sobre la transferencia de la represión sistemática de la Unión Soviética a Cuba. El tercer capítulo se ocupa también de los cubanos previendo su futuro tomando como referencia al Este caótico, postimperial, ecléctico y descentralizador[8].

---

[8] Una de los textos más singulares, por mucho, es *Aventuras eslavas de Don Antolín del Corojo y crónica del nuevo mundo según Iván el terrible: ¿Novela testimonio?*, de Luis Manuel García. Recurriendo una mezcla postmoderna de argot cubano y del castellano del siglo XVII, en forma epistolar y con materiales «auténticos» del viaje de los personajes, la obra explota la curiosa escena del descubrimiento de Rusia por parte de jóvenes cubanos y el viaje de un ruso a Cuba, aportando mucho humor a las consecuencias de la solidaridad cubano-soviética.

 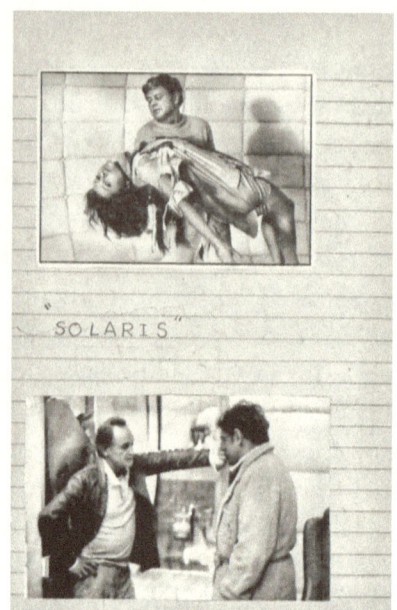

Del cuaderno de recortes personal de Raúl Aguiar, *circa* 1978-1988.

El capítulo cuarto, «Made in USSR», explora la producción de la generación de los Muñequitos Rusos —esto es, la de los niños que crecieron con los dibujos animados y la cultura popular del bloque soviético. De niños, pocos fueron fueron tan conscientes de esta herencia como Raúl Aguiar, escritor cubano nacido en La Habana en 1962 y conocido sobre todo por sus premiadas contribuciones a la ciencia ficción, un género que en Cuba reconoce su deuda con los soviéticos. Aguiar no sólo viajaba periódicamente en su imaginación a la Unión Soviética, sino que también documentaba estos viajes en un álbum de recortes dedicado a películas de ciencia ficción soviéticas como *Solaris*, como se observa en la imagen. Además, cuidaba dicha herencia preservando rollos de películas de dibujos de la Unión Soviética y coleccionando revistas soviéticas. Aunque no fueran tan rusófilos como él en su infancia, la producción artística de sus coetáneos revela una toma de contacto por medio de intertextualidades y parodias que responden no sólo a la animación sino también al cine (con directores como Andréi Tarkovski como referente), a las artes gráficas y a programas televisivos populares del bloque soviético. Muchas de sus obras sufrieron la misma suerte que los dibujos animados, en el sentido que devinieron reliquias. El escritor de ciencia ficción cubano Yoss (José Miguel Sánchez, nacido en 1969) fue el primero en reflejar esta preocupación en el artículo «Lo que dejaron los rusos», publicado en la revista cubana *Temas* en 2001⁴. Wendy Guerra, Ena Lucía Portela, Rubén Rodríguez, Ricardo Alberto Pérez, Ernesto René Rodríguez y el grupo musical Porno para Ricardo –todos más o menos contemporáneos de Yoss– incluyen a los soviéticos en sus textos para describir particularidades de la infancia cubana y presentar las que fueron extrañamente fracturadas por su pasado sovietizado. Sin embargo, según Yoani Sánchez, que se refiere a este grupo de edad como Generación Y (el título de su polémico blog), la solidaridad cubana con el Este apenas influyó en su identidad generacional. Una cuestión central de este capítulo concierne al papel que desempeña hoy internet al determinar la velocidad de creación y circulación de narrativas nostálgicas como estrategias artísticas y sociológicas.

El capítulo quinto, «El fantasmagórico Sputnik», analiza cómo los cubanos representan, archivan y exhiben en la actualidad las definiciones soviéticas del progreso. Ningún análisis de los avances científicos soviéticos puede dejar al margen la gran exposición de 1976, «Logros de la ciencia y la técnica soviética», ni el hecho de que algo más de una década después su cultura parecía estar a punto de extinguirse y, por consiguiente, quedar fuera de la mirada cubana. El capítulo explora las consecuencias de estas sorprendentes transformaciones, tanto a nivel sentimental como crítico, dentro del arte visual de Tonel, Jorge Luis Marrero, Tessio Barba, Hamlet Lavastida, Alejandro Campins y Gertrudis Rivalta, la música de Nacional

Electrónica y la escritura de Ramón Fernández Larrea; todos ellos abordan la caída soviética con elegancia consternada, furia y cierto sentido del absurdo.

Con la desaparición de la presencia soviética, los cubanos de inmediato se desvincularon públicamente, y se hizo posible criticarlos; sin embargo, una vez que los artistas demostraron cómo el presente cubano se halla atado al pasado soviético, las tensiones reaparecieron y se impuso la cuestión de si, en realidad, los sistemas de disciplina y castigo son también aspectos transculturados de la sociedad cubana. No es posible interpretar el documental de Esteban Insausti *Existen*, sobre los locos que viven en las calles de La Habana, o el cuento «Corazón de Skitalietz», de Antonio José Ponte, sobre los vagabundos postsoviéticos, sin considerar esta posibilidad.

La crisis que desató la aparición pública de Pavón fue sólo una de las muchas controversias en relación con el control sobre la narrativa histórica de las que se ocupó el simposio *Cuba-URSS y la experiencia post-soviética*, celebrado en febrero de 2007 en la Universidad de Connecticut, coordinado por José Manuel Prieto y yo misma. Lo que resultaba tan provocativo emocional e intelectualmente fue la intensidad afectiva de las presentaciones. El gusto, el tono y el humor fueron posiblemente las dimensiones más tangibles del debate —categorías todas esenciales para descubrir el significado de la sovietización, no sólo en la isla sino también en otras partes del bloque socialista. Reflexionar sobre el vínculo cubano-soviético implica crear un paréntesis dentro de la noción de transición. Es un amplio paréntesis que permite a muchos otros grupos —cubanos dentro y fuera de la isla, fidelistas y antifidelistas, cubanos y no cubanos, antiguos ciudadanos del bloque soviético y demás— participar de la discusión, tanto a nivel oficial como extraoficial.

Soñar en ruso sugiere que las memorias han sido evocadas cuando otras realidades —el turismo, el dólar, el euro, el show de *Cristina*, las películas de Hollywood— ocupan los espacios que antes llenaban los *pesos*, las *libretas*, las visitas al bloque soviético y los muñequitos rusos. Sólo diez años antes habría sido imposible imaginar que en noviembre de 2007 se vería en la isla no sólo la controvertida exposición de artes visuales *Vostok*, sino también el lanzamiento de un «Taller permanente» como «Revolución Bolchevique: Historia de la URSS y Cuba, Análisis crítico socialista desde el siglo XXI». Que en 2008 el renombrado cineasta Enrique Colina hiciera un documental titulado *Los rusos en Cuba*, o que en 2010 la feria del libro de La Habana se dedicara a Rusia, habría sido impensable. Habrá que reflexionar sobre lo que estos debates vienen a significar a la luz de las nuevas fases de coqueteo social, cultural, político y económico entre los dos países. Estos análisis ilustran la tendencia a la «nostalgia restauradora» y al debate crítico.

El análisis cultural que organiza este libro no proyecta sobre Cuba una nostalgia fácil por las ideologías de la Unión Soviética. El dolor y la consternación que resultan de la experiencia de orfandad, evidente en la cultura cubana de hoy, exigen que nos preguntemos hasta qué punto Cuba podría implicarse en una transformación teleológica hacia el capitalismo.

Cuán tarde llegaron los soviéticos y el resto del bloque del Este al ajiaco es debatible. Ahora bien, en qué medida la importación de suministros soviéticos haya traído consigo también el transplante a Cuba de prácticas de pensamiento y visiones del mundo del bloque soviético resulta una cuestión crucial en los estudios cubanos, porque en ello reside la conceptualización de los cubanos de la naturaleza nacionalista de la Revolución y de la cubanidad de cada aspecto de sus vidas.

I.

Koniec

> Her name is Carmen. This is a name for a Russian girl? [...] Actually, it's an interesting mix, Russian and Cuban. Very precocious, a little of the exhibitionist.
>
> Martin Cruz Smith, *Havana Bay*

> La rusita era linda y estaba consciente de ello. La mezcla de sangre la había favorecido mucho. Tenía a un tiempo la enigmática belleza de las mujeres rusas y la salsa ...de las chicas cubanas.
>
> Antonio Álvarez Gil, *Naufragios*

Los pasajes anteriores dicen más, sin duda alguna, de las fantasías de sus autores que de las jóvenes rusocubanas propiamente. Cómo puedan ser los hijos de entidades tan lejanas como el antiguo bloque soviético y Cuba es un asunto que ha fascinado a mis interlocutores durante años. Con estas ideas en mente, este capítulo busca (1) examinar el proyecto comunitario de los hijos de matrimonios mixtos, (2) explorar las creaciones artísticas adultas de estos niños, (3) analizar la función simbólica de sus madres «rusas» en un documental y ensayo fotográfico recientes, y (4) interpretar el rol de la doble nacionalidad en la ficción contemporánea.

A la pregunta de qué queda de la relación cubano-soviética, el renombrado intelectual cubano Jesús Díaz respondía: «los hijos de matrimonios mixtos: esos *polovinas* de los que Ernesto Hernández Busto dice que han sido marginados como consecuencia del chauvinismo criollo». Lo que Hernández Busto no tiene en cuenta es que cuando llegan a adultos estos niños pasan a manifestarse por sí mismos, y el peso simbólico de su diálogo va más allá de la identidad étnica.

Desde los años sesenta y hasta los ochenta, muchos cubanos viajaron al bloque soviético para trabajar, estudiar y disfrutar de las vacaciones –esto último, un premio habitual para los «héroes nacionales»–. Mervyn J. Bain calcula que hacia mediados de los años ochenta, ocho mil cubanos estuvieron estudiando en las universidades soviéticas cada año (2008: 83). Algunos cubanos incluso llegaron a la Unión Soviética tras ganar el gran premio del popular programa de televisión de los ochenta *9550*, un concurso dominical conducido por Yiqui Quintana y titulado así por los kilómetros que separan La Habana de Moscú. Otros pudieron viajar en tanto ganadores de prestigiosos premios literarios. Un caso curioso es el de Heberto Padilla, quien, como refiere José Manuel Prieto en «Heberto Padilla, the First Dissident», fue premiado con un viaje a la Unión Soviética por su polémico poemario *Fuera de juego* (1968), que ya lo había convertido en un disidente al estilo soviético.

Antes de la Revolución ya existía una visible presencia de la Europa del Este en Cuba, compuesta sobre todo por los judíos que habían llegado huyendo del fascismo. De acuerdo con Zeta Dacosta, las inmigrantes soviéticas que llegaron tras la Revolución no solían ser tan visibles, porque se integraban en las familias de sus maridos y «were not able to settle in masse in one particular place» (2009: 24). Por otra parte, «technicians, advisors, and their wives, all from the very same countries [...] did garner a lot of attention». Se asentaron en el «recently built Alamar neighborhood (of Havana) and the residential zone adjacent to the Lenin Hospital in Holguín» (2009: 24-25). Sus hijos fueron a las escuelas rusas, a las que los *polovinas* también tenían derecho a asistir (2009: 28).

Los cálculos sobre el número de *polovinas* que hoy moran en la isla varían. Dmitiri Prieto Samsonov y Polina Martínez Shvietsova han calculado que aún residen en la isla alrededor de mil quinientos hijos y quinientos nietos, fruto de los matrimonios entre cubanos y ciudadanos de la antigua Unión Soviética[1]. En *Los rusos en Cuba*, Alexander Moiseev y Olga Egorova estiman que entre tres y diez mil personas de la antigua Unión Soviética residían en 2009 en la isla «permanentemente» (2010: 135). La mayoría de esos niños proceden de padres cubanos y madres soviéticas. Dacosta especula sobre las inscripciones raciales y sexuales de estas uniones. «Young Cubans returned to the island with a college degree under one arm, and a beautiful *ojimar* (blue-eyed) girl on the other [...] It is noteworthy that of those who came home with this degree and a girl on their arms the majority were blacks and mulattos. Not denying their honest feelings and love for their wives, many of these men [...] enjoyed the fact they were able to get beyond the barrier of racial prejudice» (2009: 2). A los cubanos les gusta decir que pocos hombres soviéticos se emparejaron con mujeres cubanas porque los hombres cubanos son tan deseables que las cubanas no querrían irse a ninguna otra parte. En cualquier caso, el hecho de que fueran pocos los hombres del bloque soviético que vinieron a Cuba da a entender que había cuestiones de género y sociales que impidieron la materialización de relaciones entre las mujeres cubanas y los extranjeros.

El biculturalismo de los hijos de estos matrimonios mixtos tira por tierra los debates teóricos sobre si el ajiaco, el típico estofado cubano presentado por Fernando Ortiz en 1939 como metáfora de la identidad cubana, es realmente tan maleable como a veces se cree. ¿Acaso «simplemente» se han transculturalizado los principales ingredientes –europeos, africanos y chinos– del ajiaco? Que el ajiaco pueda incorporar nuevos elementos y «producir» la misma identidad sincrética cubana es cuestionable. Al igual que la convencional y desfasada «melting pot» estadounidense, la metáfora del ajiaco tam-

---

[1] Véase Martínez Shvietsova & Prieto Samsonov 2012.

bién puede ser puesta en cuestión por sus extremos asimilacionistas y desigualdades generalizadas. Aunque la Revolución pretendía la igualdad de derechos para todos, algunos cubanos parecen contar con más «respaldos» que otros. El imperecedero prejuicio racial es uno de los principales obstáculos para la formación del idealizado ajiaco. En la primera década del siglo XXI, algunos hijos de padres cubanos y ex soviéticos lucharon por lograr un espacio en el ámbito público donde manifestarse, así como por su reconocimiento como «minoría».

El Proyecto mir_xxi_cu, formado por los hijos ya adultos de ex soviéticos y cubanos, emergió del club ruso que reunía a algunos jóvenes en casa de Gabriel Calaforra, erudito y antiguo embajador, principalmente para hablar ruso y debatir sobre asuntos culturales e históricos. Los fundadores del Proyecto Mir, Polina Martínez Shvietsova (nacida en 1976) y Dmitri Prieto Samsonov (nacido en 1972), comentan en su ensayo «So, Borscht Doesn't Mix into the *Ajiaco*? An Essay of Self-Ethnography on the Young Post-Soviet Diaspora in Cuba» la importancia del club de Calaforra para su socialización. El nombre del grupo, Proyecto mir_xxi_cu –la palabra española para «proyecto», seguida de la rusa «paz», «mundo» o «comunidad», luego veintiuno en números romanos, en referencia al siglo XXI, y finalmente «cu», haciendo alusión al dominio de internet para el territorio cubano– muestra una experiencia virtualmente cubana, una experiencia que resultó una poderosa expresión de la disidencia real. El nombre, que simboliza una red mundial más nueva y etérea, desafía el sentido nacionalista de pertenencia; que este grupo no tuviera presencia en internet resulta irónico, pero no particularmente infrecuente tratándose de Cuba, dado que los cubanos han tenido una acceso limitado y esporádico a la red.

Estos jóvenes artistas e intelectuales cubano-soviéticos también eran miembros de la Asociación Hermanos Saíz, una organización de jóvenes artistas patrocinada por el estado. En 2007, la Asociación Hermanos Saíz y la embajada rusa prestaron su apoyo para el evento cultural Encuentro de Compatriotas en Cuba, y la embajada ha ido prestando cada vez más apoyos a la obra de esta generación con los años. El grado de éxito alcanzado por Proyecto Mir en la organización de los jóvenes con doble origen por toda la isla es discutible, pero está claro que hizo públicas las diferentes zonas afectivas de la conexión cubano-soviética.

Desde la disolución del Proyecto Mir en 2008, Martínez Shvietsova ha encabezado eventos culturales similares, como la conmemoración en mayo de 2009 del Día de San Cirilo y San Metodio (los hermanos griegos bizantinos a los que se les atribuye la creación del primer alfabeto eslavo en el siglo ix). Muchos de los antiguos miembros del Proyecto Mir ya han abandonado Cuba. El poeta, músico y pintor cubano-ucraniano Igor Capote Omelcheko (nacido en Ucrania en 1968) emigró a España poco después de participar en la articulación de los objetivos del grupo; el músico, periodista, *disc-jockey* y profesor de inglés Pavel Capote Patapov se mudó a Tailandia; el cubano-ucraniano Víctor Pérez Demidenko, que por entonces estudiaba Física, se marchó a Egipto; Mijaíl Luna Larin, que trabajaba como médico, se fue a Moscú; y su hermano, Fidel Luna Larin, antiguo estudiante de biología, se suicidó trágicamente. De acuerdo con una entrevista por correo electrónico del 22 de agosto de 2009 con Dmitri Prieto Samsonov, algunos de los miembros del grupo eran más activos que otros. Por ejemplo, Capote Omelchenko, Capote Patapov y el escritor Andrés Mir estaban involucrados a la vez en actividades de la embajada rusa y de la Iglesia ortodoxa. La búsqueda del reconocimiento a su existencia ha derivado en nuevos lugares. Los proyectos de Martínez Shvietsova lograron en su momento cierto apoyo institucional, incluido –al menos de cara a la galería– el apoyo de la embajada rusa.

El hecho de que la inmigración soviética fuera consecuencia de la alianza revolucionaria entre Cuba y la URSS la hace diferente a otras experiencias migratorias en Cuba (por ejemplo, la judía o la china), y la percepción de los cubanos sobre los soviéticos han evolucionado con los años. El distanciamiento inmediato de la Unión Soviética tras su disolución ha dado paso a una memoria más general. La mesa redonda «Huellas culturales rusas y de Europa del Este en Cuba», organizada por la revista *Temas* en mayo de 2009 y moderada por Rafael Hernández, ilustra bien ese cambio. La mesa incluía a participantes como Prieto Samsonov, Zoia Barash, traductora ucraniana y especialista en cine residente en Cuba, José Miguel Sánchez, escritor de ciencia ficción; y Jorge Cid, experto cubano sobre Rusia y la Unión Soviética. Sin duda, parte del ímpetu que contribuyó al creciente interés por la materia puede atribuirse a las ideas etnográficas de estos jóvenes.

En marzo de 2004, Proyecto mir_xxi_cu colaboró en el primero de dos eventos con la palabra *Koniec* (fin) en sus títulos, un nombre que, escrito en latín, no en cirílico, sugiere que el grupo se veía a sí mismo desde sus inicios como un proyecto trasnacional. *Koniec* es una de las palabras rusas más reconocibles en Cuba, porque previsiblemente aparecía al final de los programas de televisión y las películas soviéticos. *Koniec* resulta casi tan familiar como *tavarich* (camarada) o la frase *niet, tavarich* (no, camarada). Pero *koniec* marca un final en un nivel simbólico y un retorno al imperio que, durante más de la mitad de sus vidas, los participantes consideraron su hogar. Martínez Shvietsova describe así el objetivo del grupo:

> ¿Koniec? fue el primer evento donde se propusieron analizar e investigar las influencias del imaginario euroasiático en Cuba. Las huellas que dejaron en varias generaciones de cubanos, la presencia casi totalitaria de la inteligencia de la extinta URSS, así como reunir por primera vez a varios jóvenes creadores aguastibias. [...] ¿Koniec? no es final como indica el titulo elegido para el evento. ¿Koniec? es el principio y la continuidad del rescate de las tradiciones de nuestras madres rusas, de las mejores obras científicas y artísticas que dejaron los países exsocialistas hace treinta años.[2]

---

[2] Martínez Shvietsova, «¿Koniec? 2004–Asere, Nu pogogy» (texto inédito).

Esa declaración pone de manifiesto los esfuerzos del grupo, desde su creación, para explorar su propia genealogía y tener un lugar desde el que hacerlo públicamente. Es más, al igual que otros grupos que se ven a sí mismos como una minoría étnica o racial, persiguen convertir un epíteto en un poderoso significante de unión. Una constante en sus proyectos es mantener lo que es «suyo» para resaltar la pérdida de la plenitud que sirve como fuerza creativa, para documentar los vínculos de su comunidad y para ser reconocidos por los rusos en la esfera cubana.

Crónica de la estratosfera cubano-soviética

Para entender mejor el capital cultural y político, analicemos el poema de Prieto Samsonov «Jurel en pesos» —una relectura de «La isla en peso» (1943) de Virgilio Piñera–, que expresa la insatisfacción del sujeto poético con el capitalismo, con su posicionamiento en Cuba, y con su incapacidad para reclamar su tierra natal, usando el típico motivo cubano de identidad nacional, la comida:

> La maldita circunstancia del dólar por todas partes
> es como si ya no pudiera respirar más acá de los arrecifes
> donde quince años atrás se trabara este cuerpo. (2004: 49)

Unos pocos versos después queda todavía más claro que la insatisfacción no sólo viene dada por la inestabilidad económica asociada a la ineficacia de la moneda nacional en una economía cada vez más de mercado, sino también por la pérdida de objetos sensuales. La situación suscita la recopilación por parte del sujeto poético de su herencia étnica:

> Pero aun, con su precio en pesos
> nunca será como aquella *selyodka* con cebolla
> que solía probar en casa de mi abuelo

> cuando comíamos carne, y pescado,
> y otra vez carne. (2004: 49)

Distintas capas de nostalgia quedan al descubierto –por el periodo en que Cuba recibía apoyo de la Unión Soviética, cuando los bienes de consumo podían adquirirse en pesos, y por el lugar que producía esos sabrosos productos, «de vuelta en la URSS»:

> El pueblo de ellos se ha tornado un lugar caro y absurdo
> y otra vez absurdo
> que se llama mercado negro. (2004: 49-50)

El utópico experimento isleño ya no puede satisfacer el fruto ruso, pero tampoco la otra mitad; el sujeto poético termina siendo traicionado por los sueños de solidaridad de sus antepasados y asfixiado por el dólar. La desesperanza de Prieto Samsonov resulta crucial a la hora de identificar un aspecto del clima intelectual y cultural de su generación.

El presente sólo se puede comprar a ese pasado superpuesto, que, en «Jurel en pesos», era casi orgánico. Ningún mito fundacional puede, sin embargo, aliviar el dolor del sujeto híbrido y de la identidad insatisfecha. Lo más cerca que ha estado el Proyecto Mir de forjar algo así es *Ánima fatua*, una novela autobiográfica de Anna Lidia Vega Serova publicada en 2007, pero que se resiste a hablar en términos colectivos.

La desconfianza de Prieto Samsonov hacia el capitalismo es evidente no sólo en el poema sino también en su blog, publicado en *Havana Times*, un periódico online en inglés donde el autor critica habitualmente las políticas estadounidenses y da a conocer la burocracia y cerrazón mental de Cuba. Graduado en bioquímica, filosofía, derecho y antropología, Prieto Samsonov es un conocedor excepcional de esa realidad; no sería posible tomar sus convicciones ideológicas y estéticas como un mero ejemplo de la herencia soviética en Cuba. En «Military Bases in "Our America"», de 2009, refiere una anécdota sobre el desacuerdo que mantuvo con su vecina irlandesa en Londres acerca de la veracidad de ciertas narrativas históricas. Prieto Samsonov se quedó pasmado por la reacción a su comentario de que los soviéticos vencieron al fascismo, hecho que con frecuencia se reitera en la retórica cubana oficial: «¡Los estadounidenses ganaron la guerra!», afirmó ella. Más que sucumbir al nacionalismo ruso, que sintió arder en su fuero interno al oír semejante afirmación, se sintió obligado a discutir el imperialismo estadounidense de la actualidad (2009a: en línea). En otra entrada, «Aniversarios de la Luna y de Woodstock», verbaliza su sorpresa tras haber oído hablar a los astronautas estadounidenses en las noticias con un «tremendo sentido de reverencia», que contrastaba con su imagen de los norteamericanos «feos». Los mayoría de los norteamericanos que conoce, dice, «no son normalmente románticos. Toman mucha cerveza, comen bistec y popcorn, y les gusta mirar *American football* por la TV, aun cuando están *in England*» (2009b: en línea). Pero entonces, fuera de esta desconfianza nacionalista y estereotipada hacia la población estadounidense, emerge una crítica de lo que no se recuerda del mismo periodo, como los aniversarios más recientes y sin duda menos benévolos que no llegaron a la televisión cubana, como el vigésimoprimer aniversario de la matanza de la Plaza de Tiananmen o la caída del Muro de Berlín. Prieto Samsonov hace a menudo comparaciones entre las tácticas soviéticas de silenciamiento y las cubanas de la actualidad: por ejemplo, los soviéticos no emitieron el aterrizaje estadounidense en la luna en 1969, y la televisión cubana persistentemente hace caso omiso de los eventos internacionales que podrían provocar agitación entre la población.

Ya sea en el disgusto de Prieto Samsonov por la impronta posmoderna de Estados Unidos en Michael Jackson, el equivalente del individualismo sin medida, o en sus discusiones acerca de la importancia de los libros poco difundidos en Cuba de pensadores socialistas fundamentales como Trotski o incluso del primer Lenin, sus artículos resuenan con las políticas de sus contemporáneos de doble nacionalidad que intentan leer Cuba a través de una lente soviética imaginaria e identificar una política crítica revolucionaria de la izquierda global. Dicha lente es profundamente anacrónica, puesto que lo soviético ya no existe y ha sido muy difícil para los cubanos mantenerse al día sobre las cuestiones del antiguo bloque soviético desde la caída del Muro de Berlín, aun cuando en los últimos años, junto con una mayor colaboración económica, esto también está cambiando.

Prieto Samsonov habla con franqueza cuando se trata de cuestiones ideológicas. Por ejemplo, en la mesa redonda de *Temas* que hemos mencionado, y tras haber comparado a la soviética con las distintas diásporas de españoles, yorubas, chinos, árabes y judíos, que cuentan todas con asociaciones permitidas legalmente en la isla, sostenía la necesidad de establecer una asociación similar para los ciudadanos del antiguo bloque soviético en Cuba, una idea que se ha estado incubando durante algún tiempo. También hace énfasis en el contraste entre la diáspora china, que cuenta con trece asociaciones en Cuba, todas fundadas antes de 1959, algunas de ellas muy activas y que reciben algún tipo de apoyo institucional, y la inexistencia de asociaciones similares en la comunidad de antiguos ciudadanos soviéticos, que no posee ni una sola organización propia (2007: en línea). Uno de los principales obstáculos para la existencia de dicha organización podría ser las batallas interétnicas; es decir, una asociación que se llame soviética en Cuba podría ser el último lugar en que estos ex-soviéticos, en tanto grupo interétnico, tendría una presencia real, y lo que dicha asociación podría significar para el futuro podría probablemente exceder el ámbito cultural.

Comprender la significación de las cautelosas críticas de Prieto Samsonov a ciertos incidentes nacionales e internacionales requiere una mayor contextualización. Se puede encontrar una pista en «Trotski in Havana», otro de sus post de *Havana Times*, donde comenta la importancia de la aparición en la esfera nacional de los libros publicados en el extranjero por y sobre Trotski, a través de la Feria del Libro, y la existencia de seguidores de Trotski en Cuba, algunos de los cuales forman parte del grupo «Revolución Bolchevique: Historia de la URSS y Cuba, Análisis crítico socialista desde el siglo XXI», fundado en 2007 por el Centro Juan Marinello. Dos años antes, en 2005, la Unión de Escritores y Artistas de Cuba (UNEAC) celebró el simposio «Las otras herencias de Octubre», que pretendía traer nueva vida en la isla a pensadores socialistas poco conocidos, a la Revolución de Octubre de 1917 y en particular a ciertos pensadores marginados por la Revolución cubana. Ese mismo año, la asociación Haydée Santamaría, bajo el patrocinio de la organización Hermanos Saiz, dirigida por Prieto Samsonov, auspició el simposio fundacional sobre la recuperación de Trotski, un evento al que asistieron muchos de los miembros del Proyecto Mir.

La perspectiva desde la que Prieto Samsonov examina Cuba en su blog a menudo resulta filtrada por su entendimiento de la cultura y la historia rusa y soviética. Por ejemplo, en «The Pravda of Reggaetón», Prieto Samsonov lanza una mirada simplista y polarizadora al reggaetón, defendiendo al género popular por las verdades que cuenta, ya que ahondaría en el significado de *Pravda* en la Cuba actual: «Reggaeton has a unique quality: it has something that the Russians call "Pravda". That word, which was the title of the main Bolshevik, and later Soviet newspaper, means not only "truth" or "justice" but also something like "testimony", "shared living experience", or "moral rectitude"» (2009c: en línea).

La vindicación del autor de la palabra *Pravda* no es extraña, pero sí ilustrativa de su deseo de reafirmar una versión tal vez confusa del pasado soviético en el presente cubano. De manera similar a las crónicas decimonónicas, los blogs se especializan en reflexiones en apariencia espontáneas sobre la vida cotidiana y noticias de importancia para sus autores. Es en ese sentido que puede considerarse el comentario en alguna medida apresurado de Prieto Samsonov sobre el reggaetón, donde trae a colación a un existencialista rusocristiano, apenas conocido en la esfera cubana, de nombre Nikolái Berdiáyev, «who in the mid-20th century gave a brilliant analysis of *Pravda* in Russia and its role in the subversion of czarism and the Bolshevik ascendance» (2009c: en línea). Prieto Samsonov se olvida de mencionar que, como muchos otros filósofos de su época, Berdiáyev fue enviado al exilio por los bolcheviques por su defensa de la creatividad. Si las comparaciones hubieran sido más explícitas, el *Pravda* habría sido bastante más explosivo.

Matrioshkas desfiguradas

Cofundadora del Proyecto Mir y ganadora del premio literario de *La Gaceta* en 2006 por el cuento «17 abstractos de una agenda», Polina Martínez Shvietsova ha sido decisiva para devolver la atención al imaginario cubano-soviético en el siglo XXI. El premio no marcó sólo el despegue de la carrera de la autora, sino también de la consciencia pública acerca de las peculiares circunstancias de vivir esta doble identidad. Tanto en sus series fotográficas como en los cuentos premiados Martínez Shvietsova da fe de la complicada dinámica de la metrópolis y la periferia adornando su cuerpo desnudo en diversas parafernalias nacionales e íntimas y deconstruyendo el gran relato de soviéticos y cubanos de la forma más personal y corporal posible. Su trabajo fotográfico resulta potencialmente transgresor de varias maneras: por su contenido pornográfico en una nación que prohíbe la pornografía, por su grotesca implementación de los logotipos revolucionarios, y por la ubicación de banderas del mundo sobre un cuerpo desnudo de mujer[3]. En su obra, su cuerpo actúa como repositorio para el encuentro de sistemas de creencias excéntricos y dominantes

---

[3] En mayo de 2008 tuvo lugar en Espacio Aglutinador, la galería que dirige la artista plástica Sandra Ceballos, una exposición fotográfica colectiva titulada *We Are Porno, Sí*, que usaba el lenguaje del enemigo —el inglés— con un corto y afirmativo guiño al español, para decir algo prohibido en la esfera nacional.

Posición 2 con matriushkas (2006), de Polina Martínez Shvietsova. Cortesía de la artista.

e ideologías que incluyen el budismo, el judaísmo y la *new age* rusa, junto con banderas de Cuba, Rusia, Suiza, Estados Unidos, Lituania, Francia e Italia. Además de con tatuajes ideológicos, se adorna con símbolos de consumo excesivo como cigarrillos, botellas de alcohol vacías, latas de café y dijes varios.

En referencia a los juegos de muñecas que se popularizaron como artesanía rusa a finales del siglo XIX y que mucho después, durante el periodo soviético, formaron parte de la cultura material cubana, la palabra *matrioshka* no sólo figura en los títulos de muchas de las fotografías de Martínez Shvietsova, sino que también es una representación de la forma que adoptan sus obsesiones. En *Posición 2 con matriushkas* la artista se sienta con las piernas cruzadas rodeada por un círculo de matrioshkas, con una matrioshka pintada en el centro de su cuerpo, una naranja pintada en un pecho y un limón en el otro, con la cara de naranja y rojo, reflejando un sincretismo incómodo. *Matriushka escondida* sitúa la figura de la matrioshka –esta vez sonriente– en la misma posición alrededor del estómago de la artista, con otras dos muñecas que custodian la imagen pintada. El resto de la zona abdominal está cubierto con numerosas banderas que no cuentan con lugar propio en el lienzo de su cuerpo. Se superponen desorganizadamente, en contraposición al estado-nación autónomo. Si bien hay reminiscencias de las conocidas performances ritualistas de la cubanidad que hace Manuel Mendive en espacios públicos, donde aparecen cuerpos pintados de todo tipo de forma, color y talla, algunos tradicionalmente atractivos y otros grotescos, las pinturas corporales de Martínez Shvietsova se distinguen de aquellas en muchos aspectos: primero, por su plena aceptación de la estética que la propia artista denomina «morbo» –en el sentido de hallar placer en lo morboso–, y en segundo lugar, por su total desprecio por la conservación de los mitos.

Los cuentos de Martínez Shvietsova, al igual que su obra visual, critican los discursos autoritarios. Por ejemplo, la estructura tipo boceto de «17 abstractos de una agenda» muestra estilísticamente la naturaleza fragmentada que resulta de ser tanto cubana como rusa en Cuba. Ante la cuestión de si la experiencia cubana postsoviética conlleva una lógica postmoderna, el relato hablaría a favor de dicha valoración.

La metatextualidad de «17 abstractos de una agenda» resulta perceptible al instante. El diálogo del quinto abstracto evoca el lado

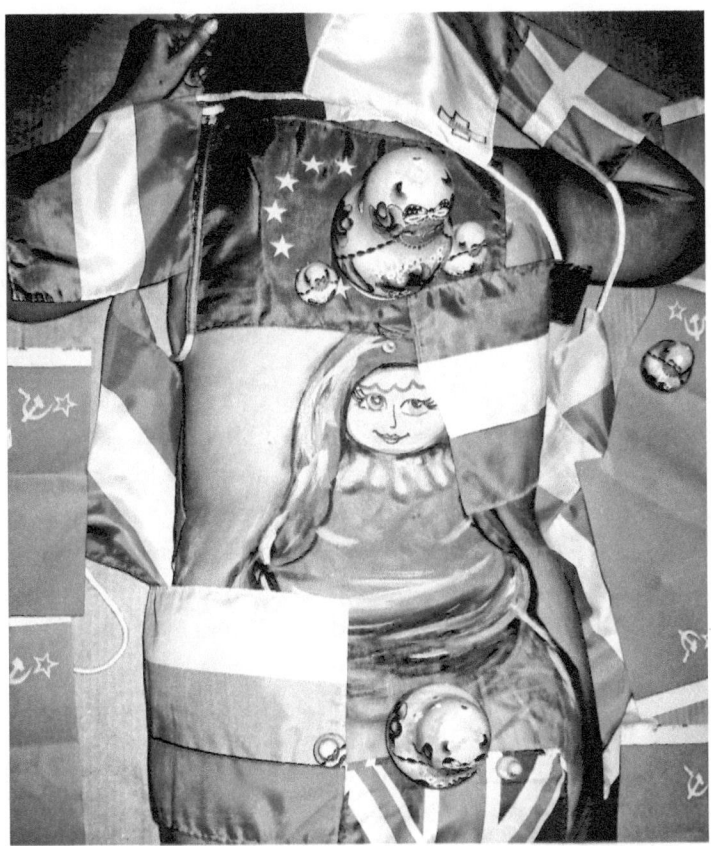

Matriushka escondida (2006), de Polina Martínez Shvietsova. Cortesía de la artista.

oculto de la búsqueda de apoyo y representación institucionales en la isla:

—Hola, ¿ustedes son polovinas?
Me dirijo al grupo con timidez desafiante. Estamos en Tarará, donde el embajador de Ucrania ha organizado un buffet. Uno de ellos gira 180 grados y me ataca:

–¿Y tú quién blíat eres?
–Yo, Pamyla Shvietsova. Me cago en tu madre. ¿Y tú?
Pero el embajador ya retoma la palabra por el micrófono y nos insta a todos a rezar y a brindar. (2006: en línea)

El hecho de que el evento tenga lugar en Tarará ya es revelador. Tarará, una zona de la costa al este de la ciudad de La Habana, en su día lugar residencial de los oficiales soviéticos, se convirtió en 1990 en el refugio de aproximadamente veinticuatro mil víctimas del desastre de Chernóbil de 1986, principalmente de Ucrania, pero también de Rusia y Bielorrusia[4]. No es la historia de la zona lo que preocupa especialmente a Martínez Shvietsova, sino más bien el presente urgente, en el que la protagonista híbrida, mientras aprovecha lo que el embajador ucraniano ofrece –un buffet con «deliciosos bocadillos de importación» y cubalibres–se adentra en un cortejo más trasgresor desarrollado con una combinación de choteo cubano y humor eslavo. Resulta útil recordar la sucinta historia de Paul Allatson sobre el término «choteo» al analizar el texto de Martínez Shvietsova:

> Jorge Mañach (1940) defined *choteo* as a collective street-level anti-authoritarian sensibility that mocks and satirizes its targets, the agents of social order, decorum, and power [...] the Cuban American José Muñoz (1999) argues that it is a transcultural signifier, encoding within it the long historical interplay between African and Spanish peoples in Cuba [...] *Choteo* for Muñoz thus becomes a key strategy for selfassertion, identity construction, and critique of dominant cultural protocols. (2007: 67)

La primera pregunta, a la par burda y coqueta, se la dirige en ruso a la protagonista un compatriota llamado Misha, y se traduce en el

---

[4] Sobre el proyecto humanitario masivo que Cuba inició en 1990 para ayudar a las víctimas de Chernóbil, véase Armengol 2009.

glosario para extranjeros que incluye el relato. Se insultan el uno al otro como forma de intimidad rápida, interrumpiendo así el decoro de la ocasión y el monolingüismo literario convencional.

El concepto de hibridez que se elabora en la breve ficción de Martínez Shvietsova está maduro para el debate porque su relación con las traducciones postcoloniales del término algo nos dice de la ontología de ser tanto soviético como cubano. La definición de Robert Young de hibridación en el contexto colonial ayuda a esclarecer la narración de Martínez Shvietsova:

> The colonial desiring machine, whereby a culture in its colonial operation becomes hybridized, alienated and potentially threatening to its European original through the production of polymorphously perverse people, who are, in Bhabha's phrase, white, but not quite: in the nineteenth century, this threatening phenomenon of being degraded from a civilized condition was discussed as the process of «decivilization». (Young 1995: 175)

Este concepto de ningún modo puede aplicarse directamente a la experiencia cubano-soviética; muchos híbridos afortunados e incómodos resultan obvios en la producción cultural cubana. Uno de estos ejemplos es la protagonista de «17 abstractos», Pamyla Shvietsova, que parece ser el *alter ego* de la autora, con sus mismas iniciales y apellido. La incapacidad para adentrarse por completo en la nacionalidad soviética o cubana es dolorosa, pero a diferencia del poema de Prieto Samsonov, donde se experimenta la pérdida de la integridad, en este relato el sujeto siempre aparece fragmentado y deseoso desde el principio.

Pamyla Shvietsova se percibe a sí misma como heredera de una versión monstruosa de hibridez. Ninguna identidad encaja a la perfección con los confines de su personaje, como sí lo harían en una matrioshka; en vez de eso, como dice Misha descaradamente: «Eres mi matriushka sicópata, eres mi matriushka sicópata; inexplicablemente me repetía el muchacho que me atacó». La repetición y la mímesis son definitivamente estrategias estéticas y políticas en la historia. En el abstracto 2, Pamyla da una vuelta en una vieja furgoneta estadounidense y se pregunta a sí misma «¿Qué sentiré después de hacer el amor?». En la secuencia siguiente, sin embargo, la descripción cambia ligeramente. «Voy montada en una vieja camioneta rusa y ya no me pregunto nada». Su experiencia en la furgoneta resulta de mayor interés por cómo retrata su entorno –«la gran marcha patriótica del 13 de junio» y «el dolor [...] franco y silencioso». El sensual escenario de «plástico reciclado» habla de la condición de segundo o tercer mundo donde reside. Tiene puntos en común con los sujetos colonizados y hace responsables a Estados Unidos, Cuba y la Unión Soviética de las relaciones desfiguradas y subyugadas resultantes.

En el primer abstracto corto, la protagonista seduce y repele al lector con su existencia. «Hibridez de la doble nacionalidad. Sobrevivientes sin contexto ni ontología. Aguas tibias entre el fuego del ser y el hielo de la nada». Sin embargo, en el abstracto final, la existencia se pone en cuestión:

> Ebriedad de la no nacionalidad. Sobremurientes del hipervínculo y la ideología. Socialipsistas remando en un iceberg que parece un caimán... 17 instantáneas fuera de foco. 17 abstractos de una agenda. 17 primaveras rotas de una sola pedrada y que ninguna esquirla se llame nunca Pamyla. (2006: en línea)

Esa conclusión insta a los lectores a descreer del diario, si bien al mismo tiempo, por empatía hacia el sujeto inexistente, se resisten pero inevitablemente sienten compasión. El simulacro de este conjunto no niega el afecto que produce. El neologismo «socialipsista», constructo de «socialista» y «solipsista», se refiere al sentido de confusión y chauvinismo ideológicos atrapado en el parecido del iceberg con el caimán, la habitual descripción de la geografía de la isla. El poético «sobremurientes», literalmente, los que sobreviven a la muerte y viven en ese estado, remite a «sobrevivientes», los supervivientes, la palabra con que Martínez Shvietsova presenta a su protagonista.

Esta póetica secuencia de episodios rinde homenaje a *Diecisiete instantes de una primavera* (1968) de Yulián Semiónov, una popular novela de espías que retrata al espía soviético Stirlitz, de la que Martínez Shvietsova adopta el título. La protagonista llama a su amante Vlady «Whiskey», pero como a él no le gusta el nombre lo rebautiza como «Vodka». Entonces comienza a pensar en otros posibles nombres de la historia militar rusa que podría usar, pero sospecha que él no los conocerá, ya que, como sus posibles lectores, él no conoce tanto como ella la cultura rusa. Así, queda enajenada en un mundo para el que tiene que traducir continuamente.

El hecho de estar perpetuamente entre dos mundos atrae la sensibilidad postmoderna. Pamyla anuncia que «en la portada de mi primer y único libro, Pushkin se sentará entre John Lenin y Vladimir Ilich Lennon en el parque de 15 y 6». Martínez Shvietsova pasa del deseo postsoviético al postcolonial por medio de este intercambio de nombres y apellidos. Vladimir Lenin, el icono de la historia soviética, y John Lennon, el icono de la cultura popular, quedan reposicionados por el arquitecto rusocubano de su propia genealogía.

Uno de los momentos más escandalosos sucede cuando la protagonista critica la *Ostalgie*:

> En el cine ponen *Goodbye Lenin*, un filme alemán. Desde las butacas, oímos los gritos afónicos del Osezno Misha, desgañitándose como en el Estadio Olímpico de Moscú. Está eufórico, no sabemos por qué. La acomodadora lo apunta con su linterna y amenaza con hacerlo expulsar.
> Misha le mienta a la madre en ruso y también en ruso amenaza con quemar aquel cine de mierda si no lo dejan en paz.
> —Mir, mir, mir, mir, mir, mir —le repite en voz de falsete.
> La acomodadora sonríe y se retira. Misha permanece en silencio, con la cabeza de Lenin volando en helicóptero desde Berlín hasta los

cristales miopes de sus gafas. Hace muecas. Nadie en el grupo lo nota, pero yo sé que él se muestra eufórico para no echarse a llorar.

«Goodbye Misha», escribí esa noche en mi agenda. (2006: en línea)

Pamyla interpreta lo que debe significar soñar con el sistema socialista en una sociedad en la que este ha desaparecido, y lleva a cabo la interpretación desde una posición que ensombrece esa otra sociedad, desde una posición comprometida sobre la que sabremos más en el penúltimo abstracto. Ya no se trata de un autobús estadounidense ni ruso, sino que Pamyla ahora monta en uno cubano y es inmediatamente acosada por el conductor, que le dice que puede llevarla gratis si le toca el miembro:

No le respondo nada. Él tampoco insiste. Nos acercamos a un semáforo y lo veo tapársela con la camisa. Se inclina hacia mí. Lo dejo. Me susurra algo en la oreja y me extiende su tarjeta de presentación.

La leo al vuelo. Es de Soviexportfilm, una empresa fantasma. Definitivamente, vivimos en una película. De guerra o de amor, no sé. Igual en el semáforo de pronto me bajo sin decirle adiós.

El hijo de puta me pareció un pobre tipo al final. Si me hubiera pagado, entre la pena y el asco tal vez se la hubiera podido tocar. (2006: en línea)

Martínez Shvietsova establece una brillante metáfora para la nación en este relato. El autobús, que representa a Cuba, es como Soviexportfilm, «una empresa fantasma», término que pone en cuestión la noción de que Cuba y la Unión Soviética eran camaradas en la misma cruzada ideológica. Cuba, parece decir, servía como vehículo para la Unión Soviética, y Soviexportfilm se convierte en el fantasma de una empresa previa beneficiosa para el imperio. Cuba sigue siendo el vehículo, pero ahora que ya no existe la Unión Soviética, ¿quién se beneficia de permanecer en esta posición? Se trata de una cuestión seria que plantea «17 abstractos de una agenda». Si para Dmitri Prieto Samsonov los soviéticos se implantaron sobre todo por su valor clave para una Cuba en proceso de cambio, para Polina Martínez Shvietsova son una dimensión importante de la Cuba autoritaria contra la que ella se rebela.

La Bildungsroman de los mestizos

Los soviéticos como entidad política internacional no son ni explícita ni alegóricamente el tema de la escritura de Anna Lidia Vega Serova, sino que más bien, en términos generales, son analizados y criticados como individuos en escenarios personales. Su novela *Anima fatua* (2007) no es el primer texto donde narra una relación complicada con la identidad híbrida. Su colección de cuentos *Limpiando ventanas y espejos* (2001) contiene numerosas alusiones a las ataduras que ligan a algunos de sus personajes a inusuales paisajes inventados. En «Proyecto para un mural conmemorativo (técnica mixta)», el narrador crea un esqueleto para los vínculos poéticos entre un seductor afrocubano que engendra a la «criatura» narradora con una mujer/madre aparentemente extraterrestre, entre los deshechos de su presente circundante y la nieve distante que es en sí misma extraterrestre. Narrado en cuarenta segmentos poéticos, «Proyecto» desafía la estructura convencional del cuento y podría haberse convertido fácilmente en fuente de inspiración para los «17 abstractos» de Martínez Shvietsova. Dónde podría estar y qué podría ser «CASA» es una cuestión que preocupa a la narradora, embrujada como está por las nanas distantes que no se asemejan a su presente. El mural del título de la historia conmemora tanto lo inesperado de la autobiografía de la narradora como la experiencia cubano-soviética explorada en pequeñas unidades, sentando las bases para *Anima fatua*.

Anima fatua traza un viaje a finales de los años ochenta a la Unión Soviética, por toda ella y luego de vuelta a Cuba, que está plagado de desunión y pena, pero también de alegría y deseo. La protagonista cumple la mayoría de edad en la Unión Soviética en la época en que una de las ideologías supremas del siglo xx, simbólicamente «responsable» de dar a luz a esta protagonista híbrida, se derrumba por fin. Si bien una historia similar es compartida por un buen número de cubano-soviéticos, Vega Serova duda de que pueda sentirse incluida en estos proyectos identitarios. En una entrevista con María del Mar López-Cabrales, a la pregunta de si los cubano-soviéticos tienen consciencia de grupo, Vega Serova evita decididamente insertarse en dicha comunidad. «Existen personas que intentan agruparse, hacer cosas. Se reúnen, hacen fiestas, tienen proyectos culturales, etc... En diciembre se planea hacer una exposición colectiva. Posiblemente yo participe» (2007: 76).

Es imposible leer *Anima fatua*, caracterizada por una simplicidad estilizada y una frescura difíciles de conseguir, sin recordar novelas de carretera emblemáticas como *On the road*, de Jack Kerouac, o novelas como *When I was Puerto Rican*, de Esmeralda Santiago, pero a diferencia de los protagonistas de las novelas étnicas más conocidas, la Alia de Vega Serova no busca ni encuentra una solución fácil a los problemas que emergen de su doble nacionalidad. Alia, «una casualidad histórica», es víctima del abandono de su padre afrocubano y del abuso de su madre rusa, una exótica y cautivadora pareja que en su día se encontró en la ciudad de los puentes, Leningrado. Cuando la madre de Alia no puede soportar más el fracaso de la relación con su compañero cubano, se lleva a la hija y al hijo menor de vuelta a su tierra natal, donde desde muy joven Alia debe encontrar la forma de asimilar y combatir los apabullantes prejuicios a su alrededor. Mientras la violencia de ser el «otro» emana sobre todo de sus abuelos envejecidos, también se siente el cotilleo de la comunidad, y empatiza con el sentimiento de culpa de su madre por haber producido «esa niña, gorda, fea, retardada, como una evidencia, y la cara marchita frente al espejo, como una evidencia» (Vega Serova 2007: 33). Alia imagina los cuchicheos del pueblo: «"Estuvo casada con un cubano." "¿Un cubano?" "Como lo oyes, un CUBANO." "¿Negro, supongo?" "Negrísimo." "Pobrecita."» (2007: 34). Este sentimiento provinciano de tragedia por haber contraído matrimonio con un afrocubano dista mucho de las narrativas de grandeza relativas a la solidaridad cubano-soviética que se divulgaban en la esfera de las relaciones internacionales. En este sentido, incluso si la ficción autobiográfica de Vega Serova soporta ser leída como el testimonio de una era, sigue mostrando el lado oculto de un matrimonio que en los años setenta y ochenta era considerado excepcionalmente prometedor.

De niña, Alia adquiere múltiples personalidades para distanciarse de la violencia de semejante experiencia. La de Sofía aparece por poco tiempo, pero resulta significativa:

> Le gustaban las canciones y los cuentos tradicionales rusos, las conversaciones largas y las fiestas populares. Me presenté al examen el sábado siguiente y lo pasé con éxito. Canté *Katiusha*, que venía cantando desde el círculo infantil, conté la historia del pescador que se quedaba sin un solo deseo cumplido por culpa de la avaricia de su mujer, y recité el poema de Liérmontov sobre el velero solitario que tanto le gustaba a Liena. (Vega Serova 2007: 56)

Alia se hace experta desde muy joven en esas melodías que podrían haber embrujado al narrador de «Proyecto conmemorativo» para trascender los prejuicios de la comunidad dominante y ser más «blanca» o «soviética» que aquellos en el poder. Esos momentos de la ficción autobiográfica arrojan luz no sólo sobre lo que significaba ser inmigrante en tierras soviéticas, sino también sobre las lagunas en la ideología de la ecuanimidad y grandeza soviéticas.

Los prejuicios raciales en la Unión Soviética ocupan un primer plano en *Anima fatua* que no ha sido ficcionalizado en otros textos. La razón de que la familia soviética de Alia por parte materna la desprecie es que es hija de su padre, lo que explicaría su comportamiento «bárbaro». Zeta Dacosta presta especial atención a estos aspectos de la novela por su relación con una comunidad mayor de cubano-soviéticos:

> For example, Alia, the *polovina* character in the novel *Anima fatua*, who in Russia can seem somewhat exotic, as the daughter of a black man who, as the character herself says, was in reality «only a fairly light-skinned mulatto, of course,» is accepted as white in Cuba, just as she might have been in the time of *Cecilia Valdés*. Thus, *polovinas* are not troubled or worried about race, which may explain why they are somewhat lost or invisible. They are seen as *mestizos* but defy classification: moreover, they ignore it. At most, they admit to a minimal or quite ambiguous reference relative to their parents' origin. Because of this situation, they are satisfied and comfortable with the way in which society sees them, because being *different* always presents a challenge. (Dacosta 2009: 25)

La evaluación que hace Dacosta de la relación de los cubano-soviéticos con la raza coincide con la tesis de Prieto Samsonov y Martínez Shvietsova en «...So, Borscht Doesn't Mix into the *Ajiaco*?», según la cual los artistas cubanos de la diáspora soviética se resisten a aceptar su hibridez como forma de asimilación dentro del ámbito nacional cubano. Tras haber entrevistado a tres artistas –el pintor y escritor Ernesto González Litvinov, el editor del periódico online *Esquife* en su primera encarnación, Andrés Mir, y a la propia Vega Serova, pintora y escritora, entre otros once sujetos de la diáspora soviética en Cuba– Prieto Samsonov y Martínez Shvietsova sugieren que existe una discrepancia entre cómo los artistas consideran que su obra encaja en la esfera cubana y sus verdaderas influencias e identificaciones con la doble nacionalidad. Aunque el grado de opresión de Alia pueda ser único, dada sus circunstancias familiares, muchos otros testimonios visuales y narrativos de aspectos poco agradables de la unión permean la cultura cubana contemporánea.

Inmigración sexual

Si se quieren comprender en mayor profundidad las repercusiones de los empeños artísticos y políticos de las minorías étnicas en Cuba, es necesario contextualizarlos en el marco más amplio de los soviéticos en Cuba. Como muestra *Anima fatua*, los matrimonios entre mujeres de la antigua Unión Soviética y hombres cubanos siguen siento de interés, literal y simbólicamente, en la Cuba de hoy. De acuerdo con Moiseev y Egorova, unas mil trescientas mujeres de Rusia y otras antiguas repúblicas soviéticas viven aún en Cuba (2010: 138).

Cuba mi amor, el primer documental que abordó el tema, fue realizado por el cineasta franco-togolés Penda Houzangbe, nacido en 1979, que estudió en la escuela de cine de San Antonio de los Baños y se graduó con ese proyecto en 2004. Los veintitrés minutos de la película se centran en la difunta Natasha Balashova. Hija de un bolchevique ruso, Balashova llegó a Cuba en 1969, se apodó a sí misma «la Bolchevique», y constituyó un club para rusos llamado Centro Cultural Etnográfico Rodniki. Balashova remarca en el documental que el tipo de inmigración del que ella tomó parte era «sexual», aunque oficialmente se denominase «matrimonial». La historia de Balashova se desvela a medida que observa las instantáneas de su juventud, entre las que resulta especialmente llamativa una tomada el día que conoció a su marido cubano –de piel más oscura– en una fogata junto a unos abedules, un lugar habitual en el imaginario cubano-soviético. Balashova describe emocionada su amor por Fidel, y mientras una de sus amigas se queja de su devoción por la nación, otra añade una estrofa apasionada a la patriótica «Guantanamera», que cariñosamente llama la estrofa eslava. El documental sugiere que el patriotismo de Balashova hacia las naciones soviética y cubana procede de la misma aceptación aparentemente sincera del internacionalismo, un internacionalismo que es incluso mayor tras la desaparición de su tierra natal. «Porque nosotros sí somos soviéticos», afirma Natasha, manifestando su sentimiento por una identidad que ya no es funcional.

Todas iban a ser reinas, documental de cincuenta y cuatro minutos dirigido por Gustavo Pérez, explora la vida de siete mujeres de la antigua Unión Soviética que enfrentaron, en su mayoría, aprietos similares en lo que respecta a la falta de interés de sus embajadas hacia ellas, a la falta de medios financieros para «volver» a casa y, como en el caso de Balashova, sin una nación propia –la Unión Soviética– a la que poder regresar. El documental parte de la misma premisa que *Cuba mi amor* –explorar el destino de mujeres de la Unión Soviética en la isla–, pero las implicaciones que pueden extraerse de él sobre la relación entre soviéticos y cubanos resultan más intensas, inspiradas como están en una empatía más evidente e íntima. Los artistas ven su propia juventud y sus sueños reflejados en diversas historias de mujeres soviéticas que residen en su propio Camagüey. En una hermosa carta inédita a su hija, la productora Oneyda González detalla el proceso de casi un año que comenzó con aproximadamente un centenar de entrevistas con mujeres de la antigua Unión Soviética y que concluyó con el estreno del filme:

> Un día me encontré en el hospital con una ucraniana. Fue un hallazgo sonoro, digamos. Habló en español y su acento me resultó extraño dentro de las lenguas que oímos ahora. Cuando logré identificarlo, me pregunté, ¿y qué fue de las rusas? Tú eras muy chiquita, pero seguro recuerdas a la mujer de tu tío Frank. Al desaparecer como país la Unión Soviética, estas mujeres quedaron bajo otras condiciones: es lo que intentamos descubrir.

Este sonido a un tiempo ajeno y familiar llevó a González a convencer a su pareja, el director Gustavo Pérez, de asumir la documentación de los testimonios de estas mujeres de la Unión Soviética; el filme, puntualiza González, sería «una investigación de los proyectos sociales que se expresaron en una revista que [ella] leía de joven: *La mujer soviética*». Y prosigue:

> En la revista, que entraba a Cuba sin falta, vimos a esas mujeres como el modelo a seguir. Tan exóticas ellas como el inmenso país en que vivían. Eran intelectuales, artistas, atletas, médicos y hasta cosmonautas, cuyo desarrollo profesional garantizaba la felicidad de su hogar y su propia realización.

La pérdida y el fracaso evidentes en el documental se aprecian en mayor profundidad en esas palabras, que no sólo describen una era pasada sino también una perspectiva feminista transnacional que, habiendo formado a González como artista y madre, puede acabar perdiéndose en las generaciones siguientes. El sentimiento de González incide en la explosiva política de género en torno al trasnacionalismo y la hibridez que afectan tanto a los hijos de estas mujeres soviéticas, como se ve en la producción de la generación del Proyecto Mir, como a la mayoría de las mujeres cubanas que alcanzaron la mayoría de edad en los años ochenta con modelos de belleza importados del bloque soviético.

Todas iban a ser reinas se mostró el 23 de marzo de 2006, en una institución cultural de Camagüey. El documental fue el primero de su tipo en abordar el tema de las relaciones personales cubano-soviéticas en un marco histórico, un tema que previamente no había recibido ninguna atención institucional. Un debate provocador –uno de los tantos que siguieron– tuvo lugar. La película fue emitida por la televisión de Camagüey dos días más tarde –significativamente, una sola vez–, con un tremendo apoyo de la audiencia. Pases de la película se proyectaron en lugares que pudieran acomodar sólo a un público limitado. El documental se presentó en el Cine Infanta y en la Sala Caracol de la UNEAC, en La Habana, como parte del Festival Internacional de Cine, así como en un buen número de otros festivales. La mayor parte de esta historia podría sonar igual que la de muchos documentales independientes realizados en cualquier otra parte del mundo, incluidos los Estados Unidos, con la diferencia de que en Cuba es el aparato gubernamental, más que el mercado, el que se ocupa de controlar el impacto de una película. Con la nueva amistad cubano-rusa en el centro de la escena, el documental ha cobrado una nueva vida en el país y en el extranjero con una distribuidora internacional. Esto es síntoma del poder de la hegemonía para contextualizar y reinterpretar, una estrategia peculiar aunque común, también en lo que a la cultura respecta. De hecho, con la presencia de las antiguas «reinas» soviéticas en muchos de estas presentaciones, el documental les ha brindado un espacio para hablar sobre sus experiencias.

Todas iban a ser reinas empieza con una mujer letona cantando sobre la «ostrov svobody» (isla de la libertad); la película luego corta al mar y sus sonidos, e inmediatamente después una ucraniana habla de cómo le enseñaron a cantar el «Himno del 26 de julio» en ruso. Otra entrevistada rememora «Aquella Guantanamera, aquella Guantanamera... Me enamoré, me enamoré y yo pensé que un día tenía que aprender ese idioma». La capacidad de seducción del documental reside en que la desubicación de estas mujeres en Cuba y su incapacidad generalizada para imaginarse a sí mismas en cualquier otra parte es también un síntoma de la desilusión cubana en su conjunto. Al menos al comienzo podría deducirse que fue este elemento de identificación lo que hizo posible que el documental fuese a parar a la televisión cubana. Antes de volver a las revelaciones de la desilusión, escuchemos las punzadas de pasión y amor que caracterizaron sus matrimonios:

> Yo conocí a un estudiante cubano que después se hizo mi esposo hasta ahora y hasta que la muerte nos separa. Yo, una letona veinteañera ordinaria para mi punto de vista y un compañero exótico con espendrum con su piel bronceado porque estamos en julio... Con sonrisa esa espléndida de cubano que me mató, me mató, me deslumbró, me llevó acá y me mató para el resto de mi vida...
>
> Me pareció un muchacho muy serio, muy bonito, pero muy bonito, muchísimo bonito que nuestros rusos... Me gustaba su forma de ser alegres, naturales. Un día en una fiesta nos presentaron allí y no nos separamos más.

Estas voces, a veces en un español evidentemente torpe, suenan como si fueran parte de un coro operístico con una buena dosis de kitsch enraizado en los años setenta y ochenta; la madre ficticia de Alia en *Anima fatua* encajaría bien allí. La historia personal de cada una de las entrevistadas no puede escapar a la historia mayor de la nación, de modo que la la luna de miel simbólica sufre reveses. La letona describe cómo a su familia y a ella les negaron el alojamiento en el hotel junto al aeropuerto de Moscú en 1990; en retrospectiva, especula que si por ser ella letona o su marido cubano. Esta misma letona, aún enamorada, afirma: «Porque yo dejé atrás una vida en un país desarrollado… es morir y nacer en otras circunstancias, en otro país, en otro medio, en otro mundo… Es como morir y nacer de nuevo en otro nivel». Su primera explicación de lo que ocurría en Moscú a finales de los ochenta y comienzos de los noventa puede considerarse una reflexión postperestroika, surgida en un lugar en que los prejuicios étnicos que habían quedado enterrados previamente salían ahora a la luz. La caracterización de la isla como subdesarrollada refleja un momento postrevolucionario en la medida en que sugiere el fracaso de la Revolución. Sin embargo, resultan manifiestas algunas discrepancias en su manera de percibir el desarrollo. Fue en la Unión Soviética, ese país supuestamente desarrollado, donde cuenta que vivió su primera experiencia de inhumanidad.

¿Qué pasa con la isla de la libertad, la «ostrov svobody»? El «prólogo» del documental muestra el poema de Gabriela Mistral, de donde proviene el título del documental: «Todas íbamos a ser reinas de cuatro reinos sobre el mar… lo decíamos embriagadas y lo tuvimos por verdad» (2003: 196-197). El poema sugiere lo estrechamente ligadas entre sí que se encuentran la diáspora de género y las condiciones y posiciones nacionales. La palabra «todas» se refiere tanto a los sujetos diaspóricos como a las creadoras de la película y sus espectadores potenciales, para quienes el filme podría resultar castrante.

Es extremadamente difícil valorar la compleja dinámica del impacto del filme. Los periodistas cubanos independientes informaron de la sustitución en diciembre de 2007 de Rebeca Burón Marín, directora de Televisión Camagüey, por haber emitido el documental[5].

---

[5] «Destituyen a la directora del canal Televisión Camagüey por emitir un documental censurado»: <http://www.cubanet.org/CNews/y07/dic07/20o7.htm>.

Víctor Fowler Calzada, en su reseña del documental, revela una arista amenazante y conmovedora de la película cuando transforma su título de la tercera (*iban*) a la primera persona del plural (*íbamos*):

> *Todas íbamos a ser reinas* es la crónica de un sueño que desapareció (qué es amistad entre países o una relación de iguales entre el desarrollo y el subdesarrollo); una mirada al presente de la vida cubana (los sujetos entrevistados comparan el país de cuando llegaron con el de ahora); una pequeña exploración de nuestra identidad (choque cultural ilustrado por la diferencia de costumbres); y una consideración del desplazamiento de identidad, por el trabajo con estas personas que ya no desempeñan el rol central de antes en la vida nacional o en los intereses de sus gobiernos, que parecen haberse quedado encallados en el vacío. (Fowler 2008: en línea)

De hecho, *Todas íbamos a ser reinas* es cómo debería haberse llamado el documental, en lo que tiene de guiños a la vida cubana contemporánea. El documental, al que Reina María Rodríguez también llama *Todas íbamos a ser reinas*, sirve como punto de partida para «Nostalgia», donde afirma:

> Entre matrioshkas despintadas, tapices raídos por el sol tropical, tejidos que se vencen por la humedad y el polvo, estas mujeres maduras y regordetas cantan baladas rusas ante la cámara. Y regresa con sus historias la nostalgia como demostración del olvido que se ha marcado en sus rostros, en sus gestos. Al olvido lo dejaron colgar entre otras prendas traídas como amuleto y allí mora él como fantasma que anuncia el desencanto. (Rodríguez 2012: 38)

La interpretación de algunos críticos acerca de estas mujeres como encalladas, varadas en la isla, insinúa que la película funciona principalmente como metáfora de la propia situación de estos mismos críticos, residentes en un país del cual, como ha dicho la novelista Wendy Guerra, «todos se van». Sin embargo, volvamos al destino menos simbólico de las mujeres soviéticas de la isla. En julio de 2007, a otra mujer rusa que llegó a la isla por amor, Elena Verevna

Verselova –había vivido en la Isla de Juventud y fue presidente de Acción Democrática Pinera–, no se le permitió esta nostalgia y fue deportada por «actividades disidentes». Su destino captó la atención hacia las llamadas mujeres rusas en la isla. Anthony Boadle, de Reuters, retomó este paralelismo en un artículo titulado «Russian Women Stranded in Cuba since USRR Fall» (2007), un título que no caracteriza con total precisión los sentimientos encontrados de las mujeres entrevistadas en el documental.

En *Todas iban a ser reinas* aquellas olvidadas, en su día heroicas guerreras del amor y del país, resucitan para reflexionar sobre las víctimas cubanas y soviéticas. Aunque sus roles de género no se cuestionan por lo general –la letona, por ejemplo, declara de forma casi convencional que su cometido era seguir a su hombre–, casi cualquier otro tema es puesto en cuestión. Las mujeres apenas coinciden en algún asunto, y en el filme se debaten así la educación, el hogar, la economía y los hijos en la isla. En gran medida resisten, quiéranlo o no, en una especie de fortaleza en ruinas en Cuba:

> Yo amo esta tierra y amo el pueblo cubano. Esto sí es verdad: yo tengo dos patrias, eso sí voy a repetir muchas veces, yo tengo dos patrias, la patria donde yo nací y la patria donde yo vivo. El pueblo cubano miro como un pueblo mío… [El] calor y las mentiras no los soporto…
> Entonces desde aquel momento, suspendieron el idioma ruso en toda la enseñanza… Esa palabra sentí con mucho dolor, la palabra «desmerengamiento»[6]… No hay manera ni de pagar la visa. No hablando del pasaje.

El dolor que la ucraniana que vivió en Cuba durante más de treinta años siente por la caída del bloque socialista es existencial. Aunque la autenticidad del género documental lleva a los espectadores a creer

---

[6] Del término «merengue», *desmerengamiento* –literalmente, la caída por su propio peso de un merengue– se usa en Cuba para describir el debilitamiento del sistema socialista.

en su verosimilitud, es esencial tener en mente que, como la ficción, *Todas iban a ser reinas* es una negociación entre el interlocutor y el testigo, que manifiesta la relación entre el anfitrión y el huésped. Se trata de un tema doloroso, especialmente para una Revolución cuyo principal objetivo ha sido el de la soberanía nacional. El documental aborda de este modo los temas de la hospitalidad y del trato al otro, incluso cuando este otro fue, en otro momento de la historia –un momento muy reciente– el representante de una entidad hegemónica.

La identificación de los documentalistas con las diversas historias de estas mujeres sobre amor, creencias, pasión y desencanto aflora también en la obra de Lissette Solórzano *Érase una vez... una matrioshka*, una exposición fotográfica que formó parte de la Bienal de La Habana y que en febrero de 2010 se vinculó a *Todas iban a ser reinas* cuando ambos proyectos se expusieron en el Pabellón Cuba, junto con la obra de la fotógrafa ruso-canadiense Olga Chagaoutdinova, como parte de la Feria Internacional del Libro. El uso del imperfecto en ambos títulos resulta idóneo para denotar nostalgia. Ahora bien, el proyecto de Solórzano, más que el documental, ilustra la presencia de espacios foráneos dentro de la esfera doméstica que anteponen los vínculos de sus sujetos con la religión ortodoxa rusa, cuya importancia en Cuba aumentó considerablemente con la consagración de una iglesia magníficamente ornamentada en La Habana Vieja en 2008, que, entre tantos edificios decadentes a su alrededor, destaca con una altura impresionante, cúpulas de oro y cruces. No es el exterior lo que cautiva a Solórzano, sino más bien los feligreses y las prácticas en su interior.

Mediante lo que Argel Calcines denomina su «sensibilidad antropológica», Solórzano documenta las prácticas religiosas de sus sujetos, su espacio doméstico y sus vínculos familiares. Aun cuando su interés hacia ellos surge de la nostalgia por el periodo soviético en Cuba, se abstiene de incorporar a sus sujetos a una narrativa de derrota; en vez de eso, los somete a una de revelación y descubrimiento (Calcines 2009). Los materiales promocionales de la Bienal de La Habana de

2009, a cargo de la curadora Hilda Barrio, enfatizan precisamente eso: «Más de cuarenta años han pasado para que estas Matrioshkas, ya "quemadas por el sol", acepten amablemente la llamada de la artista Lissette Solórzano para revivir sus historias personales, que serán registradas en este singular ensayo fotográfico». Calcines, también parte activa de la experiencia cubano-soviética, si se toma en cuenta que estudió en el Instituto de la Energía de Moscú en 1987, describe así el proceso de Solórzano: «Retratos en blanco y negro, pero con bastantes tonalidades de gris que muestran la moderación de los autores al penetrar en esa comunidad "underground" de los que "sobrevivieron a la Historia"» (2009: en línea). La Iglesia ortodoxa rusa, tan distinta visualmente de los paisajes cubanos convencionales, proporciona un fondo extraordinario para fotografiar a las mujeres soviéticas de la isla y para mostrar su responsabilidad en la continuidad de sus tradiciones lejos de casa, su satisfacción con el entorno e incluso su trascendencia.

Mientras *Todas iban a ser reinas* documenta sobre todo, con las mujeres sentadas solas en casa, una sensación de desasosiego, las fotografías de Solórzano las muestran con la cabeza cubierta, ante los altares religiosos, junto a sus familiares mestizos y multiétnicos. La narrativa visual de Solórzano guarda cierto sentido de plenitud que a menudo se echa en falta en las representaciones de una nación que normalmente se retrata como resquebrajada por las migraciones políticas y económicas. Ese sentimiento de plenitud se manifiesta mediante imágenes de familia unida; adornos, en forma de matrioshkas, samovares, cucharas rusas de madera policromada, colecciones de figuras de cerámica de *mujiks*, caballos, flores y tapices; y un conjunto de imágenes diaspóricas de la vida familar en ambos países que podrían compararse con la experiencia cubano-americana.

Estos proyectos autoetnográficos, documentales y literarios de y sobre la diáspora de los rusos en Cuba y de los rusocubanos comienzan a revelar una compleja narrativa del orfanato ideológico y geopolítico de los cubanos del bloque soviético y reconexiones con distintas partes del mundo, incluida Rusia. La generación de Proyecto

De *Érase una vez... una matrioshka* (2009), de Lissette Solórzano. Cortesía de la artista.

mir_xxi_cu ha probado ser de excepcional importancia para dirigir la atención a la presencia no sólo de los fantasmas soviéticos, sino también de mujeres reales en la isla que se integraron a una historia étnica de múltiples capas. Para algunas de ellas, sustituir la palabra «soviético» con otra categoría étnica puede ser difícil. La literatura de los hijos de soviéticos y cubanos explora lo que significa vivir un accidente histórico de maneras que la Historia es incapaz de transmitir. La película de Gustavo Pérez y Oneyda González y la fotografía de Lissette Solórzano, leídas como intentos de los propios cubanos para recuperar este inusual sincretismo, se inspiran en una búsqueda similar para conocer más a fondo a estas extranjeras que conviven con ellos y que en su día fueron parte del triunfo de la nación. Para los cineastas, las mujeres soviéticas no son sólo reminiscencias de un pasado transnacional con elementos de los que estar orgullosos, sino también analogías de un presente cubano abandonado. Para Solórzano las mujeres soviéticas son una fuente de orgullo, y la base para imaginar el tejido multicultural único de Cuba.

II.

Destinos cruzados

En las breves ficciones y performances que analizo en este capítulo, los destinos de la Unión Soviética y Cuba se cruzan en las vidas de los personajes. Los ecos de las relaciones entre soviéticos y cubanos corrientes, que en ocasiones no tienen ningún vínculo biológico o ni siquiera interacciones íntimas o prolongadas entre sí, quedan patentes en los textos analizados.

El ejemplo más dramático es el personaje drag-kitsch de Pedro Manuel González Reinoso, «la Rusa», al que Lawrence La Fountain-Stokes llamaría una *transloca* tomando en cuenta la excéntrica negociación de espacio y sexualidad del personaje[1]. Al situar su inusitada performance en diálogo con otras recreaciones cubanas de los soviéticos, me interesa resaltar sobre todo la extrañeza de la unión cubano-soviética. A la velocidad del rayo, González Reinoso recopila y encarna distintos periodos y regiones de contacto, recordándonos por qué un enfoque meramente histórico sobre el tema que nos ocupa no sería el más adecuado.

En otras obras, los aspectos más violentos del contacto cultural también son explorados. El voyeurismo, uno de los principales temas de la escritura cubana durante el Periodo Especial, adquiere un nuevo significado cuando los soviéticos/rusos se mezclan con los vecinos cubanos. Por ejemplo, en «Clemencia bajo el sol», de Adelaida Fernández de Juan, la infidelidad de un cubano y el colapso de la URSS se convierten en el impulso que lleva a una soviética a volver a su

---

[1] «La rusa» es el término más habitual para referirse a las mujeres de la antigua Unión Soviética, incluidas aquellas que no tienen origen ruso.

«tierra natal» y a sus vecinos cubanos a asumir el destino de la mujer. En «Fotos de boda», de Jorge Miralles, la lucha de los cubanos por separarse de la narrativa soviética sólo puede ilustrarse realmente en un retrato surrealista y desenfocado. De modo similar, en la pieza teatral *Sputnik*, de Ulises Rodríguez Febles, los paisajes cubano y soviético se funden en el imaginario, mostrando la dificultad para rescatar los recuerdos, especialmente cuando estos tienen raíces conocidas. La sexualización de la unión ideológica entre los cubanos y los soviéticos como alegoría de la disolución geopolítica y del nuevo y caótico orden mundial adquiere un tono mucho más humorístico en el relato «Bajo la bandera rosa» y la novela *Haciendo las cosas mal*, de Ernesto Pérez Castillo. Las dos naciones se superponen en las vidas de los protagonistas.

La drag roja

Pedro Manuel González Reinoso (nacido en 1959) narra repetidamente la invención de su personaje «La Rusa Roxana Rojo», que empezó a representar en El Mejunje de Santa Clara, meca de las drags en la isla, a principios de los años noventa. El viaje ficticio de Roxana Rojo a la isla desde la URSS es fundamental para la estética queer de González Reinoso, que implosiona la narrativa cubana de hermandad y solidaridad que prevaleció desde los años sesenta hasta los ochenta.

Para González Reinoso, transformista y escritor, el territorio soviético persiste en el imaginario cubano para esclarecer aspectos perturbadores y fascinantes del pasado, del presente y del futuro de Cuba. Sus creaciones, multigenéricas y extremadamente fragmentadas, son un reflejo del clima cultural e intelectual de la época postsoviética. A medida que el imperio soviético desaparece de la escena mundial, continúa anclado en Cuba en lo que la protagonista del cuento de Polina Martínez Shvietsova «17 abstractos de una agenda» denomina corporación fantasma o tapadera. De hecho, en el prólogo de Adelaida Fernández de Juan a la edición de 2010 de *Vidas de Roxy o el aplatanamiento de una rusa en Cuba*, usa la palabra «fantasma» para describir la duplicación que atrapa a su autor, González Reinoso. En palabras de Fernández de Juan, «Pedrito se permite estar atrapado por su otra mitad, por el otro fantasma que en él mora, y que a veces es uno, y, otras veces, su contraparte» (González Reinoso 2010: 16). Esta noción de estar atrapado por la mujer rusa sirve también como acertada alegoría de distintos aspectos de la maquinaria política cubana.

Tras casi veinte años como economista y contable, González Reinoso describe algunas de las razones de este curioso cambio profesional en el documental de Judith Grey *Sin Embargo* (2013): «Cuando el Periodo Especial se intensificó, lo dejé, y me hice peluquero. Esto me dio más libertad. Inventé un personaje. Fue creado en 1994, cuando empezó a haber mayor tolerancia con el movimiento gay. Todos somos un montón de trozos y piezas, como todos los cubanos, no soy ninguna excepción». Como muchos de sus compatriotas, González Reinoso identifica la escasez con el empuje para la invención. Los fragmentos de la historia y cultura soviéticas que González Reinoso emplea para crear su personaje son particularmente rigurosos.

En lo que sigue, por ejemplo, González Reinoso da una vuelta de tuerca paródica a los restos materiales del bloque soviético:

> Yo creía que el pugilato por el refrigerador *Dosvidania* tras la Zafra de los millones en el 70 me abriría al respeto y a la exoneración. Ni siquiera la olla *Ruskii* que gané antes, junto al odio palpitante de mis excompañeros de trabajo por el despojo masivo del *Poljov* (despertador pareciera, de bajas pasiones), o la (o)diosa lavadora *Aurika* destrozatrapos, ni la radio *Órbita* (controlada y meridiana, en su paseo celeste), o la bicimoto *Berjuvina* escánda(hum)osa que me auxilió dando botella, en la pesca del divino respaldo huesimuscular que el diseño original no le incluyera. Ninguna de esas hipotéticas inmunidades para después, me servirían. (2010: 31)

Todos estos productos son reconocibles de inmediato, tanto para los cubanos que pueden que todavía los sigan usando como para cualquiera que haya crecido en la época soviética. Los bienes de consumo de la URSS eran notables porque, basados como estaban en la «producción de la industria pesada», su estética podía distinguirse fácilmente de la occidental, sin contar su muy discutible funcionalidad (Rutland 1993: 117).

Los aparatos soviéticos son un tema de interés constante para los cubanos. La polémica Yoani Sánchez escribió un post sobre cómo los cubanos acumulaban deuda sin saberlo mediante la adquisición de electrodomésticos como los televisores Panda chinos a través del sistema nacional de méritos –un sistema con raíces en el periodo soviético cuyas ventajas, según Sánchez, son cuestionables: «Hacer la guardia del CDR o salir al paso a las críticas ha perdido atractivo, pues no parece que la recompensa vaya a ser la asignación de una lavadora, una línea telefónica o un radio portátil» (2009: en línea). La valoración humorística de la Rusa sobre la función de estos bienes es que leyó mal la situación: lo que creía que le aportaría superioridad moral sólo hacía que los demás le tuvieran envidia. De ese modo se burla de los mecanismos de sociabilidad del sistema socialista en Cuba.

¿Quién es esta Roxy que acabamos de conocer en sus distintas manifestaciones? Sobre su personaje principal –cuyo nombre completo es Roxana Petrovna Krashnoi y Vladivostova– afirma el autor:

> A veces, por razones de coacción, le toma meses a la triunfal resurrección. Y es precisamente ahora, allí, entre antiguas reminiscencias y actuales bastidores que reincorpora el carácter de la soviética ausente como una invocación o como una venganza. Han sido años de vivir la vida cubana de una rusa importada e impostada. Nacida en la extinta Unión Soviética, en tiempos cercanos a la posguerra, había sido concebida en campos de mucha concentración (a saberse si de Stalin o de Hitler), pudo escapar (de alguno de ellos) gracias a las maniobras tenebrosas de su madre quien montada *nadiesabecomo* en barco danés hacia *Ellis Island*, hubo de perderla otra vez en el trayecto. La muy locuela, mientras su madre dormitaba, pasó la noche atormentando

con tacones hurtados al Capitán de la nave que la llevaría a «tierras de libertad judeocristiana». Era enorme la alegría desbordada de la niña y no compartida por la tripulación, que enojada y somnolienta, la lanzó al mar. (González Reinoso 2010: 26)

Estas declaraciones sobre la inmigración accidental de Roxy a Cuba, esta «compañía fantasma», también tienen el efecto de empujar el periodo soviético al pasado, vengándose de él y recordándolo ya no con estatuas y conmemoraciones oficiales, sino haciendo notar los absurdos de la narrativa cubano-soviética de la solidaridad. Como González Reinoso comunicó a Yamil Díaz Gómez:

> Hacer este espectáculo en Cuba lo veo como una venganza contra el período de la grisura rusa, contra los años que compartimos con aquella omnipresencia en nuestra vida cultural y económica. El ruso se propagó de forma oficial a través de las escuelas y la radio. Un hermano mío estudió Aeronáutica Civil en Kiev; mi padre fue a Armenia. Toda aquella amalgama de rusización la incorporé a este personaje loco, a mi Roxana, esta ficción desfasada, incongruente. (Díaz Gómez 2007: 118)

El proyecto de González Reinoso se burla y rinde a la vez homenaje a lo que los cubanos han heredado de la Unión Soviética, una nación que, si bien no colonizó Cuba de la misma manera que Occidente colonizó Oriente, o el Norte al Sur, se impuso de tal forma que es válido comparar la cultura postsoviética de Cuba no sólo con la cultura postsoviética dondequiera que esté, sino también con el arte postcolonial de otras partes del mundo.

Numerosas obras literarias de escritores latinoamericanos y caribeños han incorporado el travestismo y los performances drags, bien como tema o bien como estilo de escritura. *El lugar sin límites* de José Donoso es tan carnavalesco como trágico; *Tengo miedo torero* de Pedro Lemebel (2001) es un *thriller* situado en la dictadura de Augusto Pinochet, y *Sirena Selena vestida de pena* (2000), de Mayra

Santos Febres, explora una caribeñidad que continuamente sobrepasa los límites neoliberales. En estas y otras obras el travestismo y la filosofía drag se enfrentan a la heteronormatividad y a sus implicaciones políticas y sociales. El travestismo, como es sabido, es un tema central en la teorización del neobarroco de Severo Sarduy. González Reinoso es heredero de Sarduy y Reinaldo Arenas, y prueba de esta filiación es que los tire a choteo. Con respecto a «Los Travestis» de Sarduy, riposta: «No hizo falta llamarse Kallina ni paja-mariposear por París para batirse en retirada; tan sólo chorreantes alas» (2010: 134). Para referirse a *El color del verano*, de Arenas, escribe: «como el rojo *color* de Las Arenas (en su verano)» (2010: 97). A la manera de Arenas, también, González Reinoso inmediatamente advierte al lector sobre la naturaleza inclasificable de su obra. Rechazando la noción de «escritor», asegura su alegría al «mis(x)tificar las vidas, disfrazarlas de alegorías, atributos y engañifas que las tornen medianamente soportables» (2010: 19). En *Vidas de Roxy*, González Reinoso no termina de alegorizar lo drag ni documenta las pruebas y tribulaciones del actor; más bien, lleva a la página escrita la actuación del protagonista de su espectáculo.

Vidas de Roxy está dividida en tres partes. La primera, «(Pre)visiones de "artis" que se construye mientras (re-a)visa "sus argumentos"», alterna entre el creador textual y su creación. La segunda, «Sucesión segunda: "Sus argumentos"; La Académica se (dis)pone a vacilar», se compone de textos, según el narrador, «extraídos de sus cahiers de bitácora». La tercera parte, «Terminal Tercera: Mis argumentos», es el intento del autor de una explicación crítica mofándose de su árbol genealógico (2010: 51). Al mismo tiempo que *Vidas de Roxy* ridiculiza los vínculos filiales con largas explicaciones de la creación del personaje y su consiguiente abandono, González Reinoso se deshace en agradecimientos para los que le animaron a escribir: Laidi Fernández de Juan y Reina María Rodríguez figuran entre las primeras en la lista.

Cada sección de *Vidas de Roxy* contiene un epígrafe de la «Elogio al maquillaje» de Charles Baudelaire en *El pintor de la vida moderna*, que Reina María Rodríguez dice que hace las veces de «prolepsis» (Rodríguez 2010: 12). Como *Cobra* de Severo Sarduy, que comienza con la transformación de Cobra en una estrella del espectáculo drag de medianoche, el punto inicial de *Vidas de Roxy* es la conversión del artista en Roxy mediante la aplicación de cosméticos:

> Comienza por una base tubular de *pancake* que esparce por la frente y los pómulos usando los dedos –un tono *deep-olive* de *Max Factor*– con equilibrio de alquimista entrenado en no resaltar, al esconderse bajo emplaste, el cutis modificado. (González Reinoso 2010: 25)

La estética hipercosmética de González Reinoso se regodea en la asociación de significados, especialmente entre los matices artificiales y los mundiales de una misma palabra: «cosmos». La indulgencia del libreto drag en este aspecto cosmético se basa en una compleja mezcla del barroco y del kitsch soviético.

El libreto y la actuación de González Reinoso explican múltiples y simultáneas temporalidades en toda Cuba, y ponen de manifiesto a la vez la manera tan difícil en que los contextos trasnacionales se integraron en la propia biografía del actor. En vista de lo anterior, su proyecto podría entenderse como una instancia suprema de cosmopolitismo vernacular contrapuesto al internacionalismo hegemónico. Mientras las actuaciones drag, aunque en la periferia, participan a menudo del *star system* mediante la imitación y la parodia de divas internacionales, La Rusa Roxana se compromete con otro paradigma, aquel que explota el folklore trasnacional. Es el epítome de la matrioshka en Cuba, desamparada y «encallada», y parte de esas comunidades de mujeres que han dado a conocer *Cuba mi amor* de Penda Houzangbe, *Todas iban a ser reinas* de Gustavo Pérez y Oneyda González, y *Érase una vez... una Matrioshka* de Lissette Solórzano, que hemos comentado en el capítulo primero –y que han tenido incluso sus quince minutos de gloria en los albores de la nueva amistad rusocubana. La propia biografía de González Reinoso y la actuación de La Rusa Roxana Rojo, así como la presentación de *Vidas de Roxy* en la Feria Internacional del Libro de La Habana en 2010, dedicada a Rusia, se entienden mejor como parte de ese espectro.

Habiendo estudiado ruso en la academia militar y adquirido familiaridad con la mentalidad soviética/rusa de sus vecinos en Caibarién, González Reinoso mezcla el inglés y el ruso en la actuación caótica e imperfecta de La Rusa. Aunque no viajó fuera de la isla hasta 2011, su actuación de La Rusa Roxana Rojo está repleta de referencias a la literatura y el cine ruso-soviéticos, en una actitud propia de *transloca*. Para La Fountain-Stokes, quien acuñó el término, la *transloca* no es tanto

> unstable, or in between, or in the middle of things, but rather [...] the core of transformation change, the power or ability to mold, reorganize, reconstruct, construct– and of longitude: the transcontinental, transatlantic, but also transversal. The word *transloca* itself consists of the polysemic prefix «trans-» (from the Latin for «across» or «over») and the Spanish word *loca*, meaning «madwoman» and widely used in slang as a synonym for «effeminate homosexual». To be a transloca is to disidentify with dominant social mores in the sense advanced by José Esteban Muñoz (1999) [...] *Transloca* (or the transloca state) is a (queer) extension of the historically important (and culturally and geographically specific) concept of *transculturación* (transculturation). (2008: 195)

En este sentido, González Reinoso no se identifica ni con la hegemonía soviética ni con la hegemonía del estrellato convencional adoptado, si bien no por todas, por muchas drag queens. La persona de La Rusa Roxana Rojo es excepcional por la asunción de la herencia soviética en Cuba, pero tampoco está separada del todo del resto de la comunidad de actores drag de El Mejunje. No sólo algunas canciones del repertorio de La Rusa son interpretadas también por sus colegas, sino que La Rusa narra también importantes eventos de El Mejunje, de su fundador (Ramón Silverio), de sus artistas y de su público. Como La Rusa, muchos de los personajes de El Mejunje no forman parte del estrellato convencional. Humberto Toscano Cardoso (nacido en 1960), el creador del afamado y conocido personaje de Samantha Fox, una mujer que «trata de ser refinada pero resulta popular a la vez», escribe sobre cómo su espectáculo le ayuda a soportar el hecho de ser seropositivo, y sobre cómo, dadas algunas de sus características físicas y su edad, su maquillaje y vestuario requieren más atención que los del resto de los actores (más maquillaje y vestuario del que a veces tiene, puesto que sus amigos en Miami no siempre pueden apoyar su causa). Cristal, un personaje creado por Lázaro Martínez Mendoza (nacido en 1969), es, por el contrario, «una mujer elegante, refinada aunque ardiente, y agresiva y teatral», cuyo repertorio incluye canciones de las estrellas argentinas Valeria Lynch (1952) y Nacha Guevara (1940). Mario Félix Herrera Martín (nacido en 1968), cuyo nombre es reminiscencia del de María Félix, la estrella mexicana de la Edad de Oro del bolero, adora las canciones de las grandes damas de la música cubana de las décadas del sesenta y setenta. Y luego está Lili, encarnada por Mardiel Hernández Morales (nacido en 1977), cuya actuación se transformó tras la muerte de la cantante chicana Selena en 1995. Javier Lorenzo Olivera (nacido en 1974) es el creador de Sintia, «una mujer cruda y mordaz que interpreta canciones sobre pesadillas y sentimientos reprimidos, desdeñosa, que no pretende caerle simpática al público gratuitamente». No «trata de ser bella ni atractiva», y a menudo canta grandes éxitos de la cantante española Malú (nacida en 1982)[2].

Como señala José Esteban Muñoz sobre la «drag terrorista» de Vaginal Davis:

---

[2] Estos perfiles estuvieron disponibles en la web de El Mejunje (<http://www.divascubanas.com>), donde supe por primera vez de ellos, que ya no existe.

Her dark brown skin does not permit her to pass as white, the beard is obviously fake, and the fatigues look inauthentic. Realness is neither achieved nor is it the actual goal of such a project. Instead, her performance as Clarence functions as an intervention in the history of cross-race desire that saturates the phenomenon of passing. Passing is parodied, and this parody becomes a site where interracial desire is interrogated. (Muñoz 1999: 108-109)

Esta problemática apenas puede compararse a la de La Rusa Roxana Rojo, pero el personaje es igualmente «hogareño», incluso orgánico, como dice Muñoz de Vaginal Davis.

Algunos de los atributos –como su imperfección autoconsciente y su conocimiento del contexto sociopolítico y económico en la actuación– que describen a los actores habituales de El Mejunje también caracterizan a La Rusa Roxana Rojo. Una de las canciones emblemáticas de su actuación es el hit «Rosanna» (1977), del grupo norteamericano Toto, pero otros artistas de la misma época son también homenajeados. Por ejemplo, en un espectáculo de diciembre de 2005 que presentó como «el peor, el más kitsch, el más pedorro», dobló «Vsë mogut koroli» («Los reyes pueden hacer de todo»), un éxito de 1977 de la cantante soviética y rusa Alla Pugacheva, a quien personificó ataviada con una capa roja similar a la que veinticinco años antes sorprendía a la audiencia de Pugacheva.

El diverso repertorio de La Rusa Roxana Rojo incluye «Las Histéricas», de la argentina Liliana Felipe; al grupo de pop sueco Abba; la cantante de rancheras mexicana Paquita la del Barrio; a la argentina Nacha Guevara, conocida por «Vals del minuto», además de por otros grandes éxitos; al dúo de pop europeo alemán Modern Talking; a la cantante de jazz estadounidense Ella Fitzgerald; a la reina del pop estadounidense, Cher; al gran pianista, cantante y compositor cubano Bola de Nieve, homosexual y ferviente seguidor del régimen castrista de la primera década, hasta su muerte en 1971; e incluso a Shakira, la gran estrella colombiana de hoy, entre muchos otros que se han rendido ante el kitsch. Frecuentemente el atuendo de La Rusa –por ejemplo, un modelo verde y rosa con un sombrero extravagante– no «concuerda» del todo con las canciones, como cuando dobla la canción «Rabo de nube», de Silvio Rodríguez, la figura emblemática de la Nueva Trova. Antes de que el público lo sepa, La Rusa reaparece como Madonna con una cruz cubriendo sus partes privadas, y a continuación se descubre para dar paso al actor Pedro González Reinoso cantando «Puro teatro», de la «reina del soul latino» cubanoamericana, La Lupe. Este gesto final ancla momentáneamente la alegre actuación en el esencialismo. Mientras la herencia soviética y rusa sale a relucir en distintos momentos del espectáculo, el punto de partida para las interpretaciones que hace La Rusa de una gran variedad de canciones pop, la mayoría de los años setenta y ochenta, es sobre todo la de un personaje aglutinador.

El análisis que hace González Reinoso de la relación de su actuación con la geopolítica surge en una conversación con el periodista Yamil Díaz Gómez.

> Cuando termino de maquillarme y me empiezo a poner el cuerpo –a base de espumitas de goma, de toallitas–, ya me siento la estrella. Anoche decía que ya ni siquiera soy una estrella sino un *sputnik*, porque había perdido el geoestacionamiento y me dedicaba a vagar. Soy como la basura sideral que flota y ve con calma lo que ocurre debajo, en la Tierra. (Díaz Gómez 2007: 118)

Tanto González Reinoso como la Rusa Roxana Rojo bombardean a lectores y espectadores con un amplio conocimiento de la política nacional e internacional, de la cultura (tanto popular como de élite), y de la cultura material:

> Vuelve Roxana a colocarse los tacones desgastados y el vestidito Rojo punzó que ha escogido de su ropero habitual para la *performance* de hoy: trenzas rubias y pañuelo kazajo en la cabeza a lo *Alla Pugachova* (eso,

> *Allá*, cuando hacía sus fotos publicitadas en *Izvestia Rossía* de i-*lustre* trabajo voluntario en el *Sovjós*), quien fuera una vedette soviética como ella, que se presentó varias veces en Cuba allá por la década vigorosa de los 80 (¡seguimos apabullados con los ocho y huele *a muerto* todavía!). Aquí pegaba escasamente la música popular de los rusos por sus ruidos guturales, y esa cantante, que tenía cierta onda *pop* sirvió un po(p)co para dar *imagen* de modernidad a una cultura que siempre se asoció a cosas más zafias y sombrías. (González Reinoso 2010: 37)

Si bien es sabido que la cultura norteamericana ha atraído a los cubanos más que la del bloque socialista, a pesar de los esfuerzos gubernamentales para conseguir lo contrario, González Reinoso asegura que lo más popular y esotérico de la cultura soviética que se divulgó en la isla ha revivido. Por ejemplo, retoma la historia del chelista soviético/ruso Mstislav Rostropóvich (1927-2007) y su esposa, la soprano Galina Vishnévskaya:

> El *Chupa-destupe-chochas* como instrumento, se acopló con cuerda aprisionada al trabuco del violonchelista *Mstislav* cuando su esposa *Galina* regresó al bloque en los 90 por la cédula despilfarrada. Una música crecida en Baikonur bajo los arpegios fogosos de *La Soy-u(n) z-Protón*, desde Bakú en su *antro-morfismo*. (González Reinoso 2010: 65)

Este discurso en cierto modo sin sentido, plagado de referencias personales y juegos de palabras, resulta apenas inteligible y mucho menos traducible. En «antro-morfismo», por ejemplo, «antro» podría significar tanto «lugar frecuentado por delincuentes», «vivienda sucia, de mal aspecto» que «bar de mala muerte» que «caverna, gruta». La densidad de la prosa casa con la extrañeza de recrear el mundo soviético en Cuba mediante la alegoría de Mstislav y Galina. En su día héroes soviéticos, fueron privados de su identidad soviética por su apoyo a los disidentes.

El objetivo principal del movimiento del cine imperfecto en los sesenta fue desafiar el *star system*. La perspectiva de Julio García

Espinosa sobre la fabricación de estrellas de Hollywood es de sobra conocida: «El cine imperfecto no es exhibicionista en el doble sentido literal de la palabra. No lo es en el sentido narcisista; ni lo es en el sentido mercantilista, es decir, en el marcado interés de exhibirse en salas y circuitos establecidos. Hay que recordar que la muerte artística del vedetismo en los actores resultó positiva para el arte» (1970: 42). La insistencia de González Reinoso sobre el parecido de su personaje con el sputnik también habla de su propia teoría de encuadramiento geopolítico y cultural en el mundo postsoviético; es la estrella imperfecta que se corresponde con otra economía en la que los cosmonautas y los sputniks son la norma. Es decir, es como si La Rusa contase la historia de la Revolución cubana mediante la perspectiva de un perdedor maniatado, la octava reina de *Todas iban a ser reinas*, el *Bildungsroman* defectuoso. Su performance pone de manifiesto el orgullo derivado del empeño en mostrar repetidamente la extravagancia de la solidaridad cubano-soviética.

Las «rusas» y los «cubanos rusificados» del Periodo Especial

Aunque expresado en un tono sobre todo sombrío, a diferencia del que caracteriza la actuación de La Rusa, las transformaciones del consumo material y cultural tras 1989 son el tema central del cuento de Adelaida Fernández de Juan «Clemencia bajo el sol», que sitúa al género por encima de la nacionalidad y la historia en su capacidad para forjar lealtades indiscutibles. A pesar de que la narradora cubana, Cuqui, nunca ha viajado más allá del túnel municipal, llevada por la imaginación abandona La Habana Vieja al escuchar las anécdotas de su vecina rusa, Ekaterina, y empieza a frecuentar la literatura rusa como forma de transformar la tragedia en una solidaridad única entre esta «exótica» mujer y ella misma.

El marido de Ekaterina, Reyes, de retorno a Cuba con su esposa, se había traído toda la decoración de la patria de su mujer para recrear un hogar ruso, «para hacerse la idea de que seguirían viviendo allá»

(Fernández de Juan 2000: 78). Aunque la narradora cubana imagina que ese hombre y esa mujer han integrado lo ruso en su hogar, cuando conoce a Ekaterina le aconsejar cambiar lo ruso por lo cubano como idioma de cama, como forma de evitar que el macho cubano vaya a buscar otro «hogar» con una amante cubana.

La intimidad entre las mujeres comienza, a modo de cliché, gracias a la cocina. «El caso que nos acostumbramos a estar juntas. Yo comí por primera vez en su casa sopa de remolacha, col y yogur, ella me explicó que se llamaba borsch» (2000: 79-80). Este intercambio es el comienzo de su compenetración. Cuando Ekaterina está a punto de dar a luz a su polovina, la narradora la acompaña al hospital. Más tarde, su responsabilidad aumenta:

> Volodia nació flaco y transparente como su madre, y si usted la hubiera visto, llorando y diciéndome: spasiva Cuqui, spasiva. Me encargué de hablarle en español a Volodia; Ekaterina y Reyes sólo hablaban en ruso. (2000: 80)

Aunque transferir una lengua materna es una tarea importante, realmente el tema central de la historia es la influencia recíproca entre las mujeres.

Cuqui está especialmente interesada en conocer el proceso de criollización de los rusos. «¿Quién ha visto a una rusa haciendo dulces criollos?» (2000: 80). Habiendo visto el efecto de sus empeños por nacionalizar a Ekaterina, Cuqui se vuelve sumamente protectora con ella, especialmente cuando se percata de que una alergista que frecuenta la casa de Ekaterina, supuestamente para atender a Volodia, en realidad tiene un *affaire* con Reyes. Advierte a Ekaterina, «No es buena, no la dejes estar aquí en el cuarto» (2000: 81). Cuqui media tratando de empoderar a la huésped rusa en tierra cubana. Ekaterina, como muchas otras mujeres soviéticas en Cuba, se gana la vida traduciendo. La supervivencia está en juego para todos los personajes, y Ekaterina se regresa con su hijo a Rusia tras enterarse de la infidelidad de su marido. Cuando la amante cubana de Reyes se instala unos meses más tarde en la que había sido la casa de Ekaterina, Cuqui se venga agrediéndola físicamente y asesinándola (supuestamente por accidente). «Clemencia bajo el sol» es su confesión.

La intensidad de su respuesta ante el cambio de lealtades resulta un desenlace lógico teniendo en cuenta el vínculo entre las dos mujeres. El propio hijo de Cuqui, sólo un año menor que el de Ekaterina, es el resultado de otra infidelidad, la suya con un hombre casado. Sale adelante de su delicada situación financiera gracias a la ayuda de un familiar y de Ekaterina:

> ¿De qué yo vivo? [...] De lo que gana mi tío de las visitas de Osvaldo, y de vender arroz con leche... Ekaterina me ayudó mucho, muchísimo. También vivo de la ilusión de lo que he leído, a mí no me apena decir que he leído a los rusos. (2000: 81)

La vergüenza de mantenerse en pie gracias a la literatura rusa tras la partida de Ekaterina de la isla, y con ella, la partida de su cultura, es, con mucho, el aspecto más significativo de este pasaje. La transición de «las cosas rusas», que ocupaban el ámbito de lo exótico y desagradable, y que terminan convirtiéndose casi en su propia realidad, habla de los ajustes hechos en el popular *ajiaco* cubano para acomodar los nuevos ingredientes rusos:

> Todo empezó cuando ella consiguió libros traducidos para ayudarse en su trabajo, y me animó a leerlos [...] Óigame, yo creía que los hombres rusos eran toscos y brutos como los osos, con los dedos cuadrados y los muslos fofos de no usarlos como es debido, hasta que leí *Ana Karenina*. (2000: 81)

Ekaterina abre el mundo de Cuqui al suntuoso panorama de las obras maestras del siglo XIX –que no se parece en nada a la imagen que tenía Cuqui de los soviéticos. La incomodidad surge cuando el escenario empieza a tambalearse:

Los relojes en forma de llave del Kremlin que se detenían, cansados para siempre, oxidados por el salitre, y sobre todo cuando se despegó la foto inmensa de la catedral de San Basilio, que los niños usaron para papalotes. (2000: 82)

Incluso el significado de la decoración cambia. Antes de su apertura literaria, Cuqui sólo conocía productos soviéticos como los que La Rusa Roxana Rojo ridiculiza, así que no está especialmente sorprendida por su evolución:

Siempre le dije que las cosas rusas eran una mierda [...] Estábamos tan acostumbrados a los relojes de pulsera que pesaban una tonelada y a los zapatones que parecían de ladrillo que, cuando de pronto desaparecieron, no sabíamos que hacer. ¿Y qué me dice de la carne enlatada? No, no voy a bajar la voz, yo no tengo pelos en la lengua [...] Mucha hambre que matamos con la carne rusa y con las manzanas de pomo. Es verdad que sabían a rayo encendido, pero ¿ahora qué? (2000: 82)

La incapacidad para especular y predecir lo que ocurriría a continuación es característico de buena parte de la ficción del Periodo Especial, pero este relato destaca el proceso mediante el cual «las cosas rusas» –antaño de mala calidad– se naturalizan.

Cuban currency: The dollar and «Special Period» fiction, de Esther Whitfield, que se ocupa del dramático impacto de la economía dolarizada cubana en la ficción del Periodo Especial, es fundamental para entender el cuento de Fernández de Juan. Cuando Cuqui observa a Reyes y a su amante Mireya «vendiéndolo todo, y por dólares», su pasión por conservar el viejo mundo que le pertenecía, así como a su amiga, se dispara. Su expresión sobre esta muerte es notablemente simbólica: «Hasta las matrioshkas estaban allí en hileras... Y yo allí, viendo cómo se evaporaban los recuerdos» (2000: 82). La sensación de ser un testigo íntimo de las hegemonías cambiantes impregna la memoria cultural del bloque soviético. En este caso, como mujer cubana «popular», Cuqui se niega a avergonzarse, a bajar la voz, y así asimila rápidamente el nuevo orden mundial. No lamenta su anterior solidaridad; sólo lamenta haber mancillado los libros de Tolstói y de Chéjov con la sangre de su violenta venganza.

También una mujer cubana que se identifica con el destino de su vecina «rusa» es el tema del cuento de Jorge Miralles «Fotos de boda», cuyo fantástico y borroso escenario se explica, en parte, por la dependencia de los personajes de las fotografías tomadas con la película Orwo de Alemania del Este para entender su realidad.

> Aunque ahora están enrojecidas por el tiempo –o tal vez fue culpa del rollo Orwo que se vendió por aquella época en la La Habana–, cargarían siempre con la culpa. Todos seríamos borrados por no sé qué alquimia socialista, con la que también se fabricaron estos productos. (Miralles 2001: 58)

«Fotos de boda» pone de manifiesto la falta de conformidad con un presente cubano donde la forma habitual de lidiar con la escasez del Periodo Especial era emigrar a los Estados Unidos. Ya en Miami, la protagonista Yurislady recuerda cómo comenzó el proceso que la llevó a los Estados Unidos: con la puesta en escena, años antes, de su matrimonio con un cubano que había ganado la lotería migratoria de los Estados Unidos. Al mismo tiempo, recuerda escuchar a su vecina de arriba, una rusa de más edad que había llegado a Cuba como refugiada de la Segunda Guerra Mundial (como La Rusa Roxana Rojo), contar una y otra vez la historia del que habría sido su día de boda en la Unión Soviética.

A diferencia de «Clemencia bajo el sol», donde la unión cubano-soviética es el impulso para la llegada a la isla de Ekaterina, en «Fotos de boda» la conexión entre ambos países no es tan llanamente alegórica. Ahora bien, la cultura material del bloque soviético y sus paisajes son inequívocos: la película de Alemania del Este y la cámara soviética Zenit, así como los paisajes nevados y las *dachas* a los que los cubanos se habituaron tras la alianza del país con los soviéticos. La historia de la refugiada rusa, que supo que su prometido había fallecido en la guerra el día en que iban a casarse, está profundamente arraigada en la vida de la protagonista. Yurislady siente como si se hubiera convertido en rehén del pasado ruso cuando años más tarde, por correo, recibe la noticia del fallecimiento de su vecina rusa. «Tan perturbada estaba que necesitó apretar fuerte los ojos para comprobar que no era un sueño cuando se acercó al espejo y rozó el velo de nieve», con la sensación de que «otra mujer se cruzaba para cumplir su destino» (2001: 66). En resumen, la historia de Miralles retrata el imaginario soviético sostenido en un sujeto de la diáspora actual, y evoca el poder de esa solidaridad para calar en los individuos. Tanto su historia como la de Fernández de Juan son representaciones de una fusión violenta y exaltada de sensaciones, y la consiguiente separación melancólica de culturas.

SACANDO DEL CLOSET A LA ISLA DE LA LIBERTAD

Si La Rusa Roxana rojo es la octava reina, la protagonista del relato de Ernesto Pérez Castillo «Bajo la Bandera Rosa» es su descendiente directa. A diferencia del tono melancólico de *Todas iban a ser reinas* de Pérez y González, y del tono de algún modo sombrío, pero noble en su hibridez de *Érase una vez... una matrioshka* de Solórzano, muchos cuentos actuales ridiculizan el matrimonio entre cubanos y soviéticos en lo que respecta a la raza, lo social o el sexo. «Bajo la bandera rosa», que recuerda a *Viaje a La Habana* de Reinaldo Arenas –a su vez una reescritura carnavalesca del *Ismaelillo* (1882) de José Martí y de *Viaje a La Habana* (1844) de la Condesa de Merlín– posee una especial intensidad en cuanto al deseo del descubrimiento paterno y el temor a la trasgresión sexual. Nacido en 1968, Pérez Castillo y sus contemporáneos crecieron con la solidaridad cubano-soviética y alcanzaron la mayoría de edad en la época de la perestroika soviética y del Proceso de Rectificación de Errores en Cuba, algo que comparten con la promoción de los llamados Novísimos, dada a conocer por Salvador Redonet. Pérez Castillo, sin embargo, reivindica su «distancia» de estos últimos; explica que procedía de una ciudad pequeña con un nombre impronunciable en la provincia de La Habana, que no pertenecía a ninguna generación *per se*, y que empleaba su tiempo en la biblioteca leyendo libros soviéticos (Pérez Castillo 2008).

Como sugiere el título del relato, el «rosa» ocupa el lugar del «rojo» y el «rusa», en alusión a una ideología que hace aguas y al difícil tema de la homosexualidad bajo el comunismo. La historia se entrecruza con un evento pasado –los cubanos que fueron enviados a una misión en Siberia en los años ochenta (cuando aún formaba parte de la Unión Soviética) para cortar los siempre omnipresentes abedules– y la historia actual de Vladimir, un chico ruso en busca de su padre en Cuba. En el centro de la búsqueda de su identidad residen dos cuestiones: ¿es su padre blanco o negro? ¿Es hetero u homosexual? Estas preguntas son tan controvertidas para los viejos soviéticos como para los personajes cubanos de la actualidad. A través de la invención de Pérez Castillo de esta mirada postsoviética/rusa a Cuba pueden iluminarse las realidades cubanas:

> Vladimir pensó que aquello de conseguir alojamiento gratis era algo que solo podía ocurrir en Cuba, la *Ostrov Svaboda*, donde el socialismo todavía no era un cadáver, y probablemente la gente conservaba intacto el sentido de la hospitalidad. (Pérez Castillo 2007: 39)

Si la Revolución cubana es en sí misma un cadáver viene a ser aquí la cuestión. La *ostrov svobody* (la isla de la libertad) sólo es libre nominalmente, porque entraña otras formas de intercambio: placer sexual y socialización donde Rusia pone el alcohol. La esperanza del protagonista de que la hospitalidad de los cubanos hacia los rusos sobreviva a la desaparición del imperio soviético no se aleja tanto de los sentimientos que Nadya Bakuradze atribuye a sus compatriotas en «The Post-Pioneer Inferiority Complex»:

> Cuba unintentionally reveals psychological constructs, that «reality tunnel» necessary for a better understanding of actual processes in new Russia, in its new culture.
>
> The Cuban vector was not chosen by chance. All those years Cuba appeared as a bugaboo for democrats, as a sacred image of a Revolutionary Blessed Virgin, as the last socialism bastion for Communists; and as a mystical glory in intellectual circles. One's attitude toward Cuba sharply defined one's sociopolitical position. Everyone agrees: in this attitude, there are a lot more emotions than rational judgments. Everyone is sure that in spite of existing and fabricated weak points «Cuba is my love» (this is the line from the popular Soviet lyrics).
>
> Cuba turned out to be of no geopolitical interest to Russia, the ostrov svobody had been forced out of public consciousness, as part of an infantile inferiority complex. (Bakuradze 2007)

Los rusos, según Bakuradze, siguen viendo a Cuba no sólo como a un camarada perdido, sino también como un símbolo de status desaparecido. En noviembre de 2005, Bakuradze, fundadora y organizadora principal del primer evento cultural no gubernamental entre Rusia y Cuba, titulado FREE DOM, llevó a aproximadamente veinte artistas, periodistas y cineastas de la Federación Rusa a Cuba con el objeto de establecer una nueva comunicación con los artistas y las instituciones culturales cubanas. Esta «pequeña» tarea incluía la proyección de películas y videoarte alternativos, junto con exposiciones de diseño gráfico. Basta con ver *Los rusos en Cuba* de Alexander Moiseev, el último corresponsal de *Pravda* en Cuba, y de su esposa, Olga Egorova, para darse cuenta de la validez de la argumentación de Bakuradze. Rusos más centristas que los representantes de FREE DOM de una generación anterior, que tomaron el pulso a la Feria del Libro de La Habana de 2010, intentan minimizar las pérdidas, defender una historia más larga que la soviética y revivir su propia relación de amor con la isla. Nos dicen que las relaciones comerciales se remontan al periodo colonial; que José Martí admiraba a Pushkin; que el intelectual Fiódor Korchavin documentó la flora y la fauna de la isla, junto con su disconformidad por la esclavitud; y que existieron tres rusos que lucharon por la independencia de Cuba, para empezar. En muy poco tiempo, el sentimiento que expresa la popular canción soviética «Cuba, mi amor», de Aleksandra Pakhmutova y S. Grebennikov, se ha vinculado a intereses económicos y posiblemente ideológicos.

Las proyecciones ficticias de los cubanos sobre los personajes rusos de entonces y de ahora son variadas. Cuando la madre del protagonista de Pérez Castillo le informa que su auténtico padre es cubano, Vladimir Stepánovich Ustirnenko sale en búsqueda no sólo de su padre, sino también de su cubanidad. Várvara ayuda a su hijo a lograrlo mostrándole una caja de rifles que le sugiere que venda a los chechenos para pagarse el pasaje a la isla de la libertad. Este contexto alude a la situación rusa que explota en la obra *Haciendo las cosas mal* de Pérez Castillo. Vladimir se comporta como un joven miembro del aparato del partido soviético que llega tarde, tanto a su función de *apparatchik* en el Komsomol (la Juventud Comunista) como a La Habana —es decir, después de que los soviéticos hubieran perdido los privilegios en la ciudad. El significante y el significado no se corresponden, precisamente porque la geopolítica, como afirma Bakuradze, ha cambiado.

La crisis en la adecuación de los tiempos es el resultado de una discrepancia histórica personal y colectiva. Al bajar del avión, Vladimir se encuentra con unos jóvenes comunistas norteamericanos que son saludados con un cartel —«Viva la amistad entre los pueblos de Lincoln y Martí»— en vez de con la inscripción que vio en la foto de la generación de su padre: «Viva la amistad entre los pueblos de Lenin y Martí» (2007: 32). La aparición de Vladimir en La Habana despierta todo tipo de reacciones: el control de pasaportes no sabe qué hacerse con su pasaporte, mientras que a los viriles agentes del edificio del G-2, que alberga la agencia de inteligencia cubana, les afloran las lágrimas a su entrada.

Várvara había echado el ojo al padre de Vladimir de entre una multitud de recién llegados unos veinticuatro años antes, pero se siente culpable por no ser capaz de reconocerlo en la fotografía, sacada con un carrete Orwo de Alemania del Este, cuya chapucera calidad es un lugar común en la ficción cubana. La relación cubano-soviética, que describen tan románticamente las mujeres de *Todas iban a ser reinas*, aquí no es más que un desfogamiento rápido y vulgar: el padre cubano de Vladimir difícilmente se corresponde con el estereotipo masculino y exótico descrito, como entre otros tantos sitios, en el documental:

> Aquí fue que la siberiana se le acercó al negrón, y con voz muy dulce, al oído, le dijo:
> –*Ti ochen interiesnik chelaviek...*
> Él la miró con los ojos muy abiertos, como si hubiera entendido algo, pero en verdad no había entendido ni papa...
> Fue su día de gloria. Nunca había besado a ninguna mujer.
> La siberiana le quitó la camisa mientras lo besaba y, como al intentar bajarle los pantalones él le opuso alguna resistencia, pensó que se había topado con un amante diestro que prefería ir paso a paso, y creyó entonces que aquello sería mejor de lo que había imaginado. (2007: 40)

Vladimir finalmente descubre que su padre había vuelto a Cuba no simplemente porque se le hubiera caído encima un abedul, como le habían contado, sino porque era «maricón». Al presentarnos un personaje como el padre de Vladimir, un híbrido rusocubano mediocre con el patético sueño de convertirse en un gran soviético, Pérez Castillo hace énfasis en el racismo y la homofobia de ambas sociedades. La historia finaliza con la «salida del armario» del Hombre Nuevo, un tema que recurre en muchos otros relatos.

Si «Bajo la bandera rosa» transforma el concepto de «hombre nuevo» en un sujeto homosexual que, sin fuerzas para el trabajo manual en Siberia, engendra accidentalmente un hijo que llegó demasiado tarde a la «Isla de la libertad», la novela *Haciendo las cosas mal* de Pérez Castillo inserta esta ocurrencia en un contexto completamente diferente, donde el llamado Eje del Mal reemplaza a la Guerra Fría como metáfora decisiva para describir la geopolítica. La alusión a la crisis de Chechenia, a las penurias económicas y a las diferencias ideológicas que Vladimir confronta en «Bajo la Bandera rosa» no son más que una de las muchas facetas que sostienen la trama y los episodios de *Haciendo las cosas mal*, cuyas escenas de *skaza* (cuentos populares) rusos, y de Pushkin y sus retratos del mundo postsoviético costumbrista (centrados en el color local), y a menudo cínicos, evocan la postmodernidad en su fragmentación y falta de cronología.

Internet resulta clave no sólo para unir a las gentes más dispares alrededor del mundo —algunos inextricablemente unidos en un pasado no tan distante— sino también para sacarlos de sus nichos y convertirlos en migrantes o refugiados. *Haciendo las cosas mal*, sin embargo, no echa en falta un orden distinto. Su aceptación de las cosas, por muy malas que sean, contrasta con el tono que emplea Pérez Castillo para describir desastres ideológicos y económicos en el blog del mismo nombre (<www.haciendolascosasmal.blogspot.com>), donde periódicamente ataca a la bloguera cubana más famosa, Yoani Sánchez. Para entender el recuerdo de los soviéticos en Cuba es imposible pasar por alto el grado en que siguen operando en el país los mecanismos de control y secretismo. La complacencia hacia el gobierno cubano evidente en el blog de Pérez Castillo queda lejos de las posiciones mucho más sarcásticas de su ficción.

En la novela, Svetlana, la mujer postsoviética arquetípica que debe luchar por una vida mejor, ocupa el rol protagónico. El mundo en que ha nacido y para el que había sido formada ya no existe, y por tanto debe «aterrizar» y adaptarse a las nuevas circunstancias utilizando un vocabulario distinto.

La novela comienza con un email breve que Svetlana escribe en mal español a un hablante nativo de España. Vladimir llega al aeropuerto José Martí, como mismo el protagonista del cuento, y a continuación se nos presenta a Svetlana:

> Svetlana es rubia. Es castaña. Es trigueña. Es pelirroja. Tiene el cabello rizado, corto, largo, muy largo, lacio, rapado. Sus ojos son azules. Verdes. Negrísimos. Marrones. Grises. Tiene un ojo verde y otro azul. Su piel es muy blanca. Morena. Canela. Rosada. Muy tostada por el sol. Svetlana mide 1.75, 1.72, 1.67, 1.91, 1.60. Pesa 60 kilos. 54, 65, 59, 63…
> Esa es Svetlana, según sus datos de inscripción en sitios tales como www.chicasdeleste.com, www.rusaslindas.com, www.mujeresrusas.com, www.turusa.com, www.mujeresrusas.net, www.eslavas.com, www.brideinrussia.com, www.rusiamia.com, www.mujeresrusasbellas.com. Sólo algo permanece invariable en cada perfil: Svetlana siempre se llama Svetlana. (Pérez Castillo 2009: 10-11)

Ese pasaje inicial podría llevar al lector a creer que Svetlana es una mujer que pretende casarse con un hombre occidental como vía de salir de Rusia. La visión de un Este convertido al capitalismo como empresa desesperada y con al parecer todas las de perder recurre en la Cuba de *Haciendo las cosas mal*, pero los personajes de la novela que residen en la isla no están protegidos por su estado de las nuevas ramificaciones globales del mundo posterior a la Guerra Fría.

En la ficción de Pérez Castillo, el mundo soviético no puede utilizarse del todo por su valor de referente en clave, como sostenía Dmitri Prieto Samsonov, puesto que el comienzo del fin del socialismo es ya visible en la isla, aun cuando Venezuela sustituya a la Unión Soviética, al menos con relación a las consignas: «Chávez: Nadie detendrá el avance victorioso de Cuba y Venezuela» (2009: 72).

Yendo más lejos, la trama de «Svetlana» en *Haciendo las cosas mal* se complica por el hecho de que reaparece en Cuba como hija de unos diplomáticos cubanos que la llamaron «Svetlana» cuando estuvieron destinados en Moscú. Sus padres «llevaban una larga carrera, de embajada en embajada por el mundo, aunque al principio el "mundo" se limitó al mundo socialista» (2009: 89). Cansada de estar rodeada de funcionarios cubanos y de sus hijos en tierra extranjera, Svetlana vuelve a Cuba y se adentra en lo que brevemente se define como *ménage à trois* con el narrador y un cubano de nombre Rubén. Un día Svetlana, que está convencida de que habla perfectamente español pero que sólo lo hace con torpeza en el mejor de los casos, afirma: «Nosotros, que disfrutamos el un alma cultivada en lo bello y un criterio entrenado en la percepción de lo hermoso, sólo tenemos un camino para expresar nuestra la genialidad: hacer algo mal, genuinamente mala» (2009: 39). Con esta propuesta tan extrañamente formulada en mente, piensa varios planes para entrar en el «submundo de nuestro interés» (2009: 40). La investigación de Svetlana sobre cómo se vive el otro lado la lleva a buscarse un novio francés y a dejar a Rubén, que, devastado por su abandono, sufre una sobredosis.

Hay otra «Svetlana», que estudió Filología Eslava en la Universidad de Kazán y posee un postgrado en Análisis Metatextual, además de una maestría en Culturología Comparativa. Pero, una vez más, esa educación formal —y esos títulos son sólo unos pocos entre sus múltiples calificaciones— la han preparado para nada. El bisabuelo de Svetlana, José, fue un cubano que peleó del lado republicano en la guerra civil española antes de unirse a las tropas de Franco que apoyaron a Hitler. Cuando su pasado comunista es descubierto José termina en un campo de concentración. Una vez que es liberado y se conoce su conexión con Hitler, los soviéticos lo envían a Siberia, donde se casa con la bisabuela de Svetlana, también de nombre Svetlana, y permanecen juntos hasta un día que él sale a buscar una ternera a la que bautiza como Katiusha. Por desgracia, en su ausencia, Svetlana se suicida tratando de imitar la película neorralista italiana que había visto en su televisor Krim sin subtítulos y que sólo esporádicamente estaba doblada por el conocido Alexander Popov de Moskfilm.

Un día, la joven bisnieta de Svetlana, tras haber fracasado en sus intentos de salir de Rusia «por amor», descubre un mensaje en su carpeta de correo basura buscando personal para el Mossad israelí. Poco después va a Cuba, «residuo de la Guerra Fría, refugio habitual de terroristas, y uno de los más importantes pilares del terrible Eje del Mal» (2009: 123). La retórica de George W. Bush respecto al Eje del Mal, que condenaba a Cuba junto a otras naciones que no compartían su visión del mundo, se ridiculiza en el pasaje. Curiosamente, el presunto terrorista no es otro que el personaje de Vladimir de «Bajo la bandera rosa», a quien ahora se llama en la novela por su apodo Volodia, y es con él con quien Svetlana se marcha a Francia, donde el Mossad insiste en que lo lleve.

Haciendo las cosas mal resulta especialmente fascinante porque posiciona a Cuba en el nuevo orden mundial, con pleno reconocimiento del hecho de que la «Isla de la libertad» de la era que se aborda en *Todas iban a ser reinas* ya no existe. Mientras en «Bajo la bandera rosa» el sueño del mundo socialista se representa tan tremendamente imperfecto e incluso hipócrita, en *Haciendo las cosas mal* el capitalismo se ve con ojos igual de severos y críticos. Participar o «luchar» en el nuevo mundo no requiere ser el mejor, como se suele creer, sino ser el más mediocre. Las historias de Pérez Castillo, como la actuación de La Rusa Roxana Rojo, ilustran una Cuba extraordinariamente ligada a temporalidades discrepantes. Muchos esperan que Cuba siga el rumbo del resto del bloque soviético, especialmente en lo que respecta a sus ataduras a las estructuras establecidas por la Unión Soviética. Cuba, sin embargo, ya está viviendo ese destino y superándolo en un nuevo orden de izquierdas.

La pieza teatral *Sputnik*, de Ulises Rodríguez Febles, que se estrenó el 27 de abril de 2007 en el Teatro Nacional de Cuba, tiene en común con *Haciendo las cosas mal* una estructura de historias cruzadas de personajes ex-soviéticos y cubanos cuyas vidas están entrelazadas por la unión histórica entre los dos países. Ambas obras también tienen lugar en un espacio prácticamente imaginario en el que los dos países se superponen, y donde los personajes lo pasan mal averiguando dónde están y dónde quieren estar, tanto geográfica como ideológicamente.

La primera escena presenta a una mujer vendiendo revistas del campo socialista, pregonando los títulos de todas esas publicaciones que pronto desaparecerían de la escena cubana:

> Vendo *Novedades de Moscú* ...*Sputnik.* Cómpreloooo. Lo mejor de lo que se escribe en el uni ...verso ...oooo (*Se le traba la lengua*) Se lo dice Juana Estanquillo... Las noticias verídicas, sensacionales, emotivas de la URSSSSSS y todo el campo soci... (*Se le traba la lengua*) soci... Aquí... Si quiere conocer... ¡Vaya...! No se pierda leer ninguna de sus páginas. Escuche... (*Los personajes de la obra entran y compran Sputnik*) (Rodríguez Febles 2007: 206)

El colapso del bloque soviético toma cuerpo en lo entrecortado del discurso de la vendedora ambulante. Los conceptos no pueden pronunciarse porque las noticias en las páginas invalidan los mensajes que está costumbrada a pronunciar. Decir «universo» sería admitir la precariedad de su disolución y el impacto que podría tener en los lectores de la publicación, al permitirles reinterpretar el significado de las antiguas figuras monumentales. Los personajes evalúan los titulares, como «Stalin personalmente tienen la culpa de todos nuestros males –dijo un orador en el mitin de la Plaza Puskín» (2007: 207), y reaccionan de forma distinta según su cercanía a las noticias. Un cubano se percata de la situación desde unos edificios cercanos, mientras que otro de inmediato se muestra nostálgico por los cinco maravillosos años que había pasado en la URSS. La mujer «rusa», por su parte, está más preocupada por las infidelidades de su marido cubano que por los sucesos remotos. Otros titulares, como «Ayer en mi fábrica eligieron un director. El que nosotros quisimos, no el que nos impusieron» (2007: 208), ilustran la vehemente insistencia por un nuevo espacio civil en la URSS que no podía imitarse en la isla, como evidencia la prohibición misma de estos periódicos en Cuba, poco después de esta escena. Esta incapacidad para adoptar aspectos de la cambiante esfera política soviética condiciona la narrativa hacia la superposición surrealista de paisajes cubanos y soviéticos en los que el sol tropical da paso al invierno moscovita, y las escenas de las páginas descritas se hacen realidad. Con la llegada de la glásnost y la perestroika en la Unión Soviética, Cuba dejó de recibir la prensa soviética para poder mantener la retórica ideológica de su nacionalismo revolucionario. Muchos se quedaron varados sin esas publicaciones –*Novedades de Moscú*, *Tiempos Nuevos* y *Sputnik*–, que habían empezado a servirles de guía para navegar sus propias dificultades y con suerte salir a flote en la otra orilla, no necesariamente en el camino de la democracia o del capitalismo, sino de un socialismo reformado.

En la obra, Raúl, un personaje afrocubano, es el primero en hablar de la necesidad de prohibir la circulación de la revista *Sputnik* porque encuentra a su hijo, Pablo, estudiante en la URSS, en una foto de una de sus páginas. Su hijo había sido detenido en una protesta, y Raúl teme las consecuencias del comportamiento trasgresor de Pablo cuando vuelva a la Universidad de La Habana. Raúl insiste en que incluso si todo lo que su hijo quería era observar el problema o informar sobre él, se equivocó, porque «eso es problema de los rusos» (2007: 213).

El momento en los medios de comunicación soviéticos se vivió con intensidad, como describe George Black en un artículo de en 1988 en *The Nation*. Las librerías cubanas, apunta, tenían «the sad look of dumping grounds for Progreso Publishers' remainders, with yellowing piles of old Bulgarian party statutes and textbooks on bovine tuberculosis, Gorbachev's book, *Perestroika*, also arrived in huge quantities and sold out in no time. The inability of the newsstands to keep *Novedades de Moscú* (*Moscow News*) in stock has become legendary» (1988: 378). Cuesta imaginar estos despojos de la sovietización y esa crisis frenética sin que vengan a la mente las

Destinos cruzados

Cubiertas de *Sputnik*, junio y marzo de 1980.

primerísimas representaciones del cambiante terreno literario en la película *Memorias del subdesarrollo*, realizada por Tomás Gutiérrez Alea en 1968, donde aparecen en primer plano las estanterías nuevamente revisadas, con títulos como *Somos hombres soviéticos* (con la hoz y el martillo en la cubierta) y *Gagarin* (también con su imagen en cubierta).

Las cubiertas y los índices de *Sputnik* son el testamento de los distintos grados de sovietización. Por ejemplo, la publicación de junio de 1980, año de Juegos Olímpicos en la Unión Soviética, y el entusiasmo que *Sputnik* mostraba a sus lectores cubanos con imágenes de la mascota Misha con la ciudad de Kiev de fondo; o la belleza del folklore soviético en la portada de marzo de 1980, con monumentos soviéticos detrás. El final de la década se vio ya marcado por la crisis, como dejaban bien claro titulares de cubierta de 1988 como «Rusia cristianizada», «La Perestroika y nuestra responsabilidad» o «Acusación contra Stalin».

Cubierta de *Sputnik*, mayo de 1989.

En 2009 me topé con cuatro ejemplares de *Sputnik* en la estantería de un café en la estación de ómnibus de La Habana, colocados allí para los clientes que quisieran leerlos mientras comían o bebían, como si de copias de periódicos actuales se tratase. La cubierta de mayo de 1989 decía «Stalin y Trotski» y «Ese fantástico mundo de Rusia»; un apartado del índice estaba dedicado a la perestroika y otro a la glásnost y a la democracia. Estas secciones de la revista habían sido arrancadas –puede que en 1989, o quizás veinte años después, quién sabe si por la censura o con la intención de guardarlos para el recuerdo–. La perestroika sigue siendo un tabú, tanto como los despolitizados Misha y Cheburashka se siguen echando aún de menos.

La obra de Rodríguez Febles presenta algunos de los asuntos más tangibles para los cubanos con respecto al nacionalismo soviético y a la construcción de la identidad. La nostalgia que se percibe en *Todas iban a ser reinas* es la misma del personaje soviético de la obra, Tatiana, que se muere por volver a paisajes y comidas típicamente soviéticos después de que, como Ekaterina en «Clemencia bajo el sol», descubre que su marido está teniendo una aventura. Su incapacidad para dominar su entorno la lleva a estar biubicada y a obsesionarse con su propia identidad. Confunde a sus interlocutores, acostumbrados a otros significantes. Dice, por ejemplo, «Extraño la comida lituana», a lo que su marido le contesta: «Pero si eres rusa, Tatiana». «Pero mi abuelo era lituano» (2007: 215). Afirma que su hijo, Igor, es ruso, y que la influencia de su padre cubano es insignificante, aun cuando la pigmentación de piel de Igor le identifica claramente como jabado —o como dice el personaje y se dice en Cuba, «Jaba'o»[3]. Tatiana quiere demostrar cuán ruso es su hijo con su predilección por hablar y comer como un ruso, escuchando dibujos animados rusos y música rusa y aprendiendo las costumbres de su madre. El chauvinismo de Tatiana le impide recordar que su madre le había prohibido casarse con un afrocubano. Su marido, por el contrario, no está para nada interesado en las especificidades de las nacionalidades, sino más bien en cómo se divulgan y se le imponen. «Pues mis jefes cubanos me trataron de imponer las tuyas. ¿O no? Las creencias soviéticas» (2007: 216).

Cuando Manuel, un cubano que había estudiado en la Unión Soviética durante años, es expulsado por haberse peleado con un ruso, busca a Tatiana —«la rusa», la llama— al regresar a Cuba, con la esperanza de que ella pueda ayudarlo a encontrar alguna pista sobre el paradero de su esposa e hijo, ambos «perdidos en la Unión Soviética». Tatiana, de modo similar, le contesta corrigiendo su forma de llamarla. La familia «rusa» de Manuel nunca logró llegar a la isla, pero no es el único que se siente solo. Los personajes «soviéticos» confrontan su propio desconocimiento sobre su nuevo hogar y las condiciones profesionales de la isla. ¿Serán capaces de seguir ganándose la vida dando clases de ruso? «No sabemos lo que somos. Hasta el PCUS va a desaparecer» (2007: 222). Un «soviético» especialmente

---

[3] Mulato de tez muy clara, o en palabras de Dacosta, «light-skinned, kinky haired [*mulatto*]» (2009: 25)

apenado propone incluso asesinar a Gorbachov en honor a su abuelo, que había luchado contra los nazis.

Los altibajos del presente alcanzan incluso al mundo de los muertos. Si el difunto marido de la vendedora ambulante no hubiera considerado a los soviéticos como «los mejores del mundo», su hijo, Carlos, no se habría marchado para «congelarse cortando madera» (2007: 228). La vendedora espera que su difunto marido estaría revolviéndose en la tumba de saber lo distantes que estaban ahora cubanos y soviéticos, y comenta que siempre le decía a su hijo que «No debías haber dejado a la venezolana» (2007: 229). La elección de una venezolana como pareja ideal para el hijo obedece, por supuesto, a la alianza del siglo XXI entre Cuba y Venezuela.

Las identidades biológica e históricamente híbridas de los personajes de Rodríguez Febles se reflejan también en la música de la pieza, que por momentos es una mezcla de música rusa y cubana y otras veces recuerda la banda sonora de los dibujos animados del bloque soviético. Cuando Tatiana prepara el regreso a su hogar ya inexistente con Carlos Igor, el hijo que tiene con Carlos, surge el debate sobre la raza y la nacionalidad de su hijo. Carlos Igor dice «Dice que soy negro». Su madre le responde «No eres negro... eres ruso». A los que Carlos Igor contesta «No soy ruso. Soy jaba'o». La respuesta no le gusta a Tatiana. «Eres jaba'o. Y ruso. Naciste en el Dniéper» (2007: 229).

La logística del plan de fuga de Tatiana es también un problema. Entre su estancia y su marcha llega una motocicleta Minsk que Carlos reclama como suya porque la había ganado en Siberia, adonde había ido «para mejorar a cortar madera en la Siberia» (2007: 245), frase que recuerda una popular forma cubana de pensar, muy racista: «Hay que casarse con una blanca para mejorar la raza». Sus revelaciones prosiguen: «Irme a Siberia fue el mejor camino que encontré para sentirme alguien. Para ser diferente a los demás negros» (2007: 252). La perspectiva del personaje sobre su motivación inicial para viajar a Siberia sigue inalterable, y de paso evidencia cómo la Revolución fue incapaz de abolir completamente duraderos paradigmas raciales. Carlos no es el único que se contagia de la agitación por la transición de una Unión Soviética comunista a una nueva Rusia capitalista. Lo precario de los intentos cubanos para aprovechar la profanación de categorías hasta hacía muy poco sagradas se hace especialmente evidente en las revelaciones de Raúl sobre el rol de la Unión Soviética en su propia familia. Su esposa se droga para poder soportar el encarcelamiento de su hijo, y le echa la culpa de todo a Raúl por enviarlo a lo que un día fue «el mejor país del mundo» (2007: 249), pero donde en la época postsoviética es imposible distinguir un líder del partido de un cabecilla de la mafia, y donde la violencia puede golpear en cualquier momento.

El complejo de inferioridad que motivó a algunos cubanos a viajar a la Unión Soviética se ve reflejado en el abrumante sentido de alienación de Tatiana una vez que se entera de que Carlos está teniendo una aventura. «Sin país, sin familia, sin un lugar donde asentarme. No soy nadie, ni nada. Por favor… Déjame ir tranquila» (2007: 261). La inminente marcha de Tatiana, sin embargo, no es de ninguna manera fácil, a pesar de los camachuelos que presencian la escena trinando. Presa de la incertidumbre por si será reconocida cuando llegue a Smolensk, por si «[le] abrirán la puerta de la isba», Tatiana oye «palabras ininteligibles en ruso y español» (2007: 263).

Un significado preponderante en la obra, sugerido por esos sujetos mutuamente influidos que hemos analizado en este capítulo, es el de una desorientación extraordinaria que afecta de modo similar tanto a los cubanos como a los antiguos soviéticos. Representan el espejismo en el que alguna vez vivieron, en cuyos restos siguen habitando y actuando repetitivamente, mientras se esfuerzan por juntar las piezas que compongan un nuevo mundo cuyos contornos aún no han definido.

III.

Los intermerdiarios cubanos

A ningún director de Hollywood le queda ya por «descubrir» ninguna «barbaridad» del bloque soviético ni de los miembros del antiguo bloque soviético, de las muchas que existen: incluso algunas cuentan con su adaptación cinematográfica. Como afirma Jorge Ferrer, «Less is known about Cuban attempts to capture the USSR on film... In fact, the younger brother also wanted to show the face of the Other» (2012: 102). Tomando como fondo los cuadernos de viaje de los años sesenta, este capítulo se centra en los viajes –y en la influencia de esos viajes– de artistas cubanos a la Unión Soviética desde mediados de los ochenta hasta la actualidad. Estudia hasta qué punto varía la opinión de los cubanos sobre el llamado Occidente al viajar al llamado Este, así como, al estilo de referencia en clave de Prieto Samsonov, hasta qué punto sus apreciaciones sobre el Este influyen en sus pronósticos sobre el futuro de Cuba.

Dos de las primeras y más completas historias de la Unión Soviética se encuentran en la literatura de Samuel Feijóo y en la obra cinematográfica de Roberto Fandiño. Las historias sobre los viajes de Feijóo y Fandiño a la Unión Soviética destacan sobre «cuadernos de viaje» más recientes. Feijóo, autodidacta y conocido sobre todo como poeta, pero también novelista, pintor, editor de revistas y «folclorista», viajó al bloque soviético, entre otros destinos, durante los años sesenta y setenta. Publicó sus observaciones en varios medios, incluida *Islas*, la revista que fundó en 1958 y que editó desde la Universidad Central de Las Villas. También colaboró con la traductora Nina Bulgákova en *Poetas rusos y soviéticos*, antología de 1966 que estableció el primer canon de la poesía rusa y soviética en la isla.

Antonio Bermejo Santos afirma que en los años sesenta *Islas* no hablaba de la creciente penetración del marxismo soviético en la isla ni se centraba en aquellos autores «afiliados a la revista *Pensamiento Crítico* y al Departamento de Filosofía de la Universidad de La Habana, o aquellos primeros graduados de la Unión Soviética, que desempeñaron un papel apreciable en la concepción de los programas de estudio de las Escuelas de Instrucción Revolucionaria» (2003: 150). *Islas*, sin embargo, sí incluía en los setenta muchos artículos escritos por colaboradores soviéticos; según Bermejo Santos, la influencia de la expansión masiva del marxismo soviético en las casas editoriales y los centros de estudio en el país había llegado ya hasta la revista (2003: 153). El diario de Feijóo sobre su viaje como agregado cultural a la Unión Soviética en 1964, publicado en *Islas* en el número de 1967 dedicado a la Revolución de Octubre, muestra a alguien que se encuentra personal y políticamente como en casa en el mundo soviético. En una conversación con el popular poeta de los tiempos de guerra Alexéi Surkov, recogida en el diario, Feijóo sostiene que encuentra allí una unión maravillosa del espíritu del siglo XIX con el espíritu científico del XX: la gente, dice, habla como en las baladas y los satélites recorren los cielos (1967: 108).

La solidaridad de Feijóo con los soviéticos lo lleva a declarar a sus anfitriones, unos días después de comenzar su viaje, que hasta entonces no había sentido nostalgia por sus amigos de Cuba, porque de algún modo seguía en su país (1967: 108). Estas palabras en apariencia amables, que implican un acusado sentido de pertenencia, no son tan inocentes cuando se tienen en cuenta otras convicciones de Feijóo sobre la Unión Soviética que tuvieron serias consecuencias en la isla. Como recuerda Emilio Bejel, «The leftist writer Samuel Feijóo led a campaign against homosexuals from the pages of the newspaper *El Mundo* and, after an extended trip to the Soviet Union, proclaimed that homosexuals no longer existed there» (Bejel 2001: 100). En sus célebres declaraciones en un artículo de

1965 para *El Mundo*, decisivas en los años de represión contra los homosexuales en la isla, defendía que Cuba,

> este país virilísimo, con su ejército de hombres, no debe ni puede ser expresado por escritores y artistas homosexuales o seudohomosexuales. Porque ningún homosexual representa la revolución, que es un asunto de varones, de puño y no de plumas, de coraje y no de temblequeras, de entereza y no de intrigas, de valor creador y no de sorpresas merengosas. (Feijóo 1965: 4)

Por aquella misma época, Roberto Fandiño representaba un mundo soviético menos idealizado en *Gente de Moscú* (1963), un cortometraje documental de dieciséis minutos. Según refiere Ferrer en «Una aventura de Roberto Fandiño en Moscú», Fandiño era parte de un equipo del ICAIC, el Instituto Cubano de Arte e Industria Cinematográficos, que viajó a Helsinki para el Festival Mundial de la Juventud y los Estudiantes. Habiendo deseado, incluso antes de la Revolución cubana, realizar un documental sobre Moscú, Fandiño le pidió a Alfredo Guevara, presidente del recién fundado ICAIC, permiso para hacerlo. El detalle es relevante porque, a diferencia de otros creadores de los que se habla en este capítulo, Fandiño no formaba parte de las masas de estudiantes becados ni de los trabajadores premiados con un viaje al extranjero. Inolvidable precisamente por la ausencia de monumentalismo, de «baladas» y de «sputniks», *Gente de Moscú* –para Ferrer, «un retrato robado de Moscú»– no es la visión que la Unión Soviética hubiera querido dar de sí misma. El documental está repleto de imágenes incongruentes y mundanas. La lluvia empapa los pies de la gente; el Kremlin aparece primero invertido y luego al derecho. La inmensidad de los edificios contrasta con la pequeñez de la gente y la música envolvente con el ladrido de un perro. La película se detiene en un parque de diversiones, en la gente jugando al ajedrez, en la hoz y el martillo, en un cohete despegando. En las escenas de pequeños paisajes urbanos se oyen las campanas del Kremlin. Por último, aparecen niños bailando y cantando en el campo. Ferrer detalla el proceso por el que el documental, aparentemente inocuo, fue relegado al olvido:

> Alfredo Guevara, presidente del ICAIC, se lo muestra al embajador soviético en La Habana. Éste protesta: *Gente de Moscú*, habría dicho el embajador, mostraba una ciudad poblada de vagos y decadentes, un Moscú sin obreros. Guevara, a quien había gustado el documental, le manifestó que en Cuba no se regían por la estética del realismo socialista y que consideraban válido el documental. Tanto fue así, que el ICAIC lo presentó a concurso en el Festival de Cine Documental de Leipzig en 1963, donde se lo galardonó con el premio a la Amistad de los Pueblos. Naturalmente, en la Unión Soviética no se exhibió jamás el corto de Fandiño. En las salas de proyección cubanas tampoco tuvo suerte. (2009: en línea)

Fandiño compara el destino de su película con el de *P.M.* de Sabá Cabrera Infante, en el sentido de que tampoco retrataba comprometidamente un determinado futuro. El apoyo de Guevara al documental de Fandiño en medio del rechazo de Moscú indica que las posturas ideológicas de soviéticos y cubanos no eran todavía tan intercambiables como lo serían años más tarde. Ferrer le reprocha a Fandiño, exiliado a finales de los sesenta, que siguiera recordando con cariño su época en Moscú, a pesar de que el documental no triunfase. Las alegres notas de Feijóo y el retrato mundano de Fandiño sobre la Unión Soviética captan las cualidades anecdóticas y personales que corresponden a la emergente amistad cubano-soviética, representadas mucho más monumentalmente en *Soy Cuba* (1964), el largometraje de Mijaíl Kalatózov.

Bárbaros en el Este

Como apuntan el director brasileño Vicente Ferraz y el investigador Carlos Espinosa Domínguez, si Martin Scorsese y Francis Ford

Coppola no hubieran defendido la coproducción cubano-soviética *Soy Cuba* la película no habría sido redescubierta a principios de los noventa y habría sido vista únicamente como una mala interpretación del pueblo cubano (véase Espinosa Domínguez 2012). Ahora bien, esa mala interpretación tiene algún interés. ¿Qué eran los cubanos en los sesenta para los soviéticos? Los cubanos tenían la sangre caliente, eran atractivos, se habían empobrecido y había que civilizarlos: una visión no muy distinta de la que tenían los estadounidenses. Cuando hablaba de su pueblo en los sesenta y los setenta, Fidel Castro a menudo mencionaba su deseo de civilizarse. En un discurso de 1972 dirigido a becarios y diplomáticos cubanos en la Unión Soviética, Castro afirmaba a propósito de la indigencia técnica de la nación: «No nos podíamos considerar ni siquiera semicivilizados. Dentro de algunos años seremos semicivilizados, todavía no seremos civilizados. Y creo que una de las metas que debemos proponernos es la civilización» (Castro 1972: en línea). Con base en el materialismo histórico, el concepto de civilización para Castro está lejos de la famosa antinomia de civilización y barbarie que aún persiste en los escritos de los cubanos sobre sus experiencias en la Unión Soviética. Para los cubanos y los soviéticos asimilados separar «Occidente», una entidad exclusiva y capitalista, de la connotación de «civilizado» resultaba una ardua tarea.

En las entrevistas a los participantes del rodaje de *Soy Cuba*, conducidas por Vicente Ferraz en su documental *Soy Cuba, O Mamute Siberiano* (2005), se percibe hasta qué punto los cubanos se han identificado tradicional, social y culturalmente con Occidente, y su incomodidad ante el hecho de ser vistos por los directores del Este como una isla caribeña pecaminosa y un paraíso socialista tropical que fue, al mismo tiempo, el Salvaje Oeste. Las políticas futuras tratarían de eliminar cualquier rastro de la época prerrevolucionaria.

Bárbaro, el protagonista de la novela de Jesús Díaz *Siberiana* (2000), es un periodista cubano negro, enviado con veinticinco años a Siberia por la revista *Bohemia*; el objetivo personal de Bárbaro en su viaje a la Unión Soviética es perder la virginidad. Crecido en un entorno marginal, el Bárbaro adolescente se escapa de la casa de sus, al parecer, lascivos padres negros, y busca refugio en el hogar de un General, el amante de su tía joven, que es apenas seis años mayor que él y a la que él sexualiza. Pensando encontrar consuelo en la casa del General, se encuentra con que éste abusa sexualmente de él, lo que trae como resultado que más adelante en su vida se sienta confundido sobre su propia sexualidad. La deidad afrocubana Changó sirve a Bárbaro como motivo donde ver reflejada su propia identidad racial y sexual.

Ya en Siberia, Bárbaro se enamora de su intérprete, Nadiezdha Shalámov González, que se enorgullece de ser siberiana e hija y esposa de prisioneros políticos. «Para ella ser siberiana significaba pertenecer al pueblo elegido, al escalón más alto de la trágica superioridad que a sus ojos le otorgaba el mero hecho de haber nacido rusa» (Díaz 2000: 80). Su marido, Alexander Petrovich Kirlov, nunca se recuperó del tiempo pasado en el Gulag. Su madre, Angustias González, era una refugiada de la Guerra Civil española. A lo largo de la novela, Nadiezdha le cuenta a Bárbaro sobre las terribles condiciones de la vida en Siberia; ella y sus compañeros masculinos también se mofan de Bárbaro por las diferencias entre la forma de vida del Este y del Oeste. Cuando por fin Bárbaro conquista a Nadiezha, ya casi es el momento de su regreso a Cuba. El desenlace, sin embargo, es mucho más desafortunado que la separación de los dos amantes. Bárbaro sufre una enfermedad mortal, a consecuencia de haber sometido su cuerpo a grados extremos de calor y de frío en honor a su amor.

El propio Jesús Díaz había estado en Siberia, donde, junto a otros cubanos, codirigió *La sexta parte del mundo*, un documental cubano-soviético de 1977 que rinde homenaje a la Revolución de Octubre. Dado el carácter multinacional de la Unión Soviética que retrata el documental, la descripción de Díaz del duro paisaje, del clima y del modo de vida siberianos en la novela no es ninguna sorpresa; como afirma Mario L. Guillot Carvajal, es «una de las virtudes del libro» (2000: 176). La retórica épica característica de *La sexta parte del mundo* contrasta claramente con la novela, publicada nueve años después de la desintegración de la Unión Soviética. Una reseña de *La sexta parte del mundo* comparaba las «tomas que muestran la unidad en la diversidad» a un «ramo de flores muy bien elegidas y combinadas»: «sobre las lenguas, dialectos, bailes y costumbres, modos de conducta completamente nuevos se imponen» (Plasencia 1977: 30). En cierto modo, *Siberiana* refleja las diferencias étnicas y nacionales de sus personajes de modo similar a como los cubanos perciben sus propias identidades raciales. La falta de atención por el desarrollo de los personajes hace que el libro se lea, más que como una novela, como un cuento popular, en la medida en que aborda de forma fascinante las diferencias generalizadas, casi clichés, entre cubanos y soviéticos:

> Tuvo una arqueada al respirar abiertamente aquella peste insoportable como la de una letrina, hecha de la hediondez del grajo, los pedos y los eructos de col agria de Tolia y de Chachai, el chófer, un buriato pequeñito y sumamente ingenioso, de largos bigotes lacios, que ya dormía como un tronco y que aun en este estado mantenía aquella semisonrisa irónica que lo acompañaba siempre, distanciándolo de los rusos [...] En la súbita oscuridad Bárbaro se olió los sobacos, comprobó que apestaban a azufre y se sintió tan mal como les hubiese faltado a su madre y a Lucinda, para quienes un negro apestado era un ser absolutamente detestable. Pero él no lo era, les susurró evocándolas, apestaba porque no le quedaba otro remedio, no era su culpa que no hubiese baños, inodoros ni siquiera urinarios en aquel lugar salvaje. Tolia y Chachai, por ejemplo, sí eran verdaderos cerdos, ni siquiera echaban de menos la carencia de duchas e incluso se daban el lujo de burlarse de él por su obsesiva necesidad de higiene. Por los menos Chachai era buriato, bajito y amarillo, pero Tolia era ruso, blanco como la leche, aun así se comportaba como un puerco y encima se reía de él y lo retaba a sostener las más estúpidas competencias, como un reno siberiano. (2000: 63-64)

Una percepción cubana muy popular (con sus propias implicaciones raciales) es que los soviéticos huelen mal porque no se bañan a menudo. Tanto el sentido de inferioridad como el de superioridad de Bárbaro es manifiesto. Cuando se vive en el trópico se suda mucho, y para evitar el mal olor corporal los cubanos se bañan religiosamente.

Las inscripciones de raza y olor prevalecen en la cultura caribeña. El *Memorias del subdesarrollo*, de Tomás Gutiérrez Alea, por ejemplo, Sergio pregunta caprichosamente a una de sus amantes «¿Y qué te gusta más? ¿El olor de los rusos o de los estadounidenses?»[1]. Muchos textos cubanos acerca del olor de los soviéticos hablan claramente de su propio pánico racial. A la vez, la palidez extrema no se considera algo especialmente atractivo –Bárbaro, por ejemplo, prefiere al buriato, que era al menos «amarillo». Y en ese sentido Bárbaro considera que él es estéticamente superior –una percepción predominante entre los cubanos.

Otra historia donde queda reflejada la superioridad estética de los cubanos es «La fracasada inmortalidad doméstica», de Antonio Armenteros, del volumen de relatos de 2005 *País que no era*[2]. Nacido

---

[1] En el poema «Mulata Antilla», de Luis Palés Matos, el sujeto poético parece seducido por el olor del mulato, pero como observa Alan West-Duran, la *catinga* –el olor corporal– denota «the strong, read negative odor of either indigenous people or Africans» (West-Durán 2005: 57).

[2] Se publicaron simultáneamente dos ediciones de esta colección, una para su venta en divisas y otra en pesos cubanos. Sólo se distinguían por las cubiertas. La edición en divisas presentaba una matrioshka con sombrero de guajiro en la cabeza, una representación clásica de la alianza cubano-soviética que refuerza el tema de extrañas yuxtaposiciones que caracterizan el volumen. La cubierta de la edición en moneda nacional fue ilustrada por la artista cubana Hanna Chomenko; una imagen más compleja de una cara afrocubana, que recuerda a la de Armenteros, abrazada por varios brazos y suspendida sobre un campo labrado por un campesino. La imagen de la matrioshka con sombrero recuerda al cartel del documental soviético de 1962 sobre Playa Girón, *Isla en llamas*, dirigido por Roman Karmen, que consistía de una cara cubana rectangular, sovietizada y militarizada, con sombrero de guajiro. Una imagen muy similar –*Patrioska*, del

en La Habana en 1963, Armenteros es autor de cinco libros de poesía, incluida su colección de 2000 *Nastraienie*, palabra rusa que no cuenta con traducción precisa al español. Significa algo así como «atmósfera melancólica»: el humor que también caracteriza a *País que no era*. En 1985, Armenteros fue a estudiar la automatización de las plantas nucleares y convencionales de la Unión Soviética, en donde vivió hasta 1991 entre Moscú, Leningrado y una pequeña ciudad de nombre Novovoronets.

En «La fracasada inmortalidad doméstica» hay un cubano que bebe en una taberna acompañado de otros dos extranjeros cuando un crimeano desnarizado llamado Serguéi –al estilo Gógol– se presenta y se une a la fiesta. El narrador cubano decide que acompañarlo de vuelta a su casa sería una buena manera de averiguar «cómo era que vivían en realidad los soviéticos» (Armenteros 2005: 17). La esposa de Serguéi, Ania, les da de comer mientras Serguéi se pone a conversar sobre boxeadores cubanos hasta caer completamente ebrio. Ania y el cubano meten entonces en la cama al «sujeto blanco como la leche»; el cubano encuentra el cuerpo de Serguéi tan grotesco como Bárbaro en *Siberiana* el del ruso. Muchos personajes cubanos manifiestan rechazo al encontrarse con los soviéticos. El *morbo* que Polina Martínez Shvietsova, por ejemplo, hace explícito en su autorrepresentación de una matrioshka desfigurada podría analizarse como la visión de su cuerpo «ruso» desde fuera, como lo vería un cubano, con el rechazo que un encuentro así suscita.

Como buen invitado, el cubano de «La fracasada inmortalidad doméstica» se echa a dormir, pero antes de que se dé cuenta, reaparece Ania desnuda, ofreciéndosele. Cuando encuentra que la reacción del invitado no es exactamente la que ella hubiera esperado, protesta: «¡Así es la hospitalidad rusa!» (2005: 20) –una declaración hilarante

---

artista Carlos René Aguilera Tamayo– aparece en la portada de la revista literaria *Sic*, en un número especial de sobre la presencia de Rusia en la cultura cubana.

y también abrumadora, dados los hechos que están por llegar. El protagonista convenientemente acepta su lógica e imagina a Pushkin y a las balalaikas como la banda sonora de su acto de amor, junto a «El alacrán» del afroperuano Nicomedes Santa Cruz. Las tradiciones culturales y populares de soviéticos y afroamericanos (según el sentido de «Nuestra América» de Martí) resuenan en su cabeza: la extraña tensión entre ellas es característica de todo el volumen. Sorprendentemente, el marido de Ania no parece molestarse por el nuevo amante e incluso anima al cubano a que vuelva. Su indiferencia mientras su esposa implora al protagonista que pase a verla más a menudo extraña aún más al cubano. La historia termina trágicamente: Ania se corta las venas delante de su huésped porque este no prolonga sus visitas. El cuento termina con su clasificación del marido como «mucha *realia* rusa». O en otras palabras, «otro día absurdo del Este» (2005: 23), resumen conciso de uno de los relatos aparentemente más frívolos, pero «venenosos» cual escorpión, del volumen de Armenteros. ¿Qué le pasa a un cubano mordido por el escorpión soviético? En este caso, se aleja indemne pero confundido.

Si bien la experiencia de Bárbaro como extranjero negro en la Unión Soviética tiene también absurdeces pintorescas, es mucho más compleja –le cuesta conquistar, ni siquiera sale vivo de ella y no es capaz de divertirse con el absurdo de las diferencias entre culturas. Una de las muchas palabras clave de la novela de Díaz es «salvaje». Apunta a que en Siberia, Bárbaro –el nombre no es casual–, en tierra extraña donde le llaman «chorni» (negro en ruso), tiene la capacidad de dominar el campo epistemológico porque es, en cierto sentido, el viajero privilegiado que, aun menospreciado por su negritud, conoce otros lugares y formas de ser. Los que acogen a Bárbaro en Siberia tratan de convencerlo de su incapacidad para acampar en aquel territorio rudo e implacable:

> En el auto donde regresaban al hotel [Nadiezdha] intentó otra vez convencerlo de que permaneciera en Irkust, argumentado que un negro

sufriría demasiado en los campamentos del Baikal-Amur. Bárbaro calificó aquel argumento de racista. (Díaz 2000: 75)

Poco después, Bárbaro estalla y le espeta que «ella no era más que una racista de mierda y que ni los cubanos ni los negros eran tontos» (2000: 77).

Siberiana también retrata en la ficción la atracción decisiva que se señala tanto en la película de Pérez y González como en las fotografías de Solórzano. «Por un lado, su condición de negro lo definía como un *nierus* absoluto; por otro, justamente el color de su piel y las características de su pelo lo hacían extraordinariamente atractivo para los siberianos» (2000: 81). Como evidente *nierus* –no ruso–, el protagonista de *Siberiana* expresa su consternación en este nuevo entorno, que contrasta tanto con el de su tierra natal: «Cuando empezó a bajar la escalerilla batida por el viento, cuya base estaba semihundida en la blancura de la nieve, se dijo que había arribado a otro mundo» (2000: 66). Sus palabras recuerdan las de la letona en *Todas iban a ser reinas*, que hablaba de «morir y renacer en otras circunstancias, en otro país, en otra atmósfera, en otro mundo».

Bárbaro se retira a una matriz maternal que, aunque en última instancia está condicionada por los europeos blancos, lo coloca en una posición de superioridad al menos en su imaginación: «*Chorni, chorni, chorni.* Aquello no podía ser verdad [...] no soportaba que aquellos salvajes lo escudriñaran con la vista como si el salvaje fuera él» (2000: 139). Bárbaro se niega a ser encasillado por su propio nombre o por la palabra *nierus*, una forma despectiva para referirse a los no rusos o extranjeros. Curiosamente, sólo en raras circunstancias las credenciales profesionales de Bárbaro le evitan la ignorancia de los soviéticos.

Lo que significa ser extranjero en la Unión Soviética y en Rusia es también uno de los temas más importantes de la obra de José Manuel Prieto, sobre todo en *Enciclopedia de una vida en Rusia* (1997) y en *Livadia* (1999), la primera y la segunda parte de su trilogía rusa, cuyo volumen final es *Rex* (2007). Enviado a los diecinueve años a

Novosibirsk, en Siberia, para estudiar ingeniería electrónica, Prieto (nacido en La Habana en 1962) pasó doce años en la Unión Soviética, bastante más que otros estudiantes de intercambio cubanos, y se casó con una siberiana. Tanto *Enciclopedia de una vida en Rusia* como *Livadia* describen el momento inmediatamente posterior a la caída de la Unión Soviética. Los personajes de Prieto lidian con los límites abruptamente cambiantes de la geografía, la ideología y el comportamiento inculcado por un imperio que, en palabras de la *Enciclopedia*, se componía de prisioneros que

> tenían la sensación de galopar en plena libertad: hombres y mujeres en su hábitat natural sin alambradas ni dispositivos de alarma a la vista.
> El IMPERIO era un mundo paralelo, un universo autosuficiente en el que se podía hallar a «trotamundos» que, sin embargo, nunca lo habían abandonado. (Prieto 1998: 67)

El escritor/protagonista de *Enciclopedia* llegó a este imperio desde Cuba. Es un extranjero que sabe algo del «más allá» del imperio, pero que sigue confuso sobre si su concepción de ese «más allá» puede considerarse Occidente, al que tanto codiciaban los habitantes del imperio y con el que mantenían una relación especular: «OCCIDENTE: Es el espejo donde Rusia se mira todas las mañanas para reajustar su propia imagen» (1998: 116). Como en el caso del Bárbaro de *Siberiana* y de la figura de Martínez Shvietsova, la subjetividad cubana no está alineada ni al Este ni al Oeste.

Una definición del término *nierus* se halla en la Enciclopedia desde el punto de vista de un *outsider* con gran conocimiento de las jerarquías de la sociedad soviética y la rusa.

> Otra vez platicaba con un amigo en un lugar público, y una mujer, tomándonos quizá por NIERUS (no rusos representantes de alguna minoría nacional del IMPERIO) se volvió indignada: «¿Pero por qué no hablan *en ruso*? Llevan media hora hablando en esa lengua de pájaros y me

tienen la cabeza hecha un verdadero rollo. ¿Cómo no les da vergüenza?» Después nos estudió mejor y ESCUPIÓ al suelo [...] Con los años y el acontecer de *La caída de la casa Usher* fui testigo de un cambio mental traumático, la inversion de polos de los *rus* ávidos de una vida plena, OCCIDENTAL, sin patatas hervidas ni pepinillos en salmuera. (1998: 112)

El tono sarcástico y distante se logra, entre otras cosas, gracias a la alusión literaria a otra casa a punto de caer que a duras penas protege al narrador de la violencia señalada en mayúsculas. El narrador hace varias distinciones que no son evidentes en *Siberiana*; Bárbaro no entiende muchas de las cosas de la cultura soviética en la forma en que los narradores de Prieto sí lo hacen. Las connotaciones del término *nierus* en la obra de Prieto son incluso más provinciales que en la novela de Díaz. Según la *Enciclopedia*, los rusos que no pueden siquiera imaginar un «otro» fuera de las fronteras soviéticas se vuelven poco después personajes desesperados por ser el otro, es decir, habitantes de Occidente.

Siberiana es políticamente menos polémica que el resto de la obra de Jesús Díaz, que muchos conocen por la revista *Encuentro de la cultura cubana* (fundada por él en 1996) o a través de novelas como *Las cuatro fugas de Manuel* (de 2002), que también transcurre en el Este europeo. Emilia Yulzari ha hecho notar decisiones lingüísticas significativas de Díaz que tienen connotaciones políticas. Por ejemplo, el apellido de Nadiezha, Shalámov, «también podría considerarse un homenaje a la escritora disidente Varlam Shalámov, prisionera del gulag y autora de *The Kolyma Tales*, publicado en tiempos de la perestroika» (Yulzari 2004: en línea). Los discursos de distintas autoridades soviéticas a las que Bárbaro se enfrenta revelan imperfecciones en la retórica sobre la intimidad cubano-soviética, mientras que las observaciones de Bárbaro arrojan una luz diferente a la «grandeza» de la Unión Soviética. Cuba es imaginada por quienes se cruzan con él en Siberia como «una isla muy pobre» y «un país moderno, ya que estaba situado en pleno Occidente, un universo absolutamente mitificado en Siberia, objeto, a la vez, de la más profunda idolatría y del mayor desprecio» (Díaz 2000: 82). Mientras el gobierno cubano proponía o incluso construía una forma de vida encaminada a llevar a los cubanos a una realidad material marxista-leninista, los siberianos se sentían auténticos ciudadanos del Este que simplemente se estaban modernizando. Las palabras de bienvenida del ingeniero jefe, por ejemplo, le llegan como algún tipo de sorpresa, ya que Bárbaro ha sido tratado como un auténtico «bárbaro» en sus operaciones diarias:

> Constituía un inmenso honor recibir al que iniciaba la lista, que además tenía las virtudes de ser occidental y periodista, por lo cual, con sus escritos, haría famosa en todo el mundo a Siberia, el continente más grande del planeta, la tierra con mayores reservas de agua, petróleo, oro y minerales estratégicos en todo el universo. ¿Qué le faltaba a Siberia? [...] transporte [...] y eso era justamente lo que estaban haciendo ellos, los heroicos constructores del ferrocarril. (Díaz 2000: 101-102)

Ese lenguaje hiperbólico fue promovido en Cuba por varios medios. Mientras los cubanos de vuelta a casa consumían las narrativas sobre la magnitud del acero y la tecnología soviéticos, Bárbaro se enfrentaba a la falta de un aseo decente: «¡Qué mundo de locos aquel donde los baños tenían vapor y látigos en vez de agua y jabón!» (2000: 136). La novela pone en entredicho, a través de esos referentes, lo que significa ser desarrollado. De hecho, la respuesta de la intérprete de Bárbaro a sus quejas incide en el corazón mismo de la retórica más absurda de la Guerra Fría –la retórica de una nación que buscaba modelar su desarrollo tecnológico sobre el de la Unión Soviética–: «Las famosas letrinas de los campamentos volantes de Siberia [...] disponían de tres comodidades que las hacían superiores por definición al más exquisito de los inodoros occidentales» (2000: 138), dice Nadiezdha en tono evidentemente irónico, porque la última de esas «comodidades» –excremento helado y por tanto sin olor– no deja espacio a la duda.

Siberiana ahonda también en cuestiones raciales que el marxismo-leninismo no logró enterrar. Por un lado, como miembro del campo socialista, se supone que Bárbaro es un «igual». Ahora bien, los «easterners» le ven más moderno y a la vez, sin duda, más sureño, como a un africano, de modo que la narrativa del progreso está lejos de ser clara. Los recuerdos de estos personajes cubanos de sus experiencias entre los soviéticos contrastan considerablemente con el afecto que les profesaba Feijóo. Las experiencias de los cubanos en el bloque soviético fueron, desde luego, múltiples y variadas.

PASAR POR OCCIDENTAL

Como muestra *Rex*, el encuentro entre un ruso y un cubano después de 1991 sigue estando determinado por significantes raciales, aunque las consecuencias sean distintas. Aun cuando *Rex* no es un cuaderno de viaje, su protagonista –que quiere que lo llamen Psellus, como Michael Psellus, el historiador y filósofo bizantino tartamudo del siglo XI– es un cubano que, luego de haber vivido en la Unión Soviética y Rusia, conoce a la perfección las complejidades de la mentalidad rusa postsoviética. En el mundo postsoviético de Prieto, despojado de la solidaridad internacional, un «bárbaro» no podría considerarse moderno. Psellus logra que le contraten como tutor de Petya, la niña de once años hija de una familia que había huido a Marbella, en España, para escapar de la mafia rusa, a la que habían timado vendiéndole diamantes falsos. La historia se despliega en la forma de la narración de Psellus sobre la instrucción a Petya en todos los ámbitos del conocimiento a través de «el libro», que no tiene ningún origen singular, y sobre cómo urde una estratagema para civilizar a esta familia (en la manera más banal de educar a su hija y en la más barroca de «restaurar» sus conexiones con la realeza). Con abundantes citas de *En busca del tiempo perdido* de Proust, «el libro» representa la amalgama que es la literatura, en la que Psellus y Prieto tratan de insertar a estos personajes domésticos –y de insertarlos no sólo como meros comentadores (como nosotros, lectores), sino como Escritor del Libro–. Psellus es un embaucador que gana a los colonizadores en su propio juego. Un mero impostor como tutor, contratado para restaurar la dignidad de un par de rusos ávidos de dinero, que se enamora de Nelly, la señora de la casa, y se hace cargo de su marido y de la conversión de ambos en zar y zarina.

Algunas de las descripciones de Psellus sobre su relación con los maestros de la literatura y su percepción del entorno podrían interpretarse como una imitación colonial, caracterizada por Homi K. Bhabha como «the desire for a reformed, recognizable Other, as a subject of a difference that is almost the same, but not quite» (2005: 122), o incluso analizarse a la luz de la teoría de Henry Louis Gates sobre el «mono significante», donde la cita entraña un mayor grado de flexibilidad y transcurre *vis-à-vis* a la esfera hegemónica o al «original» (Gates 1988). La novela, no obstante, no parece hacer responsables a los soviéticos de la colonización. Más bien, los soviéticos sólo se mencionan una vez, y no se les vincula específicamente al viaje del protagonista –un canibalizador, un ciudadano puntual del segundo mundo, en el umbral del «dinero». El territorio no es ya el determinante principal de las jerarquías. A medida que Psellus se enamora de Nelly va recordando la relación de Humbert, el «europeo estragado o desencantado y Viejo», y Lolita, «la vulgar y joven americana» (2007: 109), pero se ve a sí mismo en el papel contrario. Tu madre, le dice Psellus a Petya,

> con su apellido compuesto, los lunares negros en su pecho, representaba los encantos de una antigua civilización, pero todavía gozable, llena de jugo. Y que yo, un torpe y joven americano, representaba la vulgaridad y la torpeza, aunque lleno de ímpetu y demás. (2007: 109)

Psellus, en este pasaje, se posiciona por un momento como el bárbaro que busca acercarse al legado que adjudica a Nelly. Ahora bien, en la misma medida en que Nelly no es una zarina de la Rusia europea, sino la esposa postsoviética de un mafioso cuya casa está repleta de «manuales sobre la vida en Occidente» (2007: 49), Psellus no es un pobre del Nuevo Mundo, sino un cubano educado que lucha por sobrevivir en el mundo postsoviético. Prieto libera así por completo los significantes geopolíticos de las bisagras donde reposan en las obras de otros autores cubanos.

En lo referente a la relación actual entre rusos y cubanos y su inscripción en un legado pasado, ninguna escena captura mejor su complejidad que aquella donde Psellus espía a un «Sasha». Un «Sasha» es ese hombre frente a una mesa de recepción con «cabellos rubios y porte difícil, la pesadez de un nuevo rico que todo el tiempo quiere dar a entender [...] su nuevo estatus» (2007: 158-159). Psellus lo encuentra en España, en su búsqueda de posibles invitados para la fiesta que convertirá a la mafia rusa de Marbella en la realeza y que restaurará la monarquía. El siguiente pasaje revela lo que está en juego al recordar la alianza cubano-soviética en los tiempos actuales:

> Y me sentí atraído por aquella cara desconocida, aunque muy familiar ¿en su generalidad?, enternecido y sonriente por la luz fluorescente de un gusto tan vulgar y predecible. Atravesé el hall para conversar un poco, amistoso. Siempre les extraña, déjame decirte, ser interpelados por mí. Son mis amigos, pero no lo saben, reniegan de mí, de mi amistad. Juntos, les decía, en las trincheras del socialismo. ¿Qué tal? En las trincheras ¡y del socialismo! Pero ya casi junto a él cambié de idea iluminado claramente por el grueso reloj de oro macizo que se le adelantó en la muñeca al levantar el teléfono minúsculo, la pantallita azul a la oreja rosada [...] Pasé por su lado y me limité a llamarlo: ¡Sasha!, un nombre inventado, uno cualquiera. Se volteó sorprendido. Y sin apartarse el teléfono de la oreja me estudió de pies a cabeza y me espetó: «*Nu, I kak banani v etom godu v tvoem Gondurace?*» *¿Qué tal están las bananas este año en (tu) Honduras?* (O de dondequiera que seas, quiso decir.)
>
> El habla ultrajante, el tono. Al punto que me hizo lamentar haberme dirigido a él. Urgido él mismo a abandonar las profundidades asiáticas,

poco dado a fraternizar con un ex aliado, todo eso. Vastas zonas de su pasado totalmente claras para mí: desayunos con salchichón barato no hacía ni tres años, huevos duros en el cupé de un tren para el viaje de dos días, una madre ahora mismo y un padre en Rusia. (2007: 158)

Esta escena pone de relieve los intentos del ruso de pasar por ciudadano occidental. «Sasha» detecta que «Psellus» es un «bárbaro» del sur, el efecto de una experiencia colonial más discernible –la de una república bananera como Honduras, frente a, quizás, el «simulacro» o «disfraz» que Martínez Shvietsova asocia a Cuba–. Sus características sureñas, seguramente, son raciales, pero Psellus se adelanta a «Sasha» con sus propia radiografía racial: el color de Sasha es diferente al del este miembro alejado del anterior imperio soviético. Cuando Psellus comienza a trabajar para la familia de la mafia rusa en España les dice que es español, y cuando revela sin querer que es cubano estos no se inmutan. El lapsus pasa desapercibido y no provoca ninguna pérdida de confianza en el mentor o en nuestro narrador. Recordar las «trincheras del socialismo» en la época postsoviética, como hace Psellus, es contrario a las motivaciones de sus antiguos «camaradas» en su tránsito hacia Occidente.

En *Treinta días en Moscú* (2001) el conocimiento del narrador protoficticio sobre su foraneidad se debe a su entendimiento de la percepción que tienen los rusos sobre su carácter extranjero innato: un fenómeno que no es fácil de entender al menos en la definición de «nierus» de la *Enciclopedia*. Parte de la colección Año Cero de Mondadori, con títulos de distintos autores que documentaban las ciudades más importantes del nuevo milenio, *Treinta días en Moscú* lleva a los lectores a dar una vuelta por el nuevo Moscú capitalista e ilustra cómo sus habitantes negocian los restos de su reciente pasado totalitario reconstruyendo un pasado dinástico para reforzar sus identidades personales. Una recopilación de perfiles biográficos, *Treinta días* muestra lo mucho que han cambiado los vecinos de la ciudad desde la última vez que el narrador estuvo allí. Al mencionar su compromiso con la sociedad rusa a comienzos de los noventa, el testigo se vincula al protagonista en la ficción –J.– de su novela más conocida, *Livadia*.

En toda su escritura Prieto retrata su vínculo con Rusia casi como si fuera por accidente, lejos del compromiso internacional que llevó a muchos cubanos a residir en la Unión Soviética. Al adjudicar este fenómeno tanto a *Enciclopedia de una vida en Rusia* como a *Livadia*, Rafael Rojas señala: «Las pocas veces que, en estas dos novelas, el narrador admite que es cubano lo hace como si confesara una tara originaria, un ridículo azar, una vergonzosa condición» (2000: 233). Aunque no coincido con la opinión de Rojas al respecto, la escritura de Prieto sí hace hincapié en lo aleatorio de los orígenes. Por ejemplo, aunque el J. de *Livadia* afirma haber llegado a Rusia «para estudiar óptica, aunque sin terminar la *carrera*» (Prieto 1999: 30), su afirmación nunca se vincula a las masas de otros estudiantes cuyas trayectorias de estudio en Rusia (nótese el uso de Rusia aquí, en vez de la Unión Soviética) tuvieron lugar a la par que la suya.

El narrador de *Treinta días en Moscú* está fascinado por los extremos a los que llegan los rusos para verse a sí mismos a través de su relación con lo que proviene de Occidente. Al describir a los artesanos del mercado, donde normalmente expone la producción local, el narrador comenta sobre la fascinación de los rusos por Occidente:

> Y como el país está fascinado por Occidente, venden, por ejemplo, cerámica indios, gnomos de plástico. Vender piezas laqueadas rusas sería de poco prestigio y provecho. Pregunto a la vendedora: «¿Tiene alguna jarra con algún lema en ruso?» Y la sola pregunta ya delata en mí a un extranjero. Tampoco lo hubiera hecho cuando vivía aquí, es cierto. (Prieto 2001: 19)

Este Occidente no es el Occidente que era el Otro para el Este de *Siberiana* ni un abanico de ingredientes característicos de Estados Unidos y Europa Occidental. Más bien, responde a las preferencias de gusto de los rusos y a los circuitos globalizados de mercancías. Luce más como la Rusia que La Rusa Roxana Rojo observa desde Cuba, y a la que desea adaptarse para formar parte del Nuevo Orden Mundial. El viajero experimentado, en cambio, no está maravillado por su propia «otredad» ni preocupado por el posicionamiento de su nación en el orden internacional, en parte porque las divisiones que una vez fueron celebradas se han «esfumado».

Prieto explica la habilidad de los antiguos soviéticos para manejar la extranjería y la hibridez como resultado de las inmensas migraciones que ocurrieron durante el antiguo imperio. El narrador es cuestionado étnicamente y reducido a su extranjería mientras ejerce el arte de la observación: «Paso junto a un miliciano al que le basta verme de espalda para determinar que soy extranjero» (2001: 83).

> Es muy fuerte en Moscú el contraste con ciudades con una migración de más lejos. La gradación racial es aquí más ligera, más tenue, pero una vez que se ha aprendido puedes sorprender gratamente a cualquier mujer, estableciendo finamente, con ojos de conocedor, de qué nación del imperio proviene. Toma años, pero no hay nada que pasme más a una persona-mujer que el cálculo exacto, el despeje exacto de su sangre. Más ahora que antes, porque han recordado que alguna vez también fueron nobles, hurgan en sus pasados y se sacan príncipes yakutos o buriatos, dinastías calmucas. Y afloran, en efecto. ¿No son principescos los rasgos de las mujeres que entran a la disco, delgadas, sus rostros como cubiertos por máscaras de fino oro? Cuidados por los mismos cosméticos occidentales sus pómulos étnicos.
>
> Y sentado allí con la cerveza en la mano, con solo hacer resbalar la vista por las mujeres que entran, elaboro mentalmente una lista de pueblos tan extensa como en la Ilíada o en Heródoto: chechenas, georgianas, abjazianas, bashkirias, daguestanas, yakutas (y todos los mestizajes con los rusos que a su vez son mestizos, preciosamente mestizas, las rusas, aun las que tienen los ojos azules y el pelo claro. En otra combinación de colores, sí [como en otro cuadrante de Warhol], pero que exploradas al tacto no se diferenciarían un ápice de un rostro

chino. Sólo el cuenco de los ojos, quizá, pero el óvalo, los pómulos, la caída del cabello. Tártaras, ucranianas, komies. No del blanco al negro y al asiático marcado, sino en una velada, sfumata transición. Y algunas que das por sentado que son de madre tártara o georgiana o armenia, resultan rusas de madre y padre, pero que, miméticamente, en un lugar donde no se es verdaderamente bello sin un poco de sangre ajena, imitan la coloración, un perfil mestizo). (Prieto 2001: 103-104)

Esa expresión de polifonía racial contrasta tanto con el paisaje racial de Cuba que uno podría sentirse tentado a decir que el marco usado por el narrador para describir la hibridez e interpretar la raza es totalmente único; pero más bien, como para Bárbaro en *Siberiana*, ya está filtrado y modificado según el prisma cubano. Como testigo experto, ha asimilado la manera rusa de confrontar la diferencia racial hasta el punto de identificarse a sí mismo en su categorización.

La nación asiria, en concreto, es la que capta la atención del narrador cuando un portero le informa de que los asirios son los limpiabotas en Moscú. La idea misma de asirios en Moscú en el nuevo milenio, cuando su nación fue destruida entre el 612 y el 609 a.C., crea una disonancia en el narrador. No puede dejar de darle vueltas al hecho de que este portero es asirio, en vez de armenio o azerí (a los que según nos cuentan las limpiadoras rusas llaman negros); los azeríes son el «mal caucasiano» (2001: 105). Es como si un resto de un pasado lejano calase en las calles de Moscú. Confirma la veracidad de la genealogía del portero años después, al leer un libro sobre el gulag (probablemente *The Gulag Handbook* de Jacques Rossi, que se publicó en ruso en 1987), donde se dice que Stalin era llamado «Gutalin», o «betún para zapatos», puesto que parecía asirio, la etnia de muchos de los limpiabotas de Moscú.

La persona a cargo de este juego de reconocimiento en *Treinta días en Moscú* es el narrador, y mientras a menudo se le pregunta por sus documentos, su identidad cubana real se mantiene encubierta. La excepción está en el capítulo final del libro, «En el aire otra vez», cuando la limpiabotas asiria lo identifica como cubano, y él a ella como asiria. Las últimas palabras del libro, «Y en el pasaporte tiene escrito así: "asirios"? Claro (se ríe), ¿y en el tuyo, cómo está escrito, "cubano"?» (2001: 165), son el único momento en que el narrador se refleja en el otro, como si la limpiabotas le ganase la partida adscribiéndolo al pasaporte. Al mismo tiempo, la historia de los asirios viene de tan lejos que casi se inventa a sí mismo en el intercambio. El hecho de que la identidad cubana se revele casi por accidente sugiere un cierto grado de identificación con esos habitantes de Moscú que están a la vez particularmente asentados —arreglando las suelas de los zapatos de la gente— y en el aire, no sólo porque hayan tenido que escapar de una matanza en varias ocasiones, sino también porque son vistos casi como si estuvieran fuera del tiempo. La situación del puestecito de la limpiabotas frente a un restaurante mexicano indica a donde se dirige el narrador: vuelve a México.

El otro momento en que la identidad nacional del narrador sale a relucir es cuando se percata de que un septeto cubano interrumpe el paisaje musical de Moscú, repleto de insípido pop. Sólo unos años antes habría sido impensable escuchar esa música fuera de «Bayamo, Sancti Spíritus, Ciego de Ávila, en lo más profundo de Cuba» (2001: 101). Se topa con la música en un café cuando escucha a algunas mujeres hablar sobre otro local llamado Scandinavia's Summer Café. La coyuntura habla de sus experiencias de consumo y de la presencia de la globalización en el paisaje postsoviético. En los noventa, y especialmente después del éxito de Buena Vista Social Club, tuvo lugar un *boom* de la música cubana y hasta los ritmos más locales alcanzaron una popularidad sin precedentes. Así, los rusos quedan fascinados por los gustos occidentales —los chefs suecos cocinan especialidades suecas, sirven margaritas e incluso se anuncian en inglés, el idioma del enemigo de la Unión Soviética, «In the heart of Moscow» (2001: 102). Cierto grado de consumo cosmopolita se corresponde con la apreciación estética de diversidad evocada anteriormente.

Una de las muchas formas de leer la explosiva y postmoderna trilogía rusa de Prieto es como un tratado sobre el gusto, en general, y la moda, en particular; es decir, como un comentario sobre la relación de los nuevos ricos con los productos de consumo de Occidente, o que se toman por occidentales aunque hayan sido producidos en cualquier otro sitio[3]. En *Livadia*, el protagonista, J. –contrabandista (de residuos del Ejército Rojo, «en completa bancarrota ahora»), cazador de yazikus (mariposas raras supuestamente extintas en Occidente) y redactor de cartas a su mariposa perdida (una prostituta que desea volver a su tierra, Rusia)–, reflexiona continuamente sobre su condición de extranjero, en parte obligado a hacerlo por los rusos, que se niegan a considerarlo como sujeto (1999: 45). Antes, sin embargo, había notado que «Yo no era un extranjero propiamente hablando. Había vivido demasiados años en Rusia para que se me pudiera considerar como tal» (1999: 21). En una reseña de *Livadia*, Gerardo Fernández Fe, poeta y traductor nacido en Cuba en 1971, comenta:

> Como los rusos, también nosotros hemos estado mirando a Occidente durante mucho tiempo. Y esto a Prieto también le toca. Nacido en un lugar igualmente feudal, recenido, el caso cubano no puede esconder su explosión, su ser trivial e intrascendente, su éxodo, su mercadeo, su espíritu económico, a pesar del desacuerdo de nuestros Padres Fundadores y de nuestras cabezas rectoras. (2001: 349).

La observación de Fernández Fe sobre mirar a Occidente es particularmente interesante si se piensa lo distintos que se veían a sí mismos los cubanos de inicios de la Revolución de la representación

---

[3] Tanya Weimer subraya que el protagonista de Livadia trata de sumergirse en la vida local a través del mimetismo, recreando lo que los rusos consideran natural. No lo logra, porque su complexión y actitud siempre llaman la atención. (2008: 149).

que *Soy Cuba* hace de ellos. Fernández Fe sugiere que lo que constituye el «nosotros» y el «ellos» no está del todo claro.

El posicionamiento único del protagonista cubano es más evidente en *Enciclopedia de una vida en Rusia*, donde el protagonista de múltiples nombres reside en un acceso liminal, entre observando y poseyendo, atestiguando y acompañando. Esta tensión es sobre todo evidente cuando dice «En ruso, para impostor tienen (tenemos) *samozbaniets* o "el que se nombra a sí mismo", algo muy conceptualista diríamos hoy» (1998: 142). Más allá de la incertidumbre en torno a la posición del que habla, está la cuestión de si los que tienen y los que se nombran son de hecho el mismo grupo. Los personajes –José, Josef/Thelonius Monk, Anastasia Katz/Linda Evangelista– viven entre los límites de la realidad y la ficción, el mundo vivido y el mundo ideal, Oriente y Occidente. Josef se mira al espejo y ve a Thelonius, el personaje que está construyendo en su novela dentro de una novela, *Pan de la boca de mi alma*. Este reflejo personal idealizado se logra mediante lo artificial, en honor de lo cual Prieto, al igual que Pedro González Reinoso, recurre a «Elogio del maquillaje» de Baudelaire para su epígrafe.

La noción de «transcurso» discurre a lo largo de la obra de Prieto, y en *Rex* el sentido de «parecer» no es relevante sólo respecto a la moda, sino que también sirve de *modus operandi* para cada aspecto de la realidad y su representación literaria:

> Todos felices en el coche, vestidos expresamente para la ocasión: tú como el niñito del grabado, con tirantes y escarpines, tu madre en su vestido rojo, el Armani de tres piezas de tu padre.
> Solo desentonaba el atuendo del buriato, a quien no pude convencer de que cambiara su jubón a franjas, de un paño listado de pésimo gusto, para *cockneys* o para lacayos despreciables. (2007: 142)

Cuando Prieto, en su nota a la excelente traducción de *Rex* al inglés de Esther Allen, dice que sus personajes son «supervivientes de la catástrofe totalitaria» (2009: 318), en esencia está diciendo que se adentran codiciosamente en Occidente, vestidos para la ocasión de tomar lo que creen que se les debe.

Conmensurabilidad de la experiencia

La obra de Prieto sugiere que la conmensurabilidad con otros es posible –una idea que sólo resulta parcialmente discernible en textos de otros viajeros cubanos sobre sus experiencias en la Unión Soviética. La caracterización de Dori Laub del aislamiento experimentado como superviviente del Holocausto es importante para la situación de aquellos que han quedado traumatizados: «Her own children she experiences with deep disappointment as unempathic strangers because of the "otherness" she senses in them, because of their refusal to substitute for, and completely fit into, the world of parents, brothers, and children that was so abruptly destroyed». Además, «there could not be an audience (even in her family) that was generous, sensitive, and self-effacing enough to obliterate its own existence and be nothing but the substitutive actors of her unexplicated memory» (Laub 1995: 63). La discusión de Laub sobre el imperativo de «decir y ser escuchado», y sobre la frustración que provoca que se diga que el receptor está necesariamente alejado de la situación traumática, tiene consecuencias en la forma en que leemos las narraciones de muchos viajeros internacionales en la Unión Soviética, o incluso de sobrevivientes soviéticos de trauma o discriminación étnica. Las trampas del universalismo y las barreras a la empatía son visibles en *Las cuatro fugas de Manuel* de Jesús Díaz. Viviendo un momento de inmensas transformaciones históricas, cada personaje está marcado por los particulares traumas y deudas asociados a sus afiliaciones y no espera ser entendido por su interlocutor.

El recuerdo del protagonista de la reacción de su amiga chilena Sonia, exiliada del régimen de Pinochet, cuando su superior le ordena que regrese a Cuba desde la URSS, es ilustrativo de cómo el excepcionalismo limita la capacidad de los individuos para trascender sus circunstancias. Ni Sonia ni el protagonista, Manuel, son capaces de conocer los sentimientos de cada cual sobre lo que el otro está experimentando:

> Sabía muy bien lo que estaba diciendo, exclamó, no en balde provenía de una familia comunista, y sobre todo lleva cinco años en la Unión Soviética y tenía un montón de camaradas que habían pasado por Cuba después del golpe de Pinochet.
> Cuba no era ni la Unión Soviética ni Chile, razonó Manuel, dispuesto a ver hasta dónde llegaba la convicción de Natalia en aquel punto. ¡Ah, no, claro, Cuba era Cuba! Exclamó ella, ¡pero no le fuera a salir ahora con nacionalismos! [...] ¡los rusos, los ucranianos y los chilenos la tenían hasta aquí de nacionalismos! (Díaz 2002: 43)

Cuando Manuel es sometido a su primer castigo por tratar de escapar de la Unión Soviética –el robo de sus pertenencias y la palabra «apátrida» en las paredes de su antiguo cuarto– se hace evidente que era válida la convicción de Sonia de que su mundanidad le permitía entender cosas de Cuba que Manuel no podía.

Otra situación sugiere de manera similar la imposibilidad de ir más allá de la particularidad de las raíces nacionales, la herencia y las experiencias. Manuel presencia una acalorada discusión entre Sonia y Sacha, un ucraniano, en la que al final se confirma la incapacidad de hablar por el «otro». «"¡No hables de Ucrania!", conminó Sacha. "¡Qué sabes tú de Ucrania!"» (2002: 85). Nótese que la última fase es una pregunta meramente retórica, que da por hecho que la respuesta es «nada». Si el grado de ignorancia sobre su tierra natal que Manuel encuentra a lo largo de sus sufrimientos peripatéticos es indicio de algo, la lógica que sostiene esa retórica de excepcionalismo se defiende, al menos en cierta medida, dentro de la novela.

En una ocasión, sin embargo, Manuel incorpora analogías como estrategia de supervivencia, y en ese caso el excepcionalismo de Cuba se rompe momentáneamente. Enviado por sus amigos Sonia y Sacha a una granja en las afueras de Kiev para esconderse de las autoridades y ayudar, de paso, a una pareja de ancianos a trabajar la tierra, Manuel fantasea:

> Los pinos de Ucrania eran caobos de Cuba; los manzanos, plátanos; el trigo, caña de azúcar; las rosas, rosas. Pero tarde o temprano despertaba de aquellas ensoñaciones porque ni su madre ni su abuelo aparecían nunca por sitio alguno y la finca de Holguín era sencillamente inconcebible sin ellos. (2002: 76)

Ese sueño, característico de los exilios –Manuel no termina de asumir que es ahora un exiliado– sólo funciona durante un corto periodo de tiempo, y pronto despierta al hecho de que está en un entorno extremadamente inhóspito.

Los años viajeros cubanos

Un poeta que fue un adelantado a su tiempo en identificar lo que significó para él su viaje a la Unión Soviética, como individuo más que como patriota, es Emilio García Montiel (nacido en 1962 en La Habana), porque narra un lugar y lo llama por un nombre que no se corresponde con la historia colectiva de Cuba. Al igual que Prieto, García Montiel tiende a hablar de la categoría de «Rusia» de una forma que, según Rafael Rojas, adelanta una cierta subjetividad:

> *Cartas desde Rusia* (1988), el temprano poemario de Emilio García Montiel, tal vez sea el primer indicio de esa subjetividad en la literatura cubana. Allí nunca se habla de la Unión Soviética, siempre de Rusia y de una Rusia a la que se llega por mar, desde Estambul, atravesando el Mediterráneo y el Mar Negro. En aquellos poemas Moscú era una

ciudad de grandes boulevares y cafés en las esquinas, como una réplica gris de París, donde se leen y escriben cartas familiares y donde las excursiones a las afueras, a las dashas de los grandes escritores, como la casa de León Tolstoi en Yásnaia Poliana, son más importantes que la visita al mausoleo de Lenin. El viaje a esa Rusia era presentado, por García Montiel, no como un deber de estudiante, sino como una aventura y una traición. (Rojas 2008: 30)

En *Cartas desde Rusia* –y en particular en el poema del mismo nombre, recientemente publicado en el volumen *Presentación del olvido*– García Montiel retrata la Unión Soviética sobre todo como una forma de viajar fuera de la isla, de tener acceso a otras partes del mundo. Como hace notar Rojas, ya el título mismo captura el humor personal de la experiencia de García Montiel. A diferencia de la ucraniana de *Todas iban a ser reinas*, que asevera su pertenencia al mundo soviético, o incluso de Samuel Feijóo, que estaba convencido del espíritu de solidaridad con la gran nación soviética, García Montiel se centra en la Rusia en que de hecho estudió y no en toda la Unión Soviética, a la que su tierra natal imaginaba que le enviaba. El énfasis en la poesía de García Montiel está en la en la mundialidad y en su periplo por distintos países, sin ningún tipo de apego político especial. En el poema «Cartas desde Rusia», García Montiel narra el sentido de la aventura y el deseo que le obligan a mentir a su país y a su madre:

> Como un buscador de oro me escapé a esta tierra.
> Mentí a mi país y a mi madre que me creyeron un hombre de bien
> [...]
> Yo deseaba un viaje, un largo y limpio viaje para no pudrirme
> Como veía pudrirse los versos ajenos en la noria falaz de las palabras.
> Yo deseaba cosas flexibles y silvestres, calladas y útiles
> Con su filo asentado en la vieja nobleza del hombre
> Y cosas que no eran más que otro país y otras ciudades
> Las ciudades de graves monumentos y de mujeres altas
> Las que nos traen el deseo por lo desconocido. (2010: 45)

El espíritu viajero se refleja en el sujeto poético, que trata de dirigir su mirada a otros pueblos y contemplar, más que el chauvinismo soviético, la infinidad del mar que atraviesa en su viaje a la Unión Soviética. «No mintieron las cartas ni los libros de viaje. En el mar se descubre el infinito… De Algeciras a Trípoli, de Brindis a Estambul». La poesía posterior de García Montiel, la de *El encanto perdido de la fidelidad*, puede caracterizarse por la desilusión, pero el viaje a Rusia que narra entre mediados y finales de los ochenta significa una apertura al mundo.

La biografía de Antonio Álvarez Gil (nacido en 1947 en Melena del Sur, en la provincia de La Habana) tiene varios puntos en común con la de otros viajeros cubanos, con la salvedad de que él llegó a la Unión Soviética antes que la mayoría. Enviado allí a los diecinueve años para estudiar ingeniería química en 1966, pasó un año en Kiev y cinco años en Moscú, y regresó al país años después como empleado del CAME y experto en relaciones internacionales. Tras once años en la URSS, Álvarez Gil se casó con una rusa y finalmente se mudó a Estocolmo, en Suecia. Las historias en *Unos y otros*, publicadas en Cuba en 1990, se centran fundamentalmente en los jóvenes cubanos que lidian con su hombría a través de romances y amistades. Revelan conceptualizaciones del éxito individual y colectivo y, a menudo, las experiencias de los personajes en la Unión Soviética son una medida de su desarrollo personal. Su Unión Soviética se percibe, en su mayoría, en términos positivos por los adultos jóvenes que allí estudian, si bien algunos textos plantean cuestiones sobre la amistad cubano-soviética. «Tres cerditos» cuenta la historia de tres jóvenes que estudiaron juntos en La Habana y luego en Moscú durante seis años y a quienes, tras su regreso a la isla, se les encarga la construcción de una planta química en un pueblo remoto. Los tres amigos se dividen cuando dos deben volver por un tiempo a la Unión Soviética para dirigir un taller, una misión que también les permitirá volver con sus esposas rusas. El narrador, Pepe, se casó con una rusa que ya está en la isla con él, volcada con entusiasmo a las tareas encomendadas. No deja de imaginar las reacciones de sus compañeros a la transformación que está llevando a cabo:

> ¿Y qué dirían Armando y Pablo cuando vieran todo esto y lo compararan con las barracas roñosas que dejaron al partir para la URSS? Por otro lado [...] un ómnibus destartalado y sin puertas cubría la ruta y para de vez en cuando junto a nuestro comedor. (Álvarez Gil 1990: 38)

Pepe se encuentra con algo distinto cuando vuelve a reunirse con sus antiguos colegas. Su impasibilidad ante el trabajo queda reflejada en su reacción ante el aspecto de Pepe: «¡Coño, Pepe! ¿Cómo tú andas? Te veo bien» (1990: 40). La reacción de sus amigas deja a Pepe perplejo.

> Pero yo no sabía en qué se me podía ver a mí que estuviera bien. Yo había adelgazado, estaba muy quemado por el sol, y ni mis rústicos pantalones de mezclilla, ni la camisa de trabajo, ni mucho menos aquellas botas polvorientas y tiesas podían evidenciar que yo me encontraba «bien». (1990: 40)

Cuando Pepe se percata de que a Pablo y Armando –«que estaban rosados y aún llevaban ropas extranjeras» (1990: 40)– ya no les sorprenden sus expresiones mundanas de lealtad, decide quedarse con sus otros amigos, que aun cuando no habían ido a la universidad como sus antiguos colegas, sí compartían sus experiencias y pertenecían al mismo estrato social. Leído entre otros testimonios ficticios de cubanos en la Unión Soviética, «Tres cerditos» destaca porque presenta a la Unión Soviética como capaz de otorgar un lustre reconocible y privilegiado, comparable a la transformación que se vive al viajar a Occidente.

El horizonte de expectativas de los cubanos jóvenes en los setenta se retrata en «Una casa en medio del mar», un romance genérico sobre un joven llamado Ricardo que se enamora en el *Rossía*, «uno de los trasatlánticos soviéticos más lujosos» (1990: 98), de Sonia, otra pasajera. Ambos se encuentran rumbo a la Unión Soviética, adonde van a estudiar ingeniería química. Ricardo reflexiona sobre ese instante dieciséis años después de que su apasionado romance se detuviese en seco. Sonia, recuerda él, hablaba del «olor ruso» del que tanto se quejaban los cubanos. «"¡Qué olor!" –comentó Sonia cerca de mi oído. Realmente yo no había sentido nada que no fuera normal. Eran muy cortas las vacaciones para olvidar el olor de la comida rusa» (1990: 100). Ricardo aprecia la diferencia, responde que «Cada cocina y cada pueblo tienen su olor… los cubanos también tenemos el nuestro» (1990: 101), pero no convence a Sonia para que se atreva a probar la nueva cocina. Al oír una canción popular soviética, Sonia confiesa que «nunca comprendía cuando hablaban los soviéticos, y mucho menos si cantaban» (1990: 105). Dicho esto, no es que sintiese únicamente nostalgia de su familia cubana camino a la Unión Soviética; también «añoraba llegar y descubrir el país soviético. Quería conocer a su gente, hablar con ellos, escuchar su historia. Estaba segura que le gustaría. A pesar del clima y de la diferencia en las costumbres, sabía que iba a sentirse bien» (1990: 110). Como en «Cartas desde Rusia» de García Montiel, el océano Atlántico, y no la Unión Soviética *per se*, es el centro de esta historia sobre un despertar que se facilita con la unión internacional. Si Feijóo capturó un peregrinaje único al hogar lejos del hogar, este tipo de historias de Álvarez Gil compromete una experiencia compartido por muchos cubanos para los que la Unión Soviética formaba parte de sus expectativas de novedad[4].

---

[4] «¿Recuerdas, Natalia?» es una historia igual de *naif* sobre un joven cubano que se enamora de una rusa pero que termina la relación abruptamente, puesto que «nunca he pensado en casarme con una extranjera». Su respuesta a la invitación de ella para ver *Carmen* en el Bolshói es reveladora: tras rechazarla de inicio por su visión homofóbica del ballet, acepta por fin, intrigado imaginando cómo

El mundo que encuentran los lectores de *Del tiempo y las cosas*, (1993) es incluso más amplio. La nacionalidad de los protagonistas no siempre es cubana, y a lo largo de los relatos destacan un misterio y una religiosidad inusuales, asentados en pequeñas ciudades del bloque socialista[5]. «Variaciones sobre un tema de Bulgákov» y «Fatiga de primavera» tienen en común la puesta en escena en Moscú y la exotización de la esfera soviética. El narrador de «Variaciones sobre un tema de Bulgákov» pasa un mediodía extraño buscando la casa de sus amigos; aunque ya la ha visitado varias veces, en esta ocasión no consigue encontrarla. En cambio, una mujer le pregunta cómo llegar al Kremlin, una petición particularmente rara teniendo en cuenta que está a plena vista. La extraña secuencia lleva a su amigo a preguntarse si, de hecho, había sido embrujado esa mañana por los personajes de Bulgákov en *El maestro y Margarita*, una novela de la que se nos decía en la versión revisada de «Variaciones» –en *Nunca es tarde*– que consumía al narrador y a sus amigos latinoamericanos que no hablaban ruso, para quienes pasó tantas noches traduciendo la obra maestra. Bulgákov, como veremos, es fundamental en *Callejones de Arbat* (2012), el libro de Álvarez Gil sobre las experiencias de los cubanos durante la perestroika en Moscú. Las historias de Álvarez Gil, como la poesía de García Montiel, reflejan el juvenil misterio

---

«los rusos construirían un mundo que yo consideraba, de cierta manera, un poco mío también» (Álvarez Gil 1990: 15). Un mundo que era el imperio, donde se encuentra Carmen, y no la Unión Soviética.

[5] En el relato que da título al libro, un cubano en el bar de un hotel en una pequeña ciudad de Transilvania conversa con Mercedes, una joven cuyo perfume de jazmín le recuerda a alguien que conoció años atrás y cuya mirada, a su vez, le recuerda a su madre. El narrador descubre por qué la joven «húngara» maneja tan bien el español: «Cuando en el hotel de su novio anunciaron que realizarían aquí en Sovata una reunión de los países del CAME, y sabiendo que Cuba era miembro, se interesó si no vendría algún cubano» (1993: 12). Se revela entonces el secreto: el padre de Mercedes era en realidad cubano y sus padres se conocieron en Kiev, donde el narrador confiesa que también había estudiado.

que conllevaba el viaje al extranjero para personajes cubanos a los que su crecimiento personal les resultaba más importante que su subjetividad histórica.

La perestroika y la glásnost de cerca

En 1988, Michael G. Wilson, del ala derecha de la Heritage Foundation, sostenía que algunos estudiantes de Latinoamérica que habían sido «educated in the Soviet bloc almost surely will return home committed to Marxism-Leninism, suspicious of the U.S. and indebted to the USSR» (1998: en línea), un detalle destinado a promover que Estados Unidos reclutara más personal. El viaje de los cubanos al bloque soviético no fue, sin embargo, tan uniforme como Wilson «advertía»; en realidad, provocó reacciones muy distintas. Lo que Wilson pasaba por alto es que con la perestroika y la glásnost en marcha muchos de los cubanos que entraron en contacto directo con la Unión Soviética desde mediados de los ochenta hasta inicios de los noventa se convirtieron en sospechosos para el «imperio» al que supuestamente pertenecían libremente. Como muchas de las obras que hemos comentado sugieren, los cubanos a menudo se sorprendían por el subdesarrollo al que se enfrentaban. Estaban, después de todo, esperando la consecución de un proyecto revolucionario. La discrepancia entre la imagen exportada y «lo real» la corroboran no sólo los muchos testimonios verbales de los cubanos que viajaron a la Unión Soviética en la segunda mitad de los ochenta, sino también varias historias ficticias.

País que no era de Antonio Armenteros aborda las experiencias de los viajeros en el corazón de la llamada Revolución Internacional. Al igual que el *apparatchik* de «Bajo la bandera rosa», de Ernesto Pérez Castillo, el protagonista de «Misceláneas: Historias que rotan, trotan» de Armenteros llega demasiado tarde a la narrativa histórica como para ser un actor en ella. Ese sentido de arribo tardío, sin embargo, estaba ya inscrito en el origen del proyecto: de ahí el título del volumen de relatos, en su mayoría interconectados. En pretérito imperfecto, la frase no evoca tanto el hecho de la caída, que tan a menudo sale a relucir en las conversaciones sobre la Unión Soviética y el bloque socialista en 1991, como más bien su continua irrealidad. El único punto en que el narrador revela alguna pista sobre la fuente de nostalgia es al final de «Misceláneas», una viñeta donde trata de narrar a su padre «algunas anécdotas, las experiencias percibidas en el país de las esperanzas del mundo, viejo, desgraciadamente el país que no era» (2005: 80). Esta frase podría servir como uno de los lemas de la generación de Armenteros.

Lo que Marta Hernández Salván ha dicho sobre escritores como Antonio José Ponte y Reina María Rodríguez vale también para el volumen de Armenteros. La discusión de Hernández Salván sobre «Un arte de hacer ruinas» describe a la perfección ese tipo de desencanto con un objeto que nunca existió: «Their blind and intense belief in the Revolution made them all desire the restitution of an object that they thought was lost, yet never existed, as the narrator discovers at the end of the story» (2009: 166). El simulacro recorre también «Misceláneas». Ya en Moscú, los estudiantes cubanos comentan su desesperación por la ausencia de imágenes de su tierra en la televisión. «Cuba para los bolos no existe, tal vez sea verdad lo que nos dijo el viejo medio borracho en la panadería: ¡Ooh, Cuba, sí, Cuba, es la república n.ro 16 de la Unión...! Y millones de epítetos escatológicos más, clásico de la cultura rusa, la inteligencia del simulacro» (2005: 49). Si Cuba no existe para los *bolos* (término despreciativo que los cubanos usan para los soviéticos), la narrativa que hermanaba a soviéticos y cubanos no habría sido más que una invención estratégica.

En el libro de Armenteros a veces las palabras extranjeras aparecen en cursiva y luego definidas, y otras veces con notas al pie, como en los cuentos de Martínez Shvietsova. Estas técnicas, tradicionalmente usadas en las historias biculturales, remarcan cómo es descubrir una tierra extranjera. Mientras los cubanos tratan de penetrar los misterios del mundo eslavo, el narrador concluye prematuramente que sus anfitriones no están interesados por su tierra. Se da por tanto una falta de reciprocidad, que subrayan los escatológicos epítetos del panadero y su referencia a Cuba como extensión de la Unión Soviética, declaración que no se aleja tanto de la descripción de Rafael Rojas de Cuba como casi «una pequeña república tropical de la Unión Soviética» (2000: 232).

El simulacro del que hablan los estudiantes de «Misceláneas» tiene muchos ingredientes, no necesariamente culinarios. La introducción de los cubanos a la Unión Soviética comienza con explicaciones de un profesor sobre la comida eslava, incluidos

> huevos a la *russe*, patatas compuestas a la rusa, con avena y miel nos surge el *Kisel*, la *Kulebiaka* o pastel de carne, arrollados de patatas con mejillones y el famoso borsch a la crema –la sopa de remolacha más apetitosa del cosmos–, la *casha*, el *Kvas* –bebida fermentada sin alcohol auténticamente rusa... (Armenteros 2005: 50)

Conviene destacar que en ninguna otra parte de la colección de Armenteros estos platos aparecen en las historias. Más bien, forman parte del simulacro de imaginar a Cuba como una extensión periférica de la Unión Soviética, sobre la cual los soviéticos de Armenteros, en su mayoría chauvinistas y provincianos, no necesitan saber. A diferencia de los personajes de Álvarez Gil, cuyos ingenuos mundos se expanden con la exposición a otra cultura distinta, los de Armenteros apenas salen a relucir.

«Misceláneas» también muestra que los cubanos no son los únicos que sufren el chauvinismo soviético. Una anciana polaca borracha escupe sobre un retrato de Gorbachov mientras espeta a los cubanos: «Agggh, por qué y para qué hablas con nosotros en el jodido idioma de los invasores!» (2005: 52). A continuación, canta «La

Kamarínskaya», la canción nacional del pueblo ruso, poniendo de relieve la simultaneidad de la dominación y la hegemonía cultural rusas. Adornada con un «chal de gitana», los orígenes de la anciana no quedan inmediatamente claros:

> ¡Esta era tierra polaca –la *terra* incognita de la *psique* humana–, vino el *tavarish* ruso u oso y se la anexó! *Panis*, les cuento de mucho tiempo atrás, de cuando *La Gran Guerra Patria*, o como les enseñan ahora a ustedes en la escuela: de cuando *La Segunda Guerra Mundial*. Sentías entre sus palabras filtrarse algo que jamás habías podido imaginar en aquellas tardes en que se ponían a jugar imitando a los héroes de *La joven guardia*. Era la conciencia mutilada, el corazón desollado, el espíritu deformado. Allí nadie pudo cumplir su destino de hombre libre... Rusia constituía un armonioso espejismo, lo intuiste entonces del aire: Un mundo sin escapatoria. (2005: 53)

A través de esas instantáneas, que captan las diferencias entre las naciones que un día se agruparon en el Este, el narrador cubano percibe otras facetas de una historia sobre la que había sido adoctrinado en Cuba mediante, entre otros textos, la novela antifascista *La joven guardia* de Aleksandr Fadéyev, ganadora del premio Stalin en 1945[6].

---

[6] La mujer polaca sentía que su país estaba oprimido por los soviéticos. Del mismo modo, en la novela de 2005 *Casa de cambio*, de Alejandro Aguilar (Camagüey, 1958), Antonio forma parte de la última oleada de estudiantes enviados al Este desde Cuba, a Hungría en este caso, para estudiar ingeniería. Se encuentra a sí mismo tanto como observador de lo que hacen los del Este cuando sus fronteras se derrumban que como intermediario entre dos mundos distintos que en 1989 se desmoronan ante sus ojos. Para sobrevivir, ejerce de traductor para la mafia, como Manuel en *Las cuatro fugas de Manuel*, y de traficante de sus fondos. Antonio habitualmente se enfrenta a la antipatía de los húngaros por los soviéticos: primero a través de Rojas, el funcionario de la embajada cubana que describe la animadversión de los húngaros por los soviéticos, y luego a través de una amante llamada Agi, que antes de confesar sus sentimientos antirrusos a Antonio le dice que sospecha que él, como cubano, no sea capaz de entenderlo. «Tal vez porque eres

Estas narrativas heroicas, con las que el cubano admite haberse modelado, pierden brillo frente a las historias de opresión: un despertar que puede compararse al de Dmitri Prieto Samsonov descubriendo otras historias de la Segunda Guerra Mundial, ya fuera de Cuba.

El sistema ético-político del protagonista cubano en «Misceláneas», como el de otros jóvenes revolucionarios cubanos, fue, como él mismo deja en claro, formado a través del gran cine y la literatura soviéticos, incluida la película de Chingiz Aitmátov y Andréi Konchalovski *El primer maestro* (1965) o títulos como *Así se templó el acero* (1932) de Nikolái Ostrovski, *Un hombre de verdad* –Premio Stalin de 1951– y *Somos hombres soviéticos* (1948), de Boris Polevoi; numerosas obras de Mijaíl Aleksándrovich Shólojov, como *Cuentos del Don* (1925), y *La carretera de Volokolamsk* (1944) de Aleksander Bek, entre otros «grandes libros»[7]. Sin embargo, el protagonista no encuentra esa tierra repleta de héroes:

> Todo resultó inverso, un reflejo equivocado: para Rusia en lo público solo importa la apariencia, la mentira como negación de la verdad. Aquellos seres que yo veía parecían emerger de otros relatos, otra literatura, por ejemplo: *El maestro y Margarita*, *Los hermanos Karamazov*, *El sello egipcio*, *La arquería de Stepanchikovo*, *Un día en la vida de Iván Denísovich* o *El eterno baile de las máscaras*. (Armenteros 2005: 74)

---

cubano no puedas entender cuánto odiamos a los rusos. Ellos no se contentan con ocupar nuestro país y someternos a sus costumbres» (2005: 53). Esta declaración recuerda a la descripción de Armenteros sobre la hegemonía cultural, pero también a los personajes de Díaz que son incapaces de entender al otro.

[7] La cuestión del valor literatio es relativa y generacional, como aclara el comentario de Eduardo Heras León (1940). Escritor y director del Centro Onelio Jorge Cardoso, Heras León resalta el valor de la literatura bélica soviética distribuida en Cuba, como *La carretera de Volokolamsk*, para los cubanos que estaban a punto de luchar en Playa Girón. La entrevista de Heras León aparece en el documental de cincuenta y dos minutos de Enrique Colina *Los rusos en Cuba*.

La historia de Armenteros sugiere que la literatura más poderosa de la disidencia retrata una Unión Soviética más realista que el realismo socialista, ampliamente difundido por las editoriales Mir y Progreso.

En «*Souvenirs* de un Caribe soviético» Rafael Rojas explica esta historiografía literaria y la reproducción anacrónica del realismo socialista estalinista en Cuba: «La recepción del pensamiento soviético, en la isla, pasaba por un filtro de corrección ideológica, muy similar al que se reproduce en otras situaciones coloniales» (2008: 23). Rojas refiere que en los sesenta los escritos de Solzhenitsyn sobre los campos de trabajo forzado y la robusta crítica a Stalin de Yevgueni Yevtushenko fueron consideradas lecturas esenciales, pero que a partir de 1969 la época de Brézhnev trajo consigo la promoción del realismo socialista en Cuba:

> Aunque los políticos culturales de la isla no suscribieran explícitamente las tesis de Mijaíl Suslov, el principal ideólogo del brezhnevismo, la intensa reproducción de aquella literatura era un alineamiento *de facto* con las corrientes más ortodoxas de la cultura soviética. Dicho alineamiento, sin embargo, no fue tan perceptible en la literatura cubana –aunque no faltan ejemplos de realismo socialista en novelas como *La última mujer y el próximo combate* (1971) y *Cuando la sangre se parece al fuego* (1975), de Manuel Cofiño, o *Los negros ciegos* (1971) y *La brigada y el mutilado* (1974), de Raúl Valdés Vivó– como en las ciencias sociales. (Rojas 2008: 25)

La crítica de la política cubana que tomaba como referente a las figuras de la disidencia de la Unión Soviética y de Europa del Este no surgió a mediados de los ochenta, con la perestroika, sino desde antes. Como explica en «Deuda» Juan Abreu, un autor «Marielito», nacido en Cuba en 1952, la herencia no tiene tanto que ver con la influencia como con la deuda. Su ensayo cataloga la medida en que estos escritores influyeron en su generación, que alcanzó la edad adulta en los sesenta y sufrió durante esa década y la siguiente represiones varias, atribuidas muchas veces a la mayor influencia soviética en la esfera nacional. Ahora bien, también un vasto mapa cultural contribuyó a que su generación superase con facilidad el dolor. En palabras de Abreu,

> En la década de los setenta yo vivía en un país donde, si no hubiera sido por algunos escritores de la Europa del Este, seguramente yo (y el pequeño grupo de escritores del que formaba parte) habría claudicado y terminado como parte de alguna comparsa que meneaba el trasero ante el poder. He aquí sus nombres: Fiodor Dostoievski, Alexander Solzhenitsyn, Witold Gombrowicz, Sergiusz Piasecki, Isaak Bábel, Mijaíl Bulgákov. (2004: 3)

Abreu capta bien ese contraste entre la imposición nacionalista y la selección íntima: «¿quién dice que Lenin no sirve para nada?» (2004: 4), se pregunta cuando refiere los encuentros clandestinos en el parque Lenin, donde, junto con sus compañeros, compartían ejemplares del *Ferdydurke* de Gombrowicz y de *El maestro y Margarita* de Bulgákov. Introducidos de contrabando por Reinaldo Arenas, estos dos textos tenían tal potencial de escándalo que se convirtieron en clásicos de culto, especialmente para los lectores de los antiguos países socialistas[8].

Ilustrativa de lo relevante que resulta esta discusión para la experiencia extratextual del presente fue la resurrección casi irreal de la biblioteca soviética de los setenta, que sostenía la alianza cubano-soviética, en la Feria Internacional del Libro de 2010, que tenía a Rusia de invitada de honor. El reportaje de *Vanguardia*, el periódico

---

[8] En la ponencia «Los manuscritos no arden I: sobre tres poetas rusos y un poeta cubano», presentada en la Universidad de Connecticut el 28 de abril de 2011, Reina María Rodríguez se ocupa de la influencia que tuvieron para ella sus lecturas de la contramemoria soviética –Anna Ajmátova, Marina Tsvetáyeva y Boris Pasternak– y del poeta cubano Heberto Padilla.

local de Santa Clara, describía el recorrido de Raúl Castro por el pabellón ruso de la feria. Viene a ser especialmente significativo para esta discusión sobre el archivo soviético el modo en que el periódico ensalza la literatura épica de entonces:

> En diálogo con el Canciller ruso recordó cómo la literatura épica rusa acompañó a los combatientes que defendieron las conquistas de la Revolución en los tempranos sesenta, en medio de las agresiones imperialistas.
> Títulos como *La carretera de Volokolansk*, *Un hombre de verdad*, *Somos hombres soviéticos* y *Los hombres de Panfilov* regresaron a la memoria de muchos de los que participaron en el recorrido.[9]

Esta relación irrestricta con una literatura que hace tiempo diversos escritores confesaron ver tan cargada es sintomática del complicado proceso de selección a través del cual tiene lugar en Cuba la memorialización soviética. Es como si la perestroika se dejara por un momento de lado para abrazar a los antiguos héroes.

En esos textos no puede hallarse ninguna prueba de la supresión del otro, una constante en la «multinacional-racial masa soviética» al decir de Armenteros (2005: 59), ni los prejuicios que padecen sus personajes cubanos de piel oscura, que llevan a la URSS sus propios parámetros de lecturas raciales[10]. Tampoco pasan por alto la violencia promulgada por sus hermanos soviéticos. En «Misceláneas: Historias

---

[9] «Asiste Raúl a la inauguración del Pabellón de Rusia en la Feria del Libro». En *Vanguardia*, 12 de febrero de 2010.

[10] El narrador/protagonista explica a su amigo César, un compañero de viaje cubano, la razón de la ausencia de su compañera rusa. Se había ausentado para visitar a su familia que «tampoco me soportan, por extranjero creo y por mi piel»; una declaración que arranca una carcajada a su amigo, «un auténtico negro asfaltil o asfáltico» (2005: 62). Las ideas de los dos cubanos sobre la raza son también visibles cuando César –conocido mujeriego– habla de las mujeres de la brigada de trabajo estudiantil: «¡Hembras, hembras de todas las nacionalidades hasta mongolas!» (2005: 63).

que rotan, trotan», la amante afgana de César, uno de los estudiantes cubanos, se angustia cada vez que piensa en la guerra soviética en su país. Al final de la historia, una típica seductora del capitalismo soviético tardío de los ochenta –a quien César le había dicho que era hijo de un magnate venezolano– lo arrastra a un pequeño pueblo donde ella y sus amigos lo golpean. La narrativa ideológica que usa César para negociar con los delincuentes, sin embargo, se ha suspendido. Parece que, como en *Las cuatro fugas de Manuel* de Díaz, Cuba sigue siendo vista como la esperanza de Latinoamérica, pero, esta vez, en perjuicio del protagonista. Cuando César trata de valerse de la narrativa del internacionalismo con estos sujetos se lleva un fiasco:

¡Soy cubano, de Cuba, el primer país socialista de América Latina, y nada! Aquellos quince rublos que hallaron en mi bolsillo eran mi capital, pero mientras más se lo repetía, me zarandeaban y pateaban con más furia. ¡Marx y Engels sabían lo importante que es poseer un capital, yo lo olvidé y ya ves! (2005: 70)

Semejantes declaraciones, que contradicen lo que se había enseñado a los cubanos sobre la Unión Soviética, hacen de *País que no era* un poderoso testimonio sobre la falta de unidad no sólo de dos mundos dispares, a unos 9 550 kilómetros de distancia uno del otro, sino también entre las diversas repúblicas que, como *La sexta parte del mundo* evidencia, supuestamente formaban una sola nación.

En otra escena de Armenteros en «Misceláneas», el narrador y protagonista, ahora enamorado de una rusa, reflexiona sobre lo que pensaría el Che Guevara sobre los cubanos que trabajan en Siberia. El fondo de la cuestión son las críticas de Guevara a la Unión Soviética tras la Crisis de los Misiles y la creciente dependencia cubana de la Unión Soviética:

Usted, un estudiante insignificante y engreído de la ciudad, ya no sabes cuál: Moscú, La Habana […] O al revés, entre tantas personas bravas, guapas, buenas de la geografía cubana, cortando madera, dando leña en la Siberia, otra Siberiada más. ¿A quién carajo se le ocurrió enviarnos a este infierno? Cómo explicarles a estos leñadores simples de Cuba que cuando el régimen zarista, aquí eran enviados los enemigos jurados del Zar. Y cuando el estado de obreros y campesinos del Padrecito Stalin –acero– quien sólo creía en el brillo enceguecedor e indiscutible de sus propias ideas, aquí eran deportados y desaparecidos los verdaderos revolucionarios: los comunistas. Aquellos que se atrevieron a criticar el culto desmedido a la personalidad de Stalin. (Armenteros 2005: 56)[11]

No lejos de las impresiones de Bárbaro en *Siberiana*, el pasaje resulta llamativo porque como respuesta a la pregunta –quién nos manda a este infierno– sólo cabe imaginar a alguien que podría compararse al zar o a Stalin y que necesitara pagar por algo o quisiera que otros pagasen por sus malos actos mediante un trabajo infernal. Aunque no se nombra ni a Fidel Castro ni a ningún dirigente soviético, se puede asumir que el artífice de este plan tan extravagante haya sido alguien de personalidad tan beligerante que hizo que los cubanos –a menudo de provincias– se creyesen héroes por realizar aquellas misiones internacionales en el Este, las misiones que más nadie estaba dispuesto a llevar a cabo.

Sergio Díaz-Briquet, en su ilustrativo «Demographic and Related Determinants of Recent Cuban Emigration», destaca la importancia de los factores demográficos para la migración de mano de obra desde Cuba, y presta especial atención a las motivaciones tras el envío de cubanos al bloque soviético:

The Cuban government has set in motion a third mechanism to ease the labor surplus: labor migration to Soviet bloc countries. In

---

[11] Con «Siberiada» se refiere a la película en cuatro partes realizada en 1979 por Andréi Konchalovski, que buscaba representar la Siberia del siglo xx.

July 1981 Castro announced that 12 000 young Cubans were working in the German Democratic Republic, Czechoslovakia and Hungary [...] Negotiations were underway for similar arrangements with other countries. This announcement followed earlier reports indicating that Cuba was in the process of negotiating labor transfers to Eastern bloc countries, including sending some 10 000 Cuban workers to assist with the harvesting of Siberian wood [...] Supposedly, the availability of Cuban workers in Siberia would help accelerate deliveries of Soviet lumber to Cuba. Bottlenecks associated with wood shortages have been implicated in Cuba's low rate of housing construction. (Díaz-Briquet 1983: 114)

Una de las últimas representaciones cinematográficas de trabajadores cubanos en la Unión Soviética puede encontrarse en el documental *Desde lejos* (1989), dirigido por Guillermo Centeno. La película se centra en una comunidad cubana de setecientos hombres y cincuenta mujeres, enviados a la zona más oriental de la Unión Soviética a cortar madera. La analogía de Díaz-Briquet entre la importación de mano de obra cubana al bloque soviético y el uso en Europa Occidental de mano de obra de países pobres rompe con la manera habitual en que era percibido el viaje al bloque socialista. La educación y la formación, en otras palabras, no eran las únicas razones por las que los cubanos viajaban al bloque soviético.

El protagonista de *Las cuatro fugas de Manuel* de Jesús Díaz poco tiene que ver con Bárbaro. Cubano blanco, Manuel Desdín habla ucraniano y ruso y se maneja con soltura en la cultura soviética, la ucraniana y la rusa, mientras que Bárbaro sólo está familiarizado con las palabras rusas más básicas. La novela se basa en las experiencias reales de Manuel Desdín, que conoció al hijo de Jesús Díaz, Pablo, en una clase de alemán en Berlín, en 1992, cuando Manuel finalmente aseguró su entrada a otro país tras tres intentos fallidos. En gran medida, *Las cuatro fugas de Manuel* puede considerarse una novela testimonial ficticia, completa con un epílogo que explica el papel del autor en su creación. El Manuel Desdín de la ficción estudia física en 1991 en el Instituto de Física de las Bajas Temperaturas, en Járkov, Ucrania, cuando el aclamado científico Ignati Derkáchev le otorga una *atlichna*, una condecoración a la excelencia. Manuel inmediatamente se da cuenta de que sus compañeros se pondrán celosos, pero es consciente de que los celos son sólo uno de los muchos problemas que tendrá que afrontar –en parte por querer proseguir su carrera en físicas en el extranjero en vez de volver a Cuba, como le han dicho que debería hacer.

Tanto *Las cuatro fugas de Manuel* como *Callejones de Arbat* de Álvarez Gil terminan con la renuncia de sus protagonistas a la ideología de su nación, por haber sido acusados de traición. Ahora bien, el Manuel de *Las cuatro fugas* y el Mario de *Callejones* se ven, además de como patriotas, como representantes de la Revolución en el extranjero hasta el día en que deben aceptar el veredicto de sus superiores. En los setenta y los ochenta se esperaba de los cubanos que admirasen la gran narrativa soviética, pero en realidad pasar por ruso o ucraniano en la Unión Soviética, como aclara este pasaje de *Las cuatro fugas de Manuel*, tenía consecuencias:

> El disertante había expuesto como un científico ruso, no como un estudiante extranjero. ¡Pero él era cubano, coño! ¡Él era un científico cubano! [...] ¿Iba a resultar, acaso, que los estúpidos que lo perseguían desde su infancia tenían razón al acusarlo de extranjerizante? (Díaz 2002: 21)

Ser un amante de lo extranjero en la Cuba de Castro tiene múltiples connotaciones, en su mayor parte negativas[12].

---

[12] Entre las varias representaciones artísticas de estos caracteres me viene a la mentee Sergio, el torturado protagonista de Tomás Gutiérrez Alea en *Memorias de subdesarrollo*, que lucha contra la sovietización de La Habana imaginándose constantemente desde el punto de vista de un extranjero y que, a pesar de todo,

Una de las principales culpas de Manuel fue socializar con extranjeros. Esta acusación alcanza un nuevo nivel con Erika Fesse, su antigua novia boliviana, descendiente de fascistas alemanes, con quien había estudiado en Ucrania, que lo deja para irse a estudiar a Suecia. Se acuerda del consejo que Lucas Barthelemy, a cargo de los estudiantes cubanos, le había dado a menudo:

> Por su bien, que no anduviera con extranjeras, que fuera a clases, que no estuviera por ahí repartiendo octavillas diversionistas sobre Ucrania independiente, que no hablara tanto del comemierda ese de Gorbachov, de la perestroika ni de la glásnost [...] Por su bien se lo había dicho [...] que asistiera a las reuniones del colectivo y a los círculos de estudio sobre los discursos de Fidel, que saludara a los compañeros, que se diera una vueltecita de vez en cuando por el Consulado, que no hablara más en ucraniano, que se pelara cortico como los hombres, que no usara sandalitas como las que tenía puestas. (Díaz 2002: 34)

El tono condescendiente del mensaje del supervisor se ve magnificado por el uso del diminutivo «-ito», normalmente cariñoso, pero aquí empleado como muestra de poder. A pesar de que la pasión de Manuel es la física, con su perspicacia lingüística y viviendo en Ucrania entre los seguidores de Gorbachov y Yeltsin, como Pablo en la obra *Sputnik* de Ulises Rodríguez Febles, no puede evitar participar de las conversaciones sobre la perestroika y la glásnost y el nacionalismo ucraniano, aun cuando los oficiales cubanos le recomienden no manifestar sus opiniones.

La dolorosa conversión de Manuel Desdín en un contrarrevolucionario es un buen ejemplo de la lucha de muchos cubanos de su

---

no se marcha de Cuba. Una diferencia sustancial entre Sergio y Manuel es que el protagonista de Díaz nace en Holguín en 1970 y crece con los valores de la Revolución; se identifica con la causa revolucionaria, aun cuando en la conclusión de la novela manifieste su odio por Castro.

generación, que también quisieron adoptar medidas como las de la perestroika en la Cuba socialista y seguir siendo fieles combatientes del imperialismo estadounidense. Si bien lo que Manuel quería evitar era ser enviado de vuelta a Cuba, lo que hace para conseguirlo lo convierte en un enemigo del Estado. *Las cuatro fugas de Manuel* no critica la ideología socialista *per se*, sino que más bien muestra los fallos de la retórica sistemática y de las operaciones que impulsan la Guerra Fría. Como afirma Gustavo Guerrero, «No, por muy *atlichnik* que sea, nadie le espera en Occidente con los brazos abiertos» (2002: en línea). La narrativa de Díaz sobre la tarea de Sísifo de Manuel, que lleva a los lectores a criticar los sistemas soviético y cubano, implica también a muchos que son culpables de acciones hipócritas contra individuos, supuestamente sobre la base de sus ideologías.

Los amigos del protagonista, que en su mayoría han apoyado el comunismo y conocen poco o nada de Occidente, lo apremian a que se vaya: «Todos sus amigos lo habían animado a largarse a Occidente, aunque ninguno pudo darle una respuesta concreta acerca de él: no lo conocían, simplemente» (Díaz 2002: 48). Dado que el protagonista cubano de *Siberiana* es la representación de Occidente para sus compañeros, resulta interesante que ni Manuel ni ellos estén verdaderamente al tanto de lo que existe más allá de los confines del «Imperio».

La posesión por parte de Manuel de un pasaporte oficial, como el de los cubanos que viajan por programas patrocinados por el gobierno, lo pone en una situación complicada a la hora de buscar asilo. Su fuga a Berna, en Suiza, se ve frustrada porque en vez de pedir asilo *político* en la oficina de Cruz Roja, pide simplemente asilo, con la consecuencia de que lo deporten de nuevo a Járkov. Sólo tras ese percance se da cuenta de que convertirse en solicitante de asilo político –algo a lo que se había resistido, porque no quiere convertirse en disidente «para agradar a aquellos capitalistas» (2002: 153)– puede salvarlo de un mal final. El apoyo que Cuba recibe en la esfera internacional no sólo de los latinoamericanos, sino también de los europeos, juega en su contra. La experiencia de Manuel en Suecia es en su conjunto bien distinta de la de Suiza; el oficial sueco le ofrece opiniones no solicitadas sobre su deseo de escapar y el papel de Cuba en el Tercer Mundo tras la caída de la URSS:

> Que usted es un gusano. Una rata que salta del barco y traiciona a su país ahora que la Unión Soviética se ha desplomado. Pero escúcheme bien, Cuba no se desplomará; no permitiremos que se desplome porque es la única esperanza del Tercer Mundo, y del nuestro. (Díaz 2002: 157)

Nuevamente le devuelven a Manuel el pasaporte con un sello que prohíbe su entrada al país. Que lo llamen «gusano» lo motiva a usar este epíteto peyorativo a su favor –una conversión estratégica que sobrelleva dolorosamente, «pensando que cubanos, rusos, suecos y suizos no le habían dejado otra alternativa» (2002: 160). Tras su deportación a Polonia acude a la embajada norteamericana con la intención de solicitar asilo político, sólo para encarar una situación igual de frustrante. Su única esperanza, la de ser un «gusano», no se materializa; según los oficiales de la embajada estadounidense en Polonia, Polonia ya estaba considerada parte de Occidente. Los «americanos» quieren más de Manuel –que divulgue los secretos del enemigo– pero él se niega por mantenerse fiel a su mentor, Derkáchev. Manuel por fin encuentra refugio en Alemania, gracias a la ayuda de un trabajador de la colaboración alemana que reconoce su ascendencia alemana. Entre ser un inmigrante más en busca de refugio y la confirmación de su identidad alemana se expone a las experiencias postcomunistas menos agradables, pero frecuentes en el bloque del Este: un encuentro aterrador con *skinheads* fascistas. De modo que *Las cuatro fugas de Manuel* critica también el regreso de los fantasmas de la Segunda Guerra Mundial en un Este postsoviético que ya no está explícitamente segmentado de forma geográfica ni ideológica.

La agitación existencial de Manuel puede compararse con la de Mario, el protagonista de *Callejones de Arbat*. Como ya hemos visto, *El maestro y Margarita* es un subtexto crítico en la obra de Álvarez Gil, pero Bulgákov no es el único escritor que sufrió a manos del totalitarismo que resucita Álvarez Gil. Mario es un periodista cubano contratado por la OCEI, «aquella organización que había simbolizado durante decenios la alternativa a la economía de mercado y la libertad de empresa como fuente de prosperidad y desarrollo material de las naciones en el mundo moderno» (Álvarez Gil 2012: 20). Cuando viaja a Moscú en 1989 se encuentra con Dolores, una hermosa actriz hija de Santiago Álvarez, un traductor republicano español que escapó a la URSS desde España, y se sumerge en una intensa historia de amor con ella, traicionando a su querida esposa Vera. Unos meses después del inicio de la relación, a Dolores le ofrecen el papel de Margarita en la puesta en escena de la obra maestra de Bulgákov. El mundo de Mario se abre tanto que se ve obligado a abandonar su puesto, y al final de la novela pide asilo en Canadá para él y su familia.

Callejones de Arbat acusa al gobierno cubano de reprimir las voces artísticas e intelectuales más prominentes, aplicando las tácticas ya probadas de Stalin. La imitación heroica descrita por Armenteros en la Cuba de los setenta adquiere dimensiones más oscuras en la novela de Álvarez Gil, que aborda el aparato del Estado cubano. Es difícil entender el careo de Vera con el viceministro cubano sobre la perestroika soviética sin recordar la intervención de Fernando Rojas en el debate sobre la caída del socialismo en Europa del Este, pulicado en *Temas* en 2004, sobre la centralidad de Stalin en el triunfo sobre los alemanes en la «Gran Guerra Patria». El viceministro de la novela afirma: «Todo eso que me estás diciendo es parte de una campaña de difamación contra el hombre que salvó a tu gran país de la invasión alemana». Y prosigue incluso con mayor vehemencia: «Eran tiempos difíciles, de mucho peligro para la supervivencia del país, y Stalin tenía que tener mano dura con la quinta columna enemiga que se le había formado en casa» (2012: 159). Esta novela cubana sobre la perestroika, la glásnost y el presente revela dolorosamente las consecuencias de la lógica del sistema.

Ariadna Efrón es la protagonista de una novela sin título, inédita y profundamente problemática dentro de la narrativa de Álvarez Gil, habitada por Marina Tsvetáyeva, Borís Pasternak, Ósip Mandelshtam, Anna Ajmátova, Iván Bunin, Vladimir Nabokov, Joseph Brodsky y Nikolái Gumiliov. Dos de estos autores –Pasternak y Ajmátova– fueron de hecho publicados por Feijóo en su canónico *Poetas rusos y soviéticos*, un detalle que nos recuerda que las divisiones entre lo que se leía «oficialmente» y «extraoficialmente» no estaban tan claras como a veces se nos quiere hacer creer. La mayoría de estos autores son los mismos que defienden autores cubanos como Reina María Rodríguez, desde la isla, o Juan Abreu y Jorge Ferrer, desde España, que implementan estas figuras como mecanismos críticos para sus propias naciones (véase Ferrer 2009: en línea). La convicción de que «el modelo cubano era un calco del soviético» (2012: 144) conduce a Mario a su destino. El narrador toca el fondo del problema:

> Ejemplos como el que acabo de citar en los casos de Pasternak y Mandelstam son una muestra de cómo el arrogante dictador se permite humillar al escritor rebelde. Los poemas laudatorios, las cartas de contrición y los reconocimientos públicos de culpa son sólo las aristas más visibles de vidas y talentos que se consumen y desaparecen en la artesa del poder totalitario. Desgraciadamente, la vida cultural de nuestro país no ha estado exenta de asuntos de esta guisa. Aunque no lo creo necesario, bien podría citar aquí varios casos de trato humillante y despótico hacia algunos escritores cubanos. (2012: 251)

La firme condena de Mario al modo en que la nación define los límites de la práctica intelectual revolucionaria es lo que lo mete en problemas, puesto que ningún sistema se estaba desmantelando en Cuba. En ningún momento de la novela el despertar de Mario significa que esté en contra de la esencia de la ideología socialista –un punto crucial para entender *Callejones de Rabat* y *Cuatro fugas de Manuel*, así como mucha de la producción cultural actual que retoma el periodo soviético en Cuba como una forma de reflexionar sobre el presente. La fuerza de *Callejones de Arbat* reside en su habilidad para describir la sensación de muchos intelectuales cubanos en los tiempos de la perestroika: que los cubanos podían llevar adelante la Revolución mediante transformaciones críticas.

El tiempo es oro sólo para los que tienen dinero

Como ya hemos comenzado a ver, ninguna discusión sobre la memoria cubana de su contacto con los soviéticos y los rusos puede soslayar la obra narrativa de José Manuel Prieto. En sus textos suele aparecer un narrador de nacionalidad imprecisa, además de personajes de la antigua Unión Soviética y otras partes del bloque del Este, así como de Europa y Asia[13]. Jorge Fornet tiene razón cuando sugiere que «Prieto atribuye a la frivolidad (tema permanente en sus textos) un efecto devastador y un papel capital en la "explosión" de 1989» (2006: 132). La tesis de Fornet se basa mucho en *Nunca antes habías visto el rojo*, el volumen de relatos de Prieto publicado en la isla, cuyo título proviene del eslogan de una revista *Vogue*. La estructura del cuento «Nunca antes habías visto el rojo» es distintiva; sus notas al pie y comentarios explicativos hacen que se lea como un tratado filosófico de estilo borgeano sobre el descubrimiento de la felicidad a través de la adquisición de bienes. Por ejemplo,

> Salí a pasear a las diez de la mañana de un buen día de sol y tuve la suerte de encontrarme con Marina frente a los Grandes Almacenes del

---

[13] Weimer (2008) hace una lectura de la obra de Prieto como alegoría nacional y analiza en detalle el cosmopolitismo presente en sus textos. Véase también Newman 2008.

centro de la ciudad. Mi amiga lucía un magnífico vestido gris que le había comprado a unas gitanas durante un viaje a Tashkent. Era quizás la mejor prenda de su ajuar y le sentaba maravillosamente. Nunca sospechó que fuera del mismo Tashkent. Fui yo quien una vez descubrí la etiqueta verdadera bajo una falsa de la firma Dior.*

> ... «*bajo una falsa de firma Dior*». El mero contacto con ciertos objetos de una realidad no abandonada a su libre albedrío, sino organizada según criterio de calidad y nobleza estrictamente jerarquizados, inculcó en mí una fuerte noción de autenticidad, de segura valía; cambio mental que a la larga redundó benéficamente en la corrección de mis descuidados modales. (Prieto 2002: 77, 80)[14]

El contacto con las mercancías ofrece al sujeto socialista «una sólida noción de autenticidad» y restaura su conexión con el aura de Occidente –una relación que podría parecer paradójica si se piensa hasta qué punto se entiende convencionalmente la autenticidad como una entidad natural. El circuito de mercancías se basa en la repetición, y aquí la «autenticidad» viene dada por el hecho de que el sujeto confía en una jerarquía externa.

Tras su viaje al Este, Prieto trae de vuelta un cuento que advierte a los cubanos de los peligros de vivir sólo para el «futuro» y no apreciar la «frivolidad» de la vida. En la novela *Enciclopedia de una vida en Rusia*, donde recurre también el tema de la frivolidad, el protagonista reflexiona sobre la desintegración del «Imperio»:

> Es decir, se evidenció un profundo antagonismo entre el quietismo de la Doctrina y el vertiginoso escándalo de los pañales desechables; entre la búsqueda de un reino de verdad en la Tierra y la «línea general» del siglo, que era consumir el presente, considerar el futuro una mera realidad mental. Los pueblos cautivos del Imperio se asomaban a la noche oscura y al mar cargado de gratos efluvios por el que avanzaba

---

[14] La primera edición de este libro fue publicada en La Habana bajo el título *Nunca antes habías visto el rojo* (1996).

la nave iluminada que era el carnaval permanente de Occidente, y suspiraban pensativos: «Sí, está en vías de descomposición... Pero ¡qué bien huele! (1998: 54)

El pasaje capta la esencia de no sólo de *Enciclopedia de una vida en Rusia*, sino también de *Nunca antes habías visto el rojo*, *Treinta días en Moscú* y, en cierta medida, de *Livadia*, donde la imposición de la marca soviética crea el deseo libidinoso por lo prohibido: la marca de Occidente.

En *Rex*, algo más ocurre a la par: el protagonista no es que desee de repente la marca soviética, sino que se muestra contrario a la ideología dominante del capitalismo sin límites (experimentado por los rusos recién llegados al juego), y su posición en el sistema como alguien que cree en él queda en segundo plano. La falta de dinero le obliga a escribir sólo «comentarios» y no textos «originales». Anke Birkenmaier articula lúcidamente la relación del preceptor y el dinero con la percepción de su alumno, Petya, y con la autoría:

> Money is what distinguishes the preceptor from his pupil Petia: for lack of money he has to work as a teacher and worry about his salary, whereas Petia, thanks to his parents, is rich and will have the leisure to dedicate himself to writing and reading only. The Russian nationality of the family is here certainly an allusion to the new possibilities that Russians have had since 1989 to advance socially and materially, whereas Cubans are not yet in the same position. Consequently, their concerns and modes of writing are different. The preceptor himself is tied to the pastiche, whereas Petia will be the one able to write a book not in the manner of Proust or Borges, but a primary text, a text about time, not money: «Tú, Petia, que fácilmente podrías escribirlo, un libro real, un libro primario, sin comentarios ni citas en cursiva y sin que en página alguna de ese libro, en ninguno de los pliegues de tu memoria adulta, quedara y alumbrara desde allí, con el negro brillo de su nombre, el comentarista» (224-225). This is the perspective with which the novel ends, with the preceptor correcting himself jokingly: «¿En búsqueda

del dinero perdido? (no, vulgar y detestable. Mejor del tiempo). Tienes razón, Petia, del tiempo». (Birkenmaier 2009: 131)

El final de este pasaje es un guiño a la posición del autor en Estados Unidos, donde con la frase «time is money» (el tiempo es oro) es perfectamente comprensible para los que ya tienen bastante dinero. En cierto modo, la trayectoria de Prieto lo acerca más a Cuba en la última novela de la trilogía *Rex*, donde acaba residiendo en lo que se supone que es la antítesis de la ideología cubana, el capitalismo americano; y es desde esta perspectiva del capitalismo tardío que es capaz de explicar a Petya por qué debería apreciar el tiempo.

El presente y el futuro de los cubanos a menudo se cuenta con anécdotas de la vida en el bloque socialista, lo que Jorge I. Domínguez llama «aesopian language» en «The Political Impact on Cuba of the Reform and Collapse» (1993: 110). Britton Newman se pregunta hasta qué punto Rusia puede leerse como «stand-in for his native Cuba» (2008: 12). La obra de Prieto, si bien debe leerse en línea con este cuerpo de literatura cubana esópica, forma parte también de un *corpus* literario del siglo XXI postsocialista y del capitalismo tardío, escrito en todo el mundo. De hecho, incluso los primeros textos de Prieto se catapultan a un futuro en que Cuba está descentralizada y en diálogo directo con otros pueblos. La escritura de Prieto también se caracteriza por la ansiedad postcomunista por la herencia y la obsesión con lo privado.

Prieto captura la retórica de la memorialización de los tiempos soviéticos en los días de la nueva república rusa de manera única. En *Treinta días en Moscú* describe la lectura en un vagón del metro de un artículo periodístico sobre el valor de la publicidad en tiempos soviéticos. La historia señala a sus lectores –ciudadanos de la nueva república rusa– la transformación de los tiempos soviéticos en los rusos. Mientras que en el pasado la producción nacional estaba sobreestimada y era omnipresente, como ejemplifica el eslogan «"Soviético quiere decir excelente" [...] En los noventa la situación cambió drásticamente, la publicidad se ha convertido en parte insustituible del paisaje urbano» (2001: 22). Este panorama interpretativo contrasta mucho con el de Ulises Rodríguez Febles en *Sputnik*, cuyos personajes están perdidos sin los periódicos soviéticos de los que se valían antes para explicar su universo. El periódico ruso de Prieto revela un presente que se sustenta mediante las observaciones del propio narrador del mundo circundante. A la salida del metro acaba encontrándose con llamativas revistas como *Domovoi*, *Cosmopolitan* y *Vogue*, el nuevo lenguaje visual en el que los protagonistas de *Enciclopedia de una vida en Rusia* y *Livadia* tratan de inscribirse.

Uno de los viajeros entrevistados en *Treinta días* es Tom Klain; nacido Tolia Klímov, cambió a su apellido a Klaim en Canadá. Si bien mucha de la información sobre el personaje de Prieto y los escenarios en que se mueve se corresponde con exactitud con la realidad extratextual, la compañía Tom Klaim fue de hecho fundada por un ruso llamado Anatoly Klimin, una discrepancia menor que hace difícil confiar enteramente en el narrador. ¿Es Prieto realmente el narrador? La conversación del narrador con Klaim, la penúltima que tiene en Moscú en ese viaje de treinta días, lo lleva al límite. Es como si hubiera visto en Klaim, y en algunos otros personajes de la capital rusa, aspectos de sí mismo que había abandonado siete años atrás, cuando se marchó del país y dejó tras de sí la caótica y acelerada transición del socialismo al capitalismo. Cuando menciona, entre otros hábitos de entonces, haber vendido de contrabando, el narrador de *Treinta días* dice que ya no se siente capaz de negociar con la misma clase de gentuza.

El narrador de *Treinta días* afirma su voluntad de pertenencia a Occidente con su compra de vodka Smirnof, un «Imperio» que se transformó enormemente tras la desintegración de la Unión Soviética. Cuando la Revolución rusa eliminó la empresa privada, una filial del vodka Smirnof se mudó primero a Francia, transformado en Smirnoff, para mudarse luego, de nuevo, esta vez a los Estados Unidos. Después de 1991, sin embargo, la familia Smirnov en Rusia montó nuevamente su negocio. La fijación del narrador por la botella Smirnov —como su infructuosa búsqueda de auténticas mercancías rusas en el mercado— denota su distancia de la fuente. Ya no necesita aparentar en una sociedad que se inclina ella misma a pasar por Occidente.

Estas historias de ficción de los viajeros de la Unión Soviética tienen varias funciones. Sus lecturas trasnacionales de raza, proyectadas en las actitudes chauvinistas rusas, revelan la persistencia de los prejuicios raciales cubanos. También establecen parámetros sumamente precisos de proximidad y distancia a través de la mediación de los hábitos de lectura de la literatura soviética, patrones de pertenencia al país propio y al bloque socialista, y modos de castigo. La incorporación de palabras rusas —en el caso de *Las cuatro fugas*, también de palabras ucranianas— en textos en español no abunda tanto en la obra de autores cubanos que no vivieron en el territorio soviético y que sólo accedieron al universo de habla rusa mediante la traducción y las películas, o en ámbitos públicos, como en los autobuses de la ciudad. La ficción sugiere hasta qué punto diversos mundos lingüísticos fueron influidos por el idioma del imperio. Y aun más, las ficciones sobre la perestroika y la glásnost de Armenteros, Díaz y Álvarez Gil ilustran las distintas maneras en que formas de castigo y disidencia cubanas estuvieron influidas por la solidaridad de Cuba con la Unión Soviética.

IV.

«Made in USSR»

Tras una presentación titulada «Los intermediarios cubanos» que di en abril de 2007 en la Torre de Letras de La Habana, espacio de encuentros literarios y culturales dirigido por Reina María Rodríguez y patrocinado por el Instituto Cubano del Libro, siguió un debate sobre el peso del influjo del bloque soviético en Cuba suscitado en su mayor parte por la confusión entre los términos «influencia» y «memoria». Algunos de asistentes de mayor edad no podían distinguir la memoria, entendida como abundancia de reminiscencias discrepantes e ilusorias, de influencia, considerada una adquisición positiva e integral, una herencia autorizada. Apenas podían imaginar a los «jóvenes», ya casi en la madurez, asimilando de veras los dibujos animados del bloque socialista −característicos del patrocinio televisivo soviético en los setenta y los ochenta−, ni comprender que ese recuerdo no fuera fácil de olvidar o sustituir. Para muchos de los que fueron adultos jóvenes en los ochenta, las zonas del «Gran Soviet» de las que quisieron distanciarse a comienzos de los noventa se han convertido hoy en parodias y objetos de afecto íntimo, incluso en símbolos de identidad a varios niveles que no son fáciles de deconstruir.

Las generaciones lo son por muchas razones; una de ellas es el apego sentimental a las tendencias culturales y de moda. Las asociaciones con ciertos dibujos animados son importantes para la formación de la identidad, como apunta agudamente Mario Masvidal Saavedra, catedrático del Instituto Superior de Artes en La Habana:

> En Cuba se podrían clasificar sociológicamente las distintas generaciones del siglo XX a partir de los animados que han marcado su infancia y adolescencia. Así, tendríamos una primera generación, nacida en el

primer cuarto del siglo pasado, que creció con los animados silentes –y luego sonoros– de Micky Mouse (el Ratón Mickito), Donald Duck (el Pato Donald), Felix the Cat (el Gato Félix), Blanca Nieves, el payaso Bimbo y Betty Boop, realizados por afamados artistas norteamericanos como Walt Disney y Max Fleischer.

[...]

Luego siguen las generaciones nacidas después de 1959, momento en que se interrumpió abruptamente el flujo de audiovisuales norteamericanos a Cuba como consecuencia del «diferendo» (bloqueo, embargo, invasión militar, sabotaje económico, terrorismo, etc.) de los Estados Unidos contra Cuba, flujo que fue sustituido paulatinamente por el cine y los animados de los países socialistas. Fue el período de los llamados «muñequitos rusos», etiqueta genérica con la que se designaba tanto los animados propiamente soviéticos, como los provenientes de otras cinematografías de la Europa oriental, tales como «La familia Fröilich» (RDA), «Gustavo» (Hungría), «Aladar» (Hungría), «Los chapuceros» (Checoslovaquia), «Bolek y Lolek» (Polonia), entre otros. Mucho se ha hablado sobre la omnipresencia de los «muñequitos rusos» en los medios cubanos, sobre todo durante las décadas de los años 70 y 80. Incluso hay una sorprendente nostalgia, marcada por sentimientos encontrados de atracción-evitación, en toda una generación con respecto a aquellos animados; adoración que llega hasta el paroxismo del coleccionismo y del culto por parte de jóvenes (trentones) cubanos de dentro y fuera de la Isla. (Masvidal Saavedra 2008: en línea)

De acuerdo con Masvidal Saavedra, los animados japoneses, que se introdujeron en Cuba por medio de circuitos oficiales a finales de los setenta y comienzos de los ochenta, retrataban la imaginación de los jóvenes artistas y diseñadores de la primera década del siglo XXI. Se coleccionaron, descargaron, grabaron y circularon al igual que ocurrió con los dibujos del bloque soviético. Las similitudes terminan aquí, sobre todo por la omnisapiencia anterior de los soviéticos.

A diferencia de otros elementos de cubanidad que poseen componentes distintivos insulares o diaspóricos, la fascinación por los *muñequitos rusos* se pone de manifiesto tanto dentro como fuera de la isla. Puede sorprender que en Miami –ciudad desde la que los primeros exiliados culpaban a los soviéticos de robarles su país– otra generación de emigrados buscase copias de los *muñequitos rusos* en la Pequeña Habana, que acabó siendo parte de una elaborada cultura material de la comunidad de exiliados cubanos[1]. El circuito comercial en el que circulaban en Estados Unidos es comparable al de Cuba. La mayoría de los DVD a la venta eran copias piratas, y algunos podrían haberse adquirido como remesas culturales no *para*, sino *desde* la isla. En este gesto, tal vez más que en ningún otro, la idea de que los dibujos animados soviéticos sustituyen la esfera autóctona resulta más nítida. Duanel Díaz Infante hace notar que «se trata, evidentemente, de un fenómeno sociológico significativo: es en Miami donde se ha extendido la costumbre de alquilar muñequitos rusos, junto con programas de la televisión cubana de antes y de ahora, mientras que en los bancos de video clandestinos de La Habana lo que se oferta son programas de "allá" [de los Estados Unidos] (2007: en línea). Díaz Infante evalúa bien el deseo cubano de rehacer su mundo fragmentado aproximándose a los programas de televisión de cada orilla, pero, como sugiere también buena parte de la ficción contemporánea, sobreestima la diferencia entre los del exilio y los de la isla en lo que atañe a su relación con los *muñequitos rusos*; al hacerlo, se distancia a sí mismo de aquellos exiliados que recurren al recuerdo edulcorado de su tierra para sentirse cubanos –una evaluación que es comprensible, dado que llegaron a ser toda una moda.

Díaz Infante se basa, en parte, en el reportaje de 2003 de Ivette Leyva Martínez, publicado en *Encuentro en la red*, sobre la extraña tendencia de alquilar muñequitos rusos al comienzo del milenio en Miami, lo que ella llama «pequeñas nostalgias del castrismo». Los dibujos animados del bloque soviético pueden insertarse fácilmente

---

[1] Sobre cómo los cubanos del exilio sintieron que los soviéticos les robaban su país, véase Carbonell 1989.

en la lista de cultura material que Raúl Rubio propone como fundamental para la representación y la mercantilización de la cultura cubana:

> Stores like *Sentir Cubano* (http://www.sentircubano.com) or Little Havana-to-Go (http://www.littlehavanatogo.com) specifically target consumers of Cuban material culture or «cubana» and offer a variety of products from memorabilia to domino games to food products, including Conchita, Bustelo, Badía, and Goya brands. There are also female dolls available in three styles, all stylized after the traditionally-marketed women stereotypes: a *cubana santera*, a *cubana rumbera*, and a *cubana cabaretera* (cabaret dancer). A selection of T- shirts replicates vintage styles that bring to memory sporting clubs from the 1940s and 1950s such as The Havana Yacht Club and the Marianao baseball team. (Rubio 2006: 304-305)

Cuando los animados soviéticos se añadieron a este inventario, la idea de replicar y recrear la identidad cubana se transformó: el conjunto de recuerdos soviéticos no se identifica ni con la antigua burguesía ni con la cultura afrocubana. El componente ideológico soviético podría parecer fuera de lugar cuando los animados se venden junto a estos otros productos, pero no es del todo el caso.

El fenómeno de los *muñequitos rusos* es una dimensión importante del *Zeitgeist* cubano de la última década del siglo y la primera del nuevo milenio, que vincula a los niños de la diáspora soviética en Cuba con sus homólogos cubanos de la misma edad. Antón Vélez Bichkov presentó «¿Son rusos los muñequitos?», una de las primeras investigaciones sobre los dibujos animados soviéticos, en el coloquio Koniec de la diáspora soviética en Cuba; allí argumentaba contra la errónea agrupación, por parte de los cubanos, de todos los dibujos animados bajo la rúbrica de Rusia. Para él esa imprecisión refleja «una pesada herencia de la época del capitalismo y consiguientemente del anticomunismo que llevaba a identificar a todo lo de izquierda con soviético y a todo lo soviético con ruso» (2004). La valoración de Vélez Bichkov se corresponde con la idea de Abel Prieto sobre los efectos duraderos de la infuencia negativa de Estados Unidos en el gusto estético de los cubanos y sus definiciones de entretenimiento (Prieto 1997: 100).

En *At home in the world: cosmopolitanism now*, Timothy Brennan plantea varias preguntas interesantes sobre la capacidad del socialismo para «ofrecer placer», argumentando que Carpentier estaba a la vanguardia de la creación de una masiva cultura popular cubana mediante la reinvención continua del «indígena». Según Brennan, los modelos de Carpentier para la divulgación internacional de una cultura masiva que no esté necesariamente vinculada al capitalismo son evidentes con la recuperación del *filin* de los cuarenta en el cine imperfecto de los sesenta, la Nueva Trova y la salsa. El enfoque de Brennan sobre la «relationship to fantasy associated in advance with the libidinal free play and spectacle of image capitalism» y la necesidad de «unearth[ing] or explain[ing] more fully, the forms of alternative desire that socialist movements and societies have actually created, and are still creating» (1997: 261) resulta fascinante con relación al debate sobre los *muñequitos rusos*. Brennan aporta la clave cuando asevera que el «relief from consumerism (rather than escape from its lack) is what early Cuba represented» (1997: 305). El placer producido por los dibujos del bloque soviético es más fácil de discernir en retrospectiva, una vez que su audiencia se hizo adulta. La mayoría se mostraría de acuerdo en que Cuba no supo ofrecer lo que, de niños, creían ellos que ofrecería. Aunque sería fácil encontrar una división ideológica entre la función de los *muñequitos rusos* en una isla socialista y el capitalismo en el exterior, la división sería sin duda reduccionista. La moda de los *muñequitos rusos* puede considerarse de hecho como otra extraña invención de los «cubanos indígenas», que «desean» subrayar su diferencia ante el resto del mundo globalizado.

Las implicaciones políticas y sociológicas de la fascinación por los *muñequitos rusos* en el nuevo milenio son de gran alcance. Comencemos con una intervención en el portal Generación Asere, lanzado en 2007. El portal se presentaba a sí mismo como una ruptura de las distinciones entre los cubanos de la isla y de la diáspora. Sin embargo, el subtítulo con el que aparecía entonces –Blogoestroika es la Internet para los cubanos– es incluso de mayor relevancia, ya que habla de historias estratégicamente intercaladas al apropiarse el término «perestroika» con un neologismo que sugiere la centralidad de los blogs para una Cuba más democrática. El documental *Good Bye, Lolek!* –culminación de la moda de los muñequitos rusos– atrajo la atención de Generación Asere:

> El documental *Goodbye, Lolek!* (2005) de los realizadores Asori Soto y Magdiel Aspillaga (recientemente llegados a Miami) retoma el pretexto de la nostalgia para zambullirse en uno de los puntales de la Educación Socialista, que formó a varias generaciones de cubanos bajo la enloquecida tesis de entretener «ideológicamente» a millones de pioneritos. ¿Era acaso un castigo entretenido? O es que tendrá razón el Roly, cuando afirma en el documental que «fue una dicha el tener que ver los muñequitos rusos obligatoriamente». La programación «obligantaria» por el ventiúnico canal de la televisión nacional de aquel material portador de una moral socialista, que sólo podía verse a «blanco y negro», fue un intento gubernamental de transculturación a la cañona. En medio de aquel trópico de extrovertido mataperreo infantil, por poco nos vuelven locos, al ponernos a descifrar los códigos de esa lejana identidad eslava. (Generacionasere/tony 2008: en línea)

El cuestionamiento de Generación Asere sobre si la difusión de los *muñequitos rusos* en los setenta y los ochenta puede ser considerada una «transculturación por la fuerza» tiene como contrapartida el popular blog de Aurora Jácome sobre los animados del bloque soviético, lanzado en España: *Muñequitos rusos... y otros: Para los cubanos que, como yo, los siguen recordando con añoranza.*

En «The Muñequitos Rusos Generation», Jácome afirma que «these cartoons opened our eyes to that other world, toward those other ways of thinking and expression, which even though it seems implausible–make us have more in common with someone from Poland than someone from Spain» (2012: 33). El blog de Jácome, donde usa el pseudónimo «Akekure», refleja sentimientos similares. Jácome, que nació en Cuba pero ha vivido en España desde los dieciséis años –una combinación de experiencias que ha moldeado su conocimiento de la idiosincrasia de su identidad cubana– encuentra más afinidades con los antiguos habitantes del bloque del Este que con sus «nuevos» compatriotas. Su posición resulta especialmente interesante, dadas las crecientes reclamaciones de los cubanos sobre su sangre española desde el Periodo Especial en un intento de huir de la escasez en la isla, y dado también el hecho de que los que habían viajado a la Unión Soviética han manifestado visiones tremendamente mezcladas, como se ha venido viendo hasta ahora, en lo que respecta a sus afinidades geopolíticas.

Desplegando un conocimiento a fondo de las artes visuales soviéticas, el blog de Jácome ha devenido un foro donde sus lectores dialogan, discuten y comparten los restos del pasado soviético. Aunque muchos de sus interlocutores sostienen que realmente nunca les gustaron los animados, es imposible poner en duda su función como aglutinante simbólico en el mundo de hoy. Si bien el blog no es explícitamente político, sus implicaciones son aparentemente lo bastante conflictivas como para haber inspirado una parodia. Con el nombre de «Auroro Jacomino», otro blog con mismo título y logo, pero con distinto subtítulo –«Para los comunistas como yo que seguimos recordando revolucionariamente»–, se burla de lo que considera la ingenuidad política del blog de Jácome, en una perspectiva que podría resultar especialmente chocante para los que vivieron de adultos los años más represivos de la sovietización. Una visión menos polarizada del blog de Jácome, en cambio, podría sugerir que su autora no desconoce las implicaciones políticas de los muñequitos rusos. «For our parents» –sostiene– «the daily presence of Russian cartoons on the small screen at the designated children's hour was just another of the Revolution's impositions with regard to cultural politics» (2012: 32). El valor simbólico del blog de Jácome es inmenso. Su primera entrada, «Compartiendo un "trauma"», del 26 de noviembre de 2005, generó cientos de comentarios, muchos de los cuales atestiguan la nostalgia de un gran número de cubanos –tanto de la diáspora como de la isla– por algunos aspectos de la época soviética de su juventud. Aunque existe consenso sobre que más de una generación vivió en Cuba bajo el «influjo de la televisión soviética», las emociones que el hecho despierta son distintas. El acceso a internet en Cuba ha sido una restricción en primer lugar ideológica y en segundo lugar económica, de modo no es de extrañar que se escribieran más comentarios desde fuera de la isla. Pero poco después de que Jácome lanzara su blog varias de las entradas circularon copiadas y pegadas en e-mails entre cubanos que viven dentro, lo que sugiere que el fenómeno no se circunscribe en exclusiva a una zona geográfica. Es más, la información sobre la memorialización de los soviéticos y los rusos de la isla no se limita a lo que queda de los dibujos animados, y el blog se ha convertido en un rico recurso donde las divisiones geopolíticas se desdibujan. Así, por ejemplo, el blog anunció con entusiasmo el lanzamiento en la Feria del Libro de Cuba de una nueva edición de los *Cuentos populares rusos*, de Aleksandr Nikoláyevich Afanásiev, con ilustraciones de artistas cubanos. Jácome también ha seguido la popularidad en el Japón actual de Cheburashka, el divertido osito que protagonizaba el cuento infantil ruso de Eduard Uspensky en 1966, y que se convirtió en una serie infantil ampliamente difundida unos años después.

El blog de Jácome es sólo uno entre los muchos espacios virtuales en los que la reacción hacia los *muñequitos rusos* se repite. El fenómeno se ha expandido y en agosto de 2008, a medida que se reducía la frecuencia de los posts de Jácome, Carlos R. Dueñas lanzó «Bolek y Lolek en la vía láctea», un grupo de debate en Facebook que, aun cuando es menos incisivo y personal que el de Jácome, muestra el poder de estos debates y el grado en que los dibujos animados sirven como interrogadores culturales. Una usuaria, por ejemplo, implícitamente impugna la frase que el actor cubano Enrique Arredondo popularizó con su personaje de Bernabé: «Si no te portas bien, te voy a castigar viendo muñequitos rusos»: «¡¡¡Cuántos recuerdos de Bolek y Lolek!!! Cómo me divirtieron todos los días de mi infancia a las 6 de la tarde durante una hora. Había veces que los repetían pues no había muchos, pero siempre me gustaron. ¡Gracias a los muñequitos polacos!» (22 de mayo de 2010). Otros posts celebran la accesibilidad a los animados del bloque soviético a través de YouTube, lo que permite a los hijos adentrarse en la infancia de sus padres. Una de las invitaciones más amables para participar en la comunidad virtual de fans en la colección de dibujos de Yanelima está dedicada a «los mayores de 30 años, que crecieron viendo estos animados, como yo y muchos cubanos, que esperábamos como locos a las 6 pm para sentarnos al televisor, y extasiarnos viéndolos»[2]. Esa alegría tan entusiasta puede ser difícil de imaginar si se recuerda que Arredondo fue suspendido de su papel de Bernabé en el programa de televisión *Detrás de la fachada* por manifestar, en clave de comedia, cierto rencor popular hacia la versión soviética del entretenimiento[3].

---

[2] En <http://www.taringa.net/posts/animaciones/5681642/El-MegaPost-de-Muñequitos-Rusos-(Dibujos-Animados-Rusos).html>.

[3] Antón Vélez Bichkov, en su presentación de 2004, comentaba sobre este episodio que la: «"gracia", [...] le valió una suspensión por un tiempo, por parte de la dirección del ICRT, obviamente mucho más complacida con los animados que la audiencia misma».

Koniec(k) otra vez

La canción «Los músicos de Bremen», del polémico grupo de rock cubano Porno para Ricardo, y su videoclip, dirigido por Ernesto René[4], concluye con la palabra «Koniec», que significa «fin» en ruso: la misma palabra —con la única diferencia de la consonante final— que utilizada por el Proyecto cubano-soviético Mir que comentábamos en el primer capítulo. Porno para Ricardo logró la atención internacional cuando el carismático cantante del grupo, Gorki Luis Águila Carrasco, fue sentenciado a cuatro años de prisión en 2003. Puesto en libertad en 2005 gracias al apoyo internacional, Gorki fue nuevamente detenido en 2008 acusado de «peligrosidad». El mensaje de la banda se hizo mucho más abiertamente anticastrista tras el primer arresto de Gorki, proceso que puede compararse a las experiencias de conversión de los protagonistas de las novelas de Jesús Díaz y de Antonio Álvarez Gil.

La banda encontró su enconada voz a través de un cóctel de referencias que incluye bandas de punk/metal norteamericanas de los primeros noventa como Porno for Pyros, Lou Reed, la Internacional Comunista y los animados rusos. En concreto, «Los músicos de Bremen» juega con la adaptación para los animados soviéticos en 1969 del cuento homónimo de los hermanos Grimm, traducido a un estilo punk-rock en el idioma de esa otra gente cuyos códigos culturales son tan distintos a los de Cuba que ambos registros no podían comunicarse entre sí.

Aunque hay muchas versiones de «Los músicos de Bremen», una de las primeras y más contestatarias es la del espectáculo de los noventa llamado «Los muñequitos rusos», del grupo humorístico cubano Punto y Coma, que se apropia de la melodía de la famosa canción de de los animados para criticar las restricciones de viaje a los cubanos.

---

[4] Ernesto René es el alias de Ernesto René Rodríguez. El video puede verse en <http://www.youtube.com/watch?v=lkqDDlUFPMo>.

Punto y Coma pone en escena un cuaderno de viaje ficticio de su viaje por varias ciudades que alguna vez pertenecieron a la Unión Soviética. Como es de prever, el grupo regresa con historias que ridiculizan los errores del pasado y las transformaciones del presente. Punto y Coma habla de la economía del Mercado de Campesinos de Ucrania, diciendo que en Chernóbil se encontraron con un cartel que decía «Estamos para Tarará» –en referencia al área al este de la capital cubana donde fueron enviadas las víctimas de Ucrania, Rusia y Bielorrusia tras el desastre de 1986. Sin público, admiten que no podrían actuar allí. Su observación del cambio en la ideología se expone de forma simple: el color «rojo» ha desaparecido, las películas han mejorado, y cuando saludas a la gente, te responden en inglés que «yes, yes, yes». Al final de la canción, el grupo explica que los personajes de los dibujos animados eran un reflejo de ellos mismos durante el Periodo Especial, y que se convirtieron en trabajadores turísticos o en vendedores de gasolina a tiempo parcial. Como vimos con las matrioshkas, que se usan para contar historias de transformación a los cubanos, Punto y Coma concibe los *muñequitos rusos* como ejemplo de la difícil situación postsoviética de los cubanos[5].

El video de «Los músicos de Bremen» de Porno para Ricardo está plagado de imágenes de reportajes periodísticos que insistían en lo que los cubanos estaban deseando dejar de ver: la pedagogía soviética, las estrellas rojas, la hoz y el martillo. Al comienzo del videoclip de René –candidato en 2002 a los premios de videos musicales nacionales, los Premios Lucas–, se sitúa a los espectadores en los animados que emite un viejo televisor soviético. La cámara hace zoom en un mapa de la Unión Soviética en un aula, donde los músicos posan cual cubanos empollones. La celebración comienza cuando los miembros de la banda se quitan los uniformes del instituto preuniversitario Lenin

---

[5] Fenómenos análogos pueden encontrarse en el bloque soviético. De hecho en Rusia, en el 2000, se emitió una nueva versión de *Los músicos de Bremen*.

–con reminiscencias de la uniformidad imperfecta de la estética del hambre de los sesenta– para mostrarse como individuos osadamente diversos y modernos en una Habana que pertenece al mundo[6]. Estos disfraces funcionan como vehículo para que los turistas musicales en la historia viajen al pasado y se vuelvan a conectar con ese mundo. A diferencia de Jácome, que se regocija en su diferencia con el resto del mundo a cuenta de una exótica esfera de muñequitos creada por ella misma, Porno para Ricardo ingresa en tono de comedia en las caricaturas para resaltar su absurdo.

En el video se escucha cómo una voz de chica joven formula una pregunta a su padre, y la respuesta, que cabría esperar que sonase

---

[6] El Instituto Preuniversitario Vocacional de Ciencias Exactas Vladimir Ilich Lenin fue inaugurado por Fidel Castro y Leonid Brezhnev en 1974. Desde la perspectiva actual, este pasaje del discurso de Fidel Castro resulta difícil de creer: «Con infinito amor y gratitud profunda, dedicamos esta escuela a la memoria de Vladimir Ilich Lenin (APLAUSOS), el genial conductor revolucionario y fundador del primer Estado Socialista en la historia de la humanidad. Por los caminos luminosos que abrió al porvenir del hombre, por los extraordinarios servicios que prestó al mundo, por la ayuda decisiva que nos brindó el Estado fraternal e internacionalista fundado por él, y por lo que su pensamiento, su vida y su ejemplo, representan para todos los revolucionarios de la tierra, esta escuela, que es orgullo de nuestro pueblo, llevará su nombre inmortal (APLAUSOS). / Querido compañero Brezhnev: Durante meses enteros los profesores, los trabajadores y alumnos de esta escuela, y los obreros de la construcción, se han esforzado, día y noche, para que en la ocasión de su visita no faltara un solo detalle, ni siquiera una hoja de los árboles de las bellas áreas verdes que la rodean, y para recibirlo a usted con el inmenso cariño a que lo hacen acreedor su condición de Secretario General del Comité Central del glorioso Partido Comunista de la Unión Soviética (APLAUSOS), su valerosa lucha por la paz mundial, su fidelidad a los principios leninistas y sus sentimientos de amistad y afecto por nuestra patria revolucionaria. / Es un gran honor y un profundo motivo de alegría y satisfacción para todos nosotros, que esta escuela que lleva el nombre radiante y glorioso de Lenin, sea inaugurada por usted, que ocupa, hoy su honroso puesto en el Partido Comunista de la Unión Soviética (APLAUSOS). / ¡Gloria eterna a Vladimir Ilich Lenin! (APLAUSOS) / ¡Viva la indestructible amistad entre Cuba y la URSS! (APLAUSOS Y EXCLAMACIONES DE: "¡Viva!")» (Castro 1974).

Fotogramas de «Los músicos de Bremen», de Porno para Ricardo, dirigido por Ernesto René.

como un serio y patriótico himno soviético, resulta en cambio una versión punk-rock de la canción de los dibujos animados *Los músicos de Bremen*. El audiovisual refleja el deterioro del sueño ideológico mediante su retrato de una cultura material venida a menos. El abandono y el aislamiento que pueden observarse fácilmente emergen tanto de la experiencia de la insularidad como de las restrictivas políticas de viaje gubernamentales. En contraste con el arranque más pintoresco de la canción en el álbum *Rock para las masas… (cárnicas)* (2002) de Porno para Ricardo, el ruido de estática introduce los esfuerzos por conseguir recepción. La protagonista –la chica de la escena del inicio, pero con algo más de edad– se encuentra en un tejado hablando desde un celular mientras observa figuras de aviones y pájaros que pasan volando. Luego apunta la antena hacia los aviones, pidiendo desesperadamente una señal para comunicarse con el mundo, recordando al espectador la estática inicial. El video hace un corte a escenas donde se esfuerza por atravesar la ciudad. Su apariencia es exagerada, como de dibujos animados, pero el mensaje es serio: el problema del transporte en La Habana, y, por extensión, en todo el país y del país hacia el exterior. El transporte ha sido uno de los problemas socieconómicos más acuciantes de la nación, y fue sólo en 2005, con el apoyo de Venezuela, que Cuba comenzó a comprar grandes cantidades de autobuses a China, lo que ayudó a mejorar provisionalmente la situación.

La posibilidad de viajar al bloque soviético por razones formativas y profesionales, o incluso como recompensa para los cubanos más trabajadores, es un sueño ideológico del pasado, y la pérdida de estas posibilidades implica una aguda sensación de aislamiento. Ambos sentimientos son perceptibles en el pastiche visual y musical del video. Imágenes sobreimpuestas de la luna al estilo animado, así como de pájaros y aviones, apuntan a un marco temporal y espacial expansivo y a las fracturas en el legado de la historia soviética. Los personajes masculinos que cavan en las calles de la urbe no sólo comentan el caótico presente, con el espacio urbano en tal estado de deterioro que más bien parece el campo, sino también las zafras de los setenta, recordadas de una manera increíblemente amable y empática. Esta actitud hacia las zafras —algo que puede sorprender a los de fuera, más familiarizados con la opresión humana asociada con las metas productivas deseadas— se explica en parte por la distancia temporal, y en parte, también, por las experiencias menos traumáticas de la última década con economía dual. En un *flashback* ideológico y estético, la pintura roja se desparrama por la habitación donde toca la banda. El video estiliza la retórica de la productividad cubana que estaba tan estrechamente vinculada a la Unión Soviética. Las diferencias resultantes entre lo que hay y lo que no sin duda atemperan el recuerdo que hace el artista de su juventud y del idealismo universal al estilo soviético universal que se les inculcó. La mirada del director del video refleja un elemento de armonía delirante en la extraña experiencia, similar a un *collage*. El video termina humorísticamente con la aparición de palabras como «Pashiva» (gracias), «Stonia» (Estonia), «Kroacia» (Croacia) y, finalmente, «Koniec».

Si el estancamiento y la inmovilidad —esencias temáticas en las representaciones de Cuba— son algunas de las preocupaciones que abordan los tres minutos del video, también lo son los movimientos

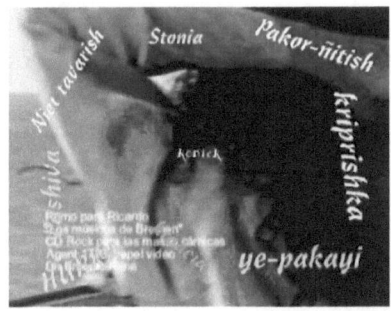

Fotograma de «Los músicos de Bremen», de Porno para Ricardo, dirigido por Ernesto René.

culturales que contrastan con la imposición del capitalismo implícito en el término «transición». Las burbujeantes letras en rojo y blanco que se deslizan por la pantalla al final de una de las escenas, declarando que «esta guitarra es rusa», aluden a las relaciones comerciales casi exclusivas con los soviéticos. Si bien la referencia podría considerarse una señal de que el pasado soviético pronto saldrá de escena por completo, es importante archivar este detalle en apariencia menor, previo a la propia «disidentización» de Gorki y los renovados vínculos de los rusos con los cubanos. En cierto sentido, el video refleja placeres encontrados: los músicos pueden parecer y sonar como tontos cantando en esa otra lengua que en su día el país adoptó como propia, pero el video también recuerda la ingenuidad nacional respecto a esa alianza solidaria. La transición a los ciudadanos modernos de hoy queda patente con la decoración del piso en que se reúnen los amigos –hay un poster de Marilyn Monroe en la pared donde transcurre la fiesta. Un hombre afrocubano toca la percusión en la playa. Estas dos imágenes aluden al entretenimiento capitalista y a la política identitaria, que habían quedado al margen de las políticas culturales cubanas durante el periodo soviético.

A Heberto Padilla, Reina María Rodríguez y Jorge Ferrer –una pequeña muestra de los muchos cubanos que se hicieron eco de las voces contestarias del bloque soviético en sus escritos – se puede añadir a Ciro Díaz Penedo, guitarrista principal y compositor de Porno para Ricardo. Las voces de los disidentes del bloque soviético recurren en la música de Díaz Penedo, en particular en su proyecto paralelo, una banda llamada La Babosa Azul. La historia comienza con su encuentro con Gisela Delgado Sabión, una de las Damas de Blanco, que le anima a buscar apoyo para su música en la embajada polaca. La embajada condicionó su apoyo a que vinculara de algún modo su trabajo con la cultura polaca. De aquí surgió el álbum de La babosa azul *Cuando amanezca el día* (2007), inspirado en Jacek Kaczmarski, una de las voces contestarias más renombradas de Polonia, cuyo héroe era Vysotski, ya famoso en Cuba. *Cuando amanezca el día* recoge varios temas de Vysotski y Kaczmarski, entre ellos «Epitafio para Vladimir Vysotski», de Kaczmarski. Ese reciclaje intencional de voces de protesta del Este puede vincularse a las nuevas alianzas que se han formado entre los disidentes cubanos y los de los países del antiguo bloque soviético, especialmente la República Checa y Polonia. La implicación de la República Checa alcanzó su punto culminante con la creación del Comité Internacional para la Democracia en Cuba (véase <http://www.icdcprague.org/>), dirigido por el antiguo presidente Václav Havel, y el proyecto PIN (People in Need), ambos creados en 2003 tras las severas medidas tomadas por el gobierno cubano contra los periodistas independientes. La solidaridad de Polonia con la disidencia cubana quedó patente en el portal «Solidaridad con Cuba», que emitía comunicados de Lech Walesa, el antiguo líder de Solidarność –y presidente polaco entre 1990 y 95– al pueblo cubano. Esta relación entre el *underground* cubano y Europa del Este ha estado definitivamente modelada por las voces disidentes del pasado.

Atrapados en Cheburashka

Si los viajeros imaginarios y reales de los capítulos segundo y tercero oscilan entre posicionarse en el Este o el Oeste, estos artistas, nacidos entre mediados de los sesenta y los ochenta, se proyectan deliberadamente a sí mismos en un nivel geográfico simbólico, utilizando un producto del «Este». Tal vez Wendy Guerra, nacida en 1970, sea la portavoz más internacionalmente conocida de su generación. Es interesante lo que confiesa —algo con lo que están familiarizados los lectores de su ficción— al entrevistador de una revista chilena: «Mi problema es decir la verdad. A lo mejor nadie me tiene tomado el teléfono y yo soy una psicópata, en cambio ustedes dicen que van a un lugar y están en otro: no te digo en Chile; en Occidente. Yo no vivo en Occidente, vivo en Cuba» (Guerra 2006b: en línea). Esa percepción de no pertenencia se relaciona con los antiguos vínculos entre Cuba y Europa del Este y su impacto en la psicología de un sujeto que creció en la década de los ochenta. Guerra separa a Cuba de su posición «natural» en el continente americano.

Para Nieve Guerra, la joven protagonista de la primera novela de Guerra, *Todos se van*, los dibujos animados rusos no sólo resultan parte importante de la televisión, sino también un requisito de su currículo escolar. La profesora de Nieve le pide que escriba una redacción sobre ellos, y como su madre no tienen suficiente dinero para comprar un televisor ni ganas de hacerlo, la compañera de Nieve le hace el favor de darle una lista de títulos de dibujos animados y nombres de sus personajes, y la invita a su casa para verlos. Ese detalle lleva a la cuestión de si los sentimientos de los cubanos por los soviéticos son tan homogéneos y benevolentes como Abel Prieto los muestra. La división entre el espacio público (caracterizado por obligaciones impuestas, como por ejemplo la necesidad de tener televisor para ser parte del colectivo) y el espacio privado (caracterizado por la creatividad y la sensación de que la separación entre ambos es vital para la supervivencia) sugiere que la sociedad cubana no estaba del todo exenta de imitar el modelo soviético.

Yoani Sánchez, sin duda la disidente cubana más famosa del nuevo milenio, ha comentado en su sitio web, Generación Y, el impacto de la sovietización en la Cuba de hoy:

Muchos de nuestros padres habían estudiado o trabajado en la URSS, pero nosotros no conocíamos la sopa borsht ni nos gustaba el vodka, así que todo lo «soviético» nos parecía pasado de moda, rígido y cheo. Lo que nos paralizaba de ellos era el poder osuno que emanaba de sus gestos, la advertencia velada de que ellos sostenían nuestro «paraíso» caribeño.

Aquella mezcla de temor y burla que nos generaban los bolos todavía se mantiene. Si ahora mismo un turista que pasea por la ciudad no quiere ser molestado por los continuos vendedores de tabacos, sexo y ron, sólo debe musitar algo como «Tavarich», «Niet ponimayo», y el asustado mercader se esfumará. (2008: en línea)

Si bien el tono visceral y crudo de Sánchez sobre la cultura soviética contrasta con el de Jácome, también, como Abel Prieto, encasilla a los soviéticos como miembros de un mundo rudimentario. Es difícil de creer, sin embargo, que Sánchez, nacida en 1975, haya podido ser testigo ella misma de tanto mal gusto y arrogancia. Es más probable que ella y sus seguidores de la Generación Y asimilasen los sentimientos de sus padres y la antipatía póstuma hacia los soviéticos en su sociedad.

Una de las menciones del premio de cuento de *La Gaceta* en 2006, el mismo año que Martínez Shvietsova ganó con «17 abstractos de una agenda», fue para «Sobre Sovexportfilm», un cuento de Rubén Rodríguez, un autor nacido en 1969 que reside en Holguín. Sovexportfilm era la organización estatal que gestionaba la exportación y la importación de películas, y los personajes de Rodríguez actúan como si estuvieran dentro de los dibujos animados del bloque soviético. Mediante esta extraordinaria intertextualidad se desarrollan los personajes y se crean los contextos donde viven:

¿Para qué quieren los ciegos la luz?
«Para nada,» se responde como el topo del muñequito ruso que ha visto cien veces, pues con otros pájaros suele reunirse a ver viejos dibujos

animados soviéticos que les prestan en la cinemateca, en un proyector hurtado de un cine de barrio. Siempre los mismos. (Rodríguez 2007: 23)

Una vez que los animados dejan de usarse para enseñar un código cívico y ético, vuelven a su nueva función. Tiene lugar una repetición selectiva al comienzo de la historia; es decir, la «decisión» de ver una y otra vez los mismos animados soviéticos. Esta decisión, sin embargo, es de algún modo errada, puesto que incluso después, sin los soviéticos, las opciones de diversión para estos homosexuales que se hacen mayores en la isla son limitadas.

La imaginación del protagonista homosexual, Michel, está íntima e intrínsecamente ligada a la penetración cultural soviética en Cuba. Tras comentar su habitual depilación genital para que su miembro parezca más grande, recurre a los animados soviéticos como si fueran un remedio para sus excentricidades eróticas: «Pero él es libre como el arroyuelo gozón y primaveral de aquel dibujo animado, producido por los estudios *Soyuzmultfilm* y doblado en los estudios *Filmexport*, con texto en español de Katia Olévskaya» (2007: 23). Olevskaya, nacida en Ucrania en 1917, pasó parte de su infancia en México con su familia, y se convirtió en la primera voz femenina de las emisiones en español de La voz of Rusia[7]. Michel sexualiza sin cesar los dibujos animados, hasta el punto en que se convierten en «el manual» mediante el que interpreta el periodo soviético en la historia de Cuba.

«Sobre Sovexportfilm» simboliza aspectos cruciales de la ida en el segundo y el tercer mundo. «Camisetas rojas, azules, negras, blancas, grises y verde olivo con nombres cabalísticos, impresos al revés en el ojo de agua del espejo: *regifliH ymmoT, ekiN, nottiuV siuoL*; un triángulo troceado: *sadidA*; una efe de bordes romos: *aliF*»

---

[7] Para más información sobre Katia Olevskaya, véase «Historia de nuestras transmisiones: La voz de Rusia» (<http://spanish.ruvr.ru/historia>), y el post del 14 de julio de 2009 del blog *Escucha Chile* (<http://www.escuchachile1973.blogspot.com/2009_07_01_archive.html>).

(Rodríguez 2007: 23). La descripción del narrador de la vestimenta del protagonista subraya la importancia de ser un espejo del primer mundo, una inversión inevitable que sigue vigente en la esfera cultural cubana.

Los personajes de «Sobre Sovexportfilm» se expresan a través de creadores soviéticos y buscan en ellos su propia genealogía. Michel pregunta si su abuela podría haber sido un cocodrilo: una alusión seguramente al cocodrilo Gena, un personaje de Cheburashka[8]. Michel utiliza el imaginario soviético como guía de comportamiento, y lo que resulta todavía más extraño es que, como el Vladimir de Moscú en «Bajo la bandera rosa», de Ernesto Pérez Castillo, llega demasiado tarde para ser testigo o participante. Es un «maricón» cuyo «único recuerdo del padre que nunca conoció» era «un libro de Pushkin, en ruso» (2007: 23).

> Michel se ha negado siempre a aprender una palabra de esa lengua; prefiere que el libro siga siendo un misterio indescifrable. Recuerda la ilustración: las ramas encadenadas del árbol por el que pasea un gato rayado. Se lo ha traducido su madre, quien vino de Rusia preñada por un apuesto *bogatyr* que siempre olía a arenques ahumados y se llamaba Mijaíl Gorbachov, lo que le hace cagarse de risa. Nunca supo de él, aunque le buscó desesperadamente en las películas y los dibujos animados soviéticos, mientras su mamá le embutía papilla de una cazuela esmaltada, tal como hacía la abuela burra en el televisor ruso. Y él pensaba: «¿Tal vez sea mi abuelita el cocodrilo?». (Rodríguez 2007: 23)

Michel intenta compensar la tragedia de la muerte de su padre en Angola introduciéndose en el dibujo titulado *La hija del sol*, producido en 1963 por Soyuzmultifilm, el estudio de animación soviético

---

[8] «Cheburashka» (1966), cuento infantil de Eduard Uspensky, se llevó por primera vez a la pantalla en 1969 con la película de stop-motion *Gena, the Crocodile*, dirigida por Roman Kachanov.

más influyente. Cuando piensa, por ejemplo, sobre la necesidad de orden, también recurre a los *muñequitos*. Para explicar el comportamiento de su amigo, un «fogoso marica» con poco respeto por la autoridad y que era, por consiguiente, detenido a menudo, dice que «Él nunca vio el muñequito de "Se puede y no se puede"» (2007: 23). La frase reconoce el rol prohibitivo que desempeñaron los dibujos soviéticos, así como su función en una reconstrucción irónica de la familia.

Rodríguez inventa un producto bicultural monstruoso, un híbrido que carece de cualquier modelo cultural integral y que, incapaz de vivir en su propia piel, se apoya en los muñequitos rusos para proporcionarse un marco de comportamiento. Sin embargo, a juicio de su madre, los muñequitos están mal traducidos al español. Como si él fuera un sujeto colonizado, Michel sobreestima la significación de su padre ausente, incluso intentando seducir a un compañero con «malas traducciones de versos rusos, figuritas de madera y postales con reproducciones de arte del Hermitage» (2007: 24), objetos íntimos que sin mucho esfuerzo recuerdan al ensayo fotográfico de Solórzano. Incluso la seducción tiene sus complicaciones más allá de la homofobia societal. El padre cubano de su compañero, se nos dice, «[lo] mata si se entera» (2007: 24). El «no» del padre remite no sólo a una homofobia latente, sino también al rechazo de todo lo soviético.

Para rescatar al protagonista de las burlas de sus compañeros, su madre trata de fortalecer su carácter con símbolos que para los cubanos eran típicos del espíritu soviético, como los abedules y el *komsomol*, así como otros nuevos igualmente «usados» hoy en día en la cultura cubana, como Vladimir Vysotski:

> «¡Nunca!», aulló ella y puso a hacer té en la tetera esmaltada. Lo bebieron juntos en las hermosas tazas traídas de Leningrado. Ella sacó un libro en ruso y le tradujo algunos conceptos psicológicos elementales, que le hicieron sentir la fuerza de doce hércules. «¿Dónde era eso?», se preguntó, y no pudo recordar. La madre colocó en el tocadiscos una

placa de Visotski y la sala se llenó de abedules y komsomoles. (Rodríguez 2007: 24)

¿Es esta la transculturación de la que habla Fernando Ortiz o un recital de clichés que en ausencia de un legado cultural vivo y transformador sigue teniendo valor? Estas reliquias de la Unión Soviética, como las de Adelaida Fernández de Juan en «Clemencia bajo el sol», siguen teniendo valor social, si bien por medio de la ilusión de la victoria sentimental. El heroísmo en todas sus formas queda ridiculizado. Al hablar a «la única mujer de su vida» sobre su familia, ambos revelan secretos familiares: «Mi abuela fue puta», le contó ella. «Mi papá es ruso», reveló él» (2007: 25). La confesión de Michel indica las implicaciones negativas, quizá provisionales, de ser ruso en Cuba.

Al final de la historia, Michel observa una orgía desde fuera, imaginando que está en otro dibujo donde los juguetes tratan de llegar «hasta la ventana alta, para ver el arcoíris, pero no pueden. Menos el puerquito alcancía, que se la pasaba *luchando* monedas» (2007: 26). La historia de Rodríguez, casi una fábula, termina con la hucha del cerdito rota y la imposibilidad de ver el arcoíris; es decir, el cuento termina con una sociedad en bancarrota. Por un lado, el hecho de que se eche de menos una moral explícita en la versión de Rodríguez de los muñequitos rusos constituye un comentario sangrante sobre la exportación de los animados del bloque soviético a la esfera cubana, pero por otro, ese forzado vaciado ficticio también ilustra la necesidad de una descarga simbólica. Los personajes de «Sobre Sovexportfilm» representan antiguos episodios de la historia: incapaces de integrarse en un nuevo «superego» social, siguen, como «esquizoides», perdidos en la órbita de un sputnik, desprotegidos frente a su entorno temporal y geográfico actual.

Cuesta leer «Sobre Sovexportfilm» sin pensar en la ilustración de Lázaro Saavedra donde Elpidio Valdés, el conocido personaje de animación cubano, le pregunta a Cheburashka qué ha hecho

Ilustración de Lázaro Saavedra, *circa* 2006. Cortesía del artista.

después de dejar la KGB, a lo que el divertido animalito responde: «Mucho dinero, negocios en Londres». La ilustración, como *Un rey en la Habana* y «Sobre Sovexportfilm», subraya la discrepancia entre el tiempo cubano y el tiempo en el resto del mundo al centrarse en un género que en otras partes ha desaparecido.

Las damas dañadas

Si Rodríguez explora la herencia soviética mediante la parodia y sin remordimiento alguno, Wendy Guerra es más directa en sus reproches a los soviéticos en su segunda novela, *Nunca fui primera dama*. La novela tematiza la imposibilidad de ser una «mujer líder» en la Cuba revolucionaria, puesto que el individuo debe supuestamente luchar por el bien colectivo. Hasta que no empecé a confundir el título de Guerra con el de *Todas iban a ser reinas* de Gustavo Pérez, no me percaté de las semejanzas que comparten en su actitud melancólica respecto al heroísmo femenino en el proyecto revolucionario. Nadia, la protagonista de la novela, no es prácticamente nadie y sin embargo es casi la gran dama de la novela. Los personajes secundarios son su madre, que nunca «asumió» públicamente su vena artística y que necesita a su hija para acceder a la esfera pública, y Celia Sánchez, de quien se rumora que fue amante de Fidel Castro y la mujer que más cerca estuvo de ser primera dama en la historia cubana.

Nadia comparte con la protagonista de *Todos se van* el apellido y una madre cuyos datos biográficos e influencia sobre la hija son similares. Además, el apellido coincide con el de la autora; una cita de un poema de Albis Torres, la madre de la autora, sirve de exergo al libro –mucho más que un guiño sobre los elementos autobiográficos de la novela. *Todos se van* –que consta de dos partes, la primera un diario de la infancia y la segunda de la adolescencia–, es una suerte de novela autobiográfica, mientras que *Nunca fui primera dama* es un metatestimonio que da voz a un personaje sin voz propia, Albis Torres. Al mismo tiempo, *Nunca fui primera dama* comenta la imposibilidad misma del proceso testimonial, abriendo con una declaración que recuerda el conocido testimonio de Rigoberta Menchú –«Me llamo Rigoberta Menchú. Tengo veintitrés años. Quisiera dar este testimonio vivo […] No soy la única, pues ha vivido mucha gente y es la vida de todos» (Menchú 1983: 1)–. Guerra se hace eco de estas palabras de manera irónica, remitiendo a los lectores inmediatamente a la intimidad de la protagonista: «Les habla la hija de todos, reportando desde el país de nadie» (2008a: 9). La declaración ilustra el resentimiento de Guerra hacia un discurso que, al considerar la autobiografía como el principal dominio del mundo capitalista, trata de persuadir a los escritores de la validez de la voz colectiva del testimonio.

Si *Todos se van* atrae la atención de los lectores sobre la huida de cerebros que Cuba experimentó en los sesenta, los setenta y los ochenta, la segunda novela de Guerra les lleva a la época inmediatamente posterior a esos años, cuando Cuba pasó a definirse como un país de ruinas. En *Todos se van* los soviéticos son los culpables de la desintegración de la familia de Nieve. Su padrastro, un sueco que podría haber abusado de ella, trabaja en una planta nuclear hasta que un día de 1979 es despedido y deportado, algo de lo que culpa a los rusos. La segunda parte de *Todos se van* comienza en la segunda mitad de los ochenta. Nieve construye una relación entre sus padres y el Muro de Berlín, mostrando el pernicioso efecto de su desaparición en su madre y sugiriendo, a mayor escala, que la psicología y el comportamiento de los cubanos están directamente condicionados por su caída.

La noticia les llega en el invierno de 1989:

> La noticia de la caída del Muro de Berlín. Se derrumban los muros, la gente le da con todo y ya parece una epidemia de comentarios que vienen en susurros, entran y salen de la casa a la escuela y de la escuela a la calle [...] Mi madre dice que un día ella se va a derrumbar como el muro, porque no tiene fuerzas para levantar otro, ella sin muros no sabe vivir, el muro es su barricada, en él se protege aunque lo odie, allí vive detrás de él. Si llegara el capitalismo [...] habría que aprender otra manera de sobrevivir. Mi madre no lo aguantará. (Guerra 2006a: 250)

El narrador, sin embargo, deja saber que habían sido conscientes ya durante un tiempo de la posibilidad de un cambio, porque sus amigos que habían estudiado en la Unión Soviética solían decir desde mucho antes que «todo se derrumbó» (2006a: 250). Nieve considera las consecuencias que el derribo del muro podría tener en Cuba. «No me imagino cómo podemos romper aquí un muro de agua, amorfo y profundo» (2006a: 250). En abril de 1990 Nieve no es capaz de conseguir ni una sola copia de *Sputnik*, la revista que tanto le gustaba a su madre –la misma que se vendía como rosquillas al comienzo de *Sputnik* de Rodríguez Febles–. La reproducción repetitiva de este escenario en la cultura cubana del nuevo milenio muestra cuán importante fue y sigue siendo, al menos en el recuerdo, esa pérdida. Rubén Zardoya Loureda, profesor de ciencias sociales en La Habana, proporciona algunas razones para este sentimiento: «La influencia de estos medios sobre la opinión pública cubana resulta mucho más poderosa que la ejercida por los cientos de horas de propaganda radial contrarrevolucionaria que nos llegaba –y nos sigue llegando– desde Estados Unidos de América» (2002: 36). El comentario de Zardoya Loureda refuerza el aparato ideológico estatal de los soviéticos con el propósito de animar a los cubanos a seguir defendiéndose frente a la agresión norteamericana, mientras que el sentimiento que experimenta la madre de Nieve es mucho más confuso.

Nunca fui primera dama comienza en el nuevo milenio, aproximadamente quince años tras la última anotación en el diario de Nieve. Su protagonista, Nadia, expresa dos opiniones directamente relacionadas con la influencia soviética en Cuba. Su madre la abandonó, así como a su padre y a Cuba, para ir a la Unión Soviética cuando Nadia sólo tenía diez años. En 2006 Nadia llega a Moscú, siguiendo el rastro del amante de su madre, que la había visto con un marchante de arte ruso y sus dos hijos en la tienda Chanel, una referencia que conocen bien los lectores de *Nunca antes habías visto el rojo* o *Enciclopedia de una vida en Rusia* de José Manuel Prieto: el capitalismo frenético que cala en la antigua esfera comunista. Al final, Nadia logra encontrar a su madre «usando el poco ruso que aprendi[ó] en la escuela primaria de Cuba» (2008a: 74). Antes Nadia había dicho: «No conozco esta cultura, coexistimos juntos "allá lejos y hace tiempo", pero en realidad los soviéticos no nos dejaron casi nada y poco sabemos de ellos» (2008a: 76). Y prosigue:

> Soy turista en un país que de algún modo, ya conozco. Ellos hicieron una gran intervención pública en Cuba. Dejaron huellas en nuestras memorias; mal aprendimos su lengua y ahora nos olvidaron. Por suerte, en un rapto de «Amistad indestructible» pude arrebatarles la visa para encontrar a mi madre.
> Koniec. (2008a: 78)

La referencia de la protagonista a «la amistad entre los pueblos» cuando menciona «Amistad indestructible» –lo que, recordaremos, Abel Prieto sugirió que no era realmente un género importante de bromas en el mundo cubano– destaca porque los cubanos no tenían estatus colonial. A la vez que, según el narrador, los soviéticos no dejaron nada, sí dejaron «rastros en nuestros recuerdos». En cierta medida, la protagonista proyecta sobre los soviéticos los sentimientos más amargos que posee hacia el orden que aún se mantiene en Cuba incluso sin el idioma ruso, el idioma al que culpa en parte no sólo del desmantelamiento de su madre sino también del colapso de la nación. Como puede verse, ambas declaraciones son bastante similares y a un tiempo contradictorias, tanto dentro como fuera del texto.

Hay innumerables ejemplos de personas en los treinta y los cuarenta que recuerdan el pasado soviético conscientes de que parte de él está a la vez extrañamente fragmentada y persiste de manera inquietante en el presente. En una reseña de *Nunca fui primera dama* titulada «Un diario desde el país caribeño criado con códigos soviéticos», Ihosvany Hernández escribe que

> al final nos deja pensando en nuestro propio pasado, y hasta en este siglo XXI, cuando ya no existe aquel soporte soviético aunque queda una marca indeleble que penetra y nos pone a enmendar los errores de ayer y a cargar con los efectos de esos mismos en medio de una ciudad derruida da a la que muchos amamos, y en donde, quizás, se engrosan nuevos diarios entre la nostalgia, y lo que vemos perder, irredimiblemente. (Hernández 2009: en línea)

Hernández destaca los fundamentos del *modus operandi* textual de Guerra en el sistema soviético. Nadia se marcha a Rusia en busca de su madre y encuentra, en su lugar, a un ser privado de memoria. Cuando Nadia logra reinstalar a su madre en La Habana, su madre enloquece todavía más y finalmente se suicida. La protagonista explica: «Me llamaron Nadia, en honor a la esposa de Lenin. En ruso надежда, mi nombre y yo significamos "la esperanza"» (2008a: 13). *Nunca fui primera dama* viene a sugerir que la madre de Nadia fue una víctima de las mentiras del sistema, incluida la esperanza, como forma de sobrevivir en Cuba. Nadia insinúa que el olvido es la táctica empleada por su madre para escapar de la realidad. Aunque la locura de su madre tiene una causa fisiológica –el Alzheimer–, tiene también una sociológica:

> Mis verdaderos héroes son mis padres, víctimas de una supervivencia doméstica, callada, dilatada, dolorosa. Desintegrados en una secta de adoraciones y desencantos, ellos perdieron la razón.
> Derribados como el muro, al mirar del otro lado, quedaba el mar como único patrimonio; la bahía oscura y estrellada o el luminoso Caribe de todos los días. Y nada de eso les pudo salvar. Postergaron los proyectos personales para integrarse al proyecto colectivo. (2008a: 10)

Los significantes de los protagonistas son un préstamo embarazoso para Nadia porque los significados a los que se refieren no tienen lugar en Cuba. Como heredera del préstamo, Nadia Guerra sigue jugando con ellos. Se inserta en la historia trasnacional cuando emplea la palabra «Koniec» en el pasaje antes citado, sin traducción, para explicar la extraña experiencia de ser turista en Rusia con un nombre como el suyo.

La misma palabra, pero esta vez definida para evitar la confusión, cala en un poema de Guerra titulado «De cómo los rusos se fueron despidiendo», que versa sobre la imposibilidad de un diálogo intercultural:

> Ellos nunca se integraron
> nos hablaban y nosotros contestábamos bailando
> ellos nunca fueron parte
> andaban visibles como su olor
> ocultos como sus submarinos
> no sé adónde puedo dirigirles esta carta
> recuerdo que enseñé a mis amigos de Moscú a fajarse sin llorar
> pero ellos nunca se integraron quizás fuera el calor o las películas
> poco a poco se fueron despidiendo y
> KONIEC.*
> Fin en ruso. (2008b: 68)

La ausencia de un destinatario en la carta de Guerra es síntoma de la imposibilidad de comunicarse y de comprender al otro, dados los códigos distintos de comunicación.

Escuchada a menudo por los cubanos de la generación de los muñequitos rusos, la palabara «koniec» es inolvidable. Al mencionar el «olor soviético», Guerra describe una reacción visceral a los soviéticos que aparece también en *Siberiana*, de Díaz, y en el blog de Yoani Sánchez. En una época en que el discurso sobre la raza, en ciertas partes del mundo, se circunscribe con métodos de «corrección política», vale la pena contemplar las razones para una digresión poética como esta en una escritora tan aclamada como Guerra. Este poema podría interpretarse como una venganza del racismo soviético: algo que los que viajaron a la Unión Soviética experimentaron de cerca, pero que no se señala directamente en Guerra. Ernesto Hernández Busto tiene al menos parte de razón cuando dice que el biculturalismo rusocubano no se ha estudiado lo bastante a causa del «honor perdido culpable del chauvinismo criollo» (2005: en línea). La atribución de Abel Prieto de la falta de interés por lo ruso a nivel popular a la persistente y poderosa influencia de la «cultura de masas yankee» permite también explicar el claro rechazo hacia la esfera soviética de Sánchez y Guerra. Su propio chauvinismo y rebeldía son provocados por el hecho de que sus vidas tempranas y sus familias nucleares estuvieron influidas por un ideal inalcanzable que ellos mismos ni siquiera tenían derecho a elegir.

Para Guerra, los cubanos son responsables de seguir fabricando el «olvido» usando, entre otras estrategias, las herramientas importadas de una Europa del Este ya desaparecida. Como su madre veinte años antes, Nadia trabaja en una emisora de radio al comienzo de la novela, pero también a ella le llega el momento en que decide abandonarla. La estética del adiós merece especial atención:

> Hice mi promenade visual: la oficina de cortinas color «curre mostaz», bustos de yeso con la cara de mártires desconocidos, varios

trofeos de mármol y tarjas de hojalata un poco corroídas por el tiempo. Imitaciones de micrófonos de la RCA y, sobre todo, libros en perfecto ruso, imagino que sobre política radial, pensamientos de arte y socialismo, diccionarios de lengua española al ruso y viceversa. Fue ahí cuando recordé que esta mujer se había diplomado en una maestría de comunicaciones comunitarias en la Unión Soviética. Mi padre contaba que fue a Edelsa a la que se le ocurrió aquella idea de los cursos de ruso por radio. En fin, sigo vagando por el samovar de madera, las matriuskas empolvadas y sus fotos. La mulata cubana, entre puentes y monumentos nevados; la mujer con *shadka*, sonriente en instantáneas extendidas por el territorio de la oficina. Sitio detenido en el tiempo, con todo el frío de la estepa siberiana, el aire acondicionado al máximo y las postales rusas colocadas por orden de tamaño sobre la caja del aparato helado, ruidoso y también soviético, maltratado, pero ahí, en marcha. Dudo que los funcionarios rusos conserven un sitio parecido en su país. (2008a: 34)

Aunque en Cuba está prohibido erigir estatuas de personalidades nacionales mientras vivan, esa atmósfera realmente parece un mausoleo. La sensación de estar atrapado entre distintos periodos históricos y territorios dispares es habitual. Es como si el mismo aire soviético se hubiera transportado a la atmósfera tropical de la oficina, donde no puede circular adecuadamente. La mulata Edesa, con su shadka, un gorro de piel ruso, es como un *objet trouvé*, emblema del alcance del «Imperio» soviético. Los artículos del bloque soviético se usaban habitualmente para decorar los hogares durante el periodo soviético en Cuba, especialmente por aquellos cubanos que habían estudiado fuera, pero el peso de esta herencia en los productos de consumo tiene que ver más con su asociación, en la mente de Nadia, con la esfera hegemónica. Para ella, Edesa no sólo traía recuerdos de viaje, sino también un ideal soviético asimilado hasta tal punto que ella misma deviene representante de sus mecanismos más opresivos en la isla.

Esta imagen recuerda a la pintura de Gertrudis Rivalta (nacida en 1971) titulada *Quinceañera con Kremlin*, en la que la modelo mulata, que es la hermana de la pintora, se sienta con el Kremlin sobre su cabeza como Carmen Miranda con su canasta de frutas. El sujeto, sin embargo, no sonríe, sino que sostiene una amarga mirada hacia el observador; la exótica Carmen Miranda que fascinó a los Estados Unidos se transforma en otra más oscura y mordaz. *Quinceañera con Kremlin* retrata un encuentro entre el camp americano y el kitsch soviético. No estamos ante una experiencia de la hibridez, sino ante una imposición extraña e incómoda cuya dificultad centra la atención en los aspectos coloniales de la fraternidad cubano-soviética. Rivalta, la artista, explica:

> Es el retrato de mi hermana Nildita en sus 15 años. En la diadema que lleva en la cabeza está la imagen del Kremlin [...] Lo reproduje exactamente como es, pero en perspectiva, y luego pinté y dibujé sobre todo el vestido de quinceañera de mi hermana. Una cosa se superpone a la otra, tal y como se arma lo que creemos que es la identidad. El título es Fnimanief, que es la fonética de la palabra «Atención» pero en ruso. La tomé de la versión rusa de la fábula que relata la competencia entre la liebre y la tortuga, una fábula que ponían en Cuba. Ya tú sabes que me marcaron bastante, en cuanto a que dejaban muy claro lo que querían que fuéramos e hiciéramos, en fin, lo que somos «now». Siempre tienes que parecerte a alguien, responder al modelo que está de moda, un concepto errado sobre lo que es estar actualizado y ser funcional. (en Power 2004: 19-20)

Los modelos importados y su rol en la subjetivación femenina, especialmente en la afrocubana, son un tema decisivo en la obra de Rivalta. Sus improvisaciones sobre los retratos de Walker Evans ilustran la medida en que los cubanos confiaban en la esfera estadounidense de influencia para su propia identificación, pero imágenes como las de *Quinceañera con Kremlin* sugieren que los soviéticos han tenido un efecto duradero en el paisaje cubano.

En su artículo «*Fnimaniev! Fnimaniev!* The Tortoise and the Hare: The Black *Moña*», Rivalta subraya el parecido entre el modelo

Quinceañera con Kremlin, de Gertrudis Rivalta Oliva, 2004. Cortesía de la artista.

soviético y el estadounidense en lo que respecta a sus implicaciones coloniales. Las palabras «Fnimaniev! Fnimaniev!» (¡Atención! ¡Atención!) acompañaban el pistoletazo que daba comienzo a la carrera en la adaptación animada que hizo en 1963 Irina Gurvich del cuento de Grimm «La liebre y el erizo». En la correspondencia por e-mail que recibí de Rivalta el 8 de abril de 2009, me explicaba el significado simbólico y sentimental del «sonido de la pistola que iniciaba mi vuelta a las ideas y experiencias de la URSS y de Cuba». La segunda parte del título de Rivalta, «La liebre y la tortuga», conlleva una sustitución inusual. Rivalta creía que sus lectores no llegarían a identificar el erizo de la película de animación de Gurvich, producida por Kiev Science Film, de modo que subtituló el artículo con el más internacionalmente reconocible, por la fábula de Esopo y los animados de Walt Disney, «La tortuga y la liebre», que contiene una moraleja similar: no subestimes al que parece el más débil. Según Homi K. Bhabha, el «discourse of mimicry is constructed around an *ambivalence*; in order to be effective, mimicry must continually produce its slippage, its excess, its difference» (2005: 122). Es como si Rivalta supusiera que su incorporación anterior de las categorías del imperio soviético debía ser reemplazada por aquellas con las que Occidente, el poder existente, se entiende mejor. Rivalta se posiciona a sí misma junto con un amplio abanico de mujeres artistas de todo el mundo –incluidas Cindy Sherman, Kara Walker, Mariana Botey, Elena del Rivero, Tania Bruguera, Charlotte Moorman, Yoko Ono y Nan Goldin–, en la medida que analiza las consecuencias de ser una mujer negra cubana obligada a, cuando menos, intentar asimilar los paradigmas de belleza soviéticos. Si para Dmitri Prieto Samsonov y Polina Martínez Shvietsova el modelo cubano de identidad nacional –el ajiaco– no es tan integrador ni tolerante como suele venderse desde el discurso hegemónico, porque los niños de la diáspora soviética tratan de atenuar su herencia soviética con vistas a asumir la identidad nacional cubana, para Rivalta el ajiaco, ya comprometido por los paradigmas de pensamiento racista cubano, fue «secuestrado» por los modelos soviéticos de los cuales fue excluida. Aunque este capítulo aborda sobre todo cómo los cubanos interpretan hoy a los soviéticos y cómo esta interpretación conforma a su vez su identidad, el trabajo de Rivalta deja al desnudo los variados procesos hegemónicos constituidos por la esclavitud, la colonización, el imperialismo, la Revolución cubana, la Guerra Fría y la globalización, todos ellos incorporados a las subjetividades cubanas.

Las temporalidades soviéticas

Aunque la poesía de Ricardo Alberto Pérez no hace reclamos históricos del mismo modo que la obra visual de Rivalta, el tono excepcional de los referentes soviéticos y de Europa del Este es remarcable. Eliminarlos dejaría a buena parte de la poesía de Pérez sin un marco temporal. No son sólo paisajes lejanos, ni imposiciones singulares, sino más bien la lente a través de la cual el poeta establece categorías temporales y relaciones identitarias. Si bien esta investigación se enfoca en la Unión Soviética, es imposible separar el complicado valor de lo soviético y lo ruso en la poesía de Pérez de su preocupación por la cultura internacional en general, y en particular por otras culturas que se difundieron desde el bloque soviético. A través de una serie de televisión de Alemania del Este, *El payaso Ferdinando*, Pérez aborda la dominación y la obligación de ver el ocio exportado, así como lo que ocurre a la memoria con el paso del tiempo en ausencia de esta obligación, sintetizando lo que trataba Jácome en su reconocimiento de la importancia de los *muñequitos rusos* para la generación de sus padres:

> Fabricado con un poco de bilis
> nos lo exportaron
> tocino a diario;
> semillas en los gestos,
> raíces.
> La esterilidad
> venía del seso de la res,
> contenido,
> apresado, prensado,
> Un abedul torcido semejaba;
> tres, o cuatro veces a la semana
> lo proyectaban
> a través de la programación infantil…
> un abedul torcido en el crepúsculo;

> y sin escrúpulos, regresaba,
> con su overol a cuadros,
> la tuba densa.
> Vacío, sin membranas
> copaba la pantalla
> del mueble ruso
> en la rosada seducción
> de la prima noche
> aún no instaurada. (Pérez 2003: 16)

En la penúltima estrofa de «Ferdinando Prenom» la palabra «ahora» se reajusta y acomoda de manera discrepante al impacto de una red internacional represiva sobre el sujeto poético, sugiriendo dones imprevistos:

> Un don de histerizar
> que he dominado
> gracias a su ausencia prolongada.
> Otros vieron cicatrizar sus nacidos,
> las rodillas rotas
> ante este ser, o
> silueta proyectada
> gracias al CAME
> (cerebrillo gomoso y conjunto de ciertos mandatorios).
> Ahora contemplo,
> y rememoro
> la rumorosa disposición
> de las ruinas;
> sonrío. (Pérez 2003: 16-17)

La herida grotesca, esa ironía sobre la que llama la atención con el verbo «histerizar», marca sin duda la visión de Pérez sobre aquella serie de televisión, emblemática en el poema de la década más sombría de la Revolución cubana.

Si entendemos «histerización» como la sobredeterminación por parte del sujeto de las realidades a las que se enfrenta, podremos apreciar mejor la descripción que hace el poema de los efectos de la cultura socialista sobre su individualización. Ese talento para dividir se corresponde con la subjetivización a través de un discurso disciplinario distante pero poderoso, que permite al sujeto narrativo identificarse con el otro y fragmentarse a sí mismo en pedazos. La sonrisa personal final emerge con amarga ironía en las cicatrices proyectadas mediante la lente internacionalista del campo socialista, al que Cuba estaba profundamente vinculada. La poesía de Pérez especifica los elementos de imposición y lesión, además de la perversa sonrisa que es la suya propia. Las implicaciones de la pertenencia de Cuba al CAME resultan grotescas para Pérez, pero el poema sugiere también que la sonrisa final no es meramente el resultado de un fallo ideológico, sino que el extraño lugar de encuentro de estas dos culturas distintas crea en el sujeto poético la capacidad de dominar un sentido particular de histerización. El «ahora» del sobreviviente conoce la fuerza por la cual las dolorosas ruinas se convierten en la energía cargada de la locura cercana, pero también en productividad artística.

Otro poema de Pérez, «Andréi Tarkovski», publicado en 2003, remite al conocido cineasta soviético, cuyas películas se exhibían a menudo en Cuba antes del colapso del bloque del Este. Tarkovski siguió siendo una fuente de inspiración para muchos artistas cubanos, pero no fue hasta 2008 (tal vez como preparación para la feria del libro de 2010) que Tarkovski, junto a otros nuevos realizadores rusos y viejos directores soviéticos, comenzó a reintroducirse en la esfera pública cuando la Cinemateca de Cuba organizó una muestra de cine ruso. Joel del Río evoca la persistencia del disfrute de la estética retro del bloque socialista en la época postsoviética: «Para nostálgicos y eslavófilos, para quienes creen que puede existir un buen cine de entretenimiento, sólidamente comercial más allá de Hollywood, bien narrado y anclado a las claves genéricas, se ha concebido por estos primeros días de mayo un ciclo de Cinemateca» (Río 2008: en línea).

El trasfondo político es evidente en la presentación simultánea de seis películas recientes y de otras del periodo soviético, en este caso de Karén Shajnazárov (director soviético y armenio-ruso, guionista y productor y director de los estudios Mosfilm desde 1988). También resulta evidente la llamada a continuar oponiéndose a la hegemonía norteamericana a nivel cultural. Dalia Acosta también retoma este trasfondo cuando comenta que «el público cubano vuelve a ver el cine de Andrey Tarkovski, con películas como *Solaris* (1972), entre otros títulos que hicieron historia. Así se suceden *Moscú no cree en las lágrimas* (Vladimir Menshov, 1980), *Siberiada* (Andréi Mijalkov-Konchalovski, 1979) y *Los gitanos se van al cielo* (Emil Loteanu, 1975)» (Acosta 2009: en línea). Acosta resalta dos valoraciones importantes hechas por estos invitados «rusos» en La Habana: primero, el contraste de Shajnazárov entre la película soviética y la rusa, apreciando la primera por su inclinación humanitaria y su asunción de la identidad soviética, y segundo, el comentario del actor ruso Boris Galkin, «¡Qué bueno que las películas que se van a proyectar en esta muestra no huelen a cine hollywoodense!». Ese entusiasmo acompañó la firma de un acuerdo de colaboración entre Mosfilm y el ICAIC (Instituto Cubano de Arte e Industria Cinematográficos).

No obstante, las reflexiones de Pérez sobre Tarkovski y la difusión de otros productos culturales del bloque socialista que se llevaron a cabo antes son más personales y críticas. Tarkovski sirve como lente afectiva en el poema de Pérez. Aunque la primera estrofa de «Andréi Tarkovski» está condicionada por una obligación, que aparece en el poema en pretérito imperfecto, la segunda revive la poesía de una época más íntima, transformándola en una prescripción de otra índole:

> Cada noche un soldado ruso,
> una mujer rusa
> llorando
> por un soldado

ruso;
después dormíamos
un sueño ruso:
sopas,
camaradas,
nieve.
Mas, cuando un polvo de metales
recuerda a los violines,
algo debe ser rescatado;
la música
de un hombre
entre discursos envejecidos. (Pérez 2003: 84)

Lo anterior viene a decir que la exhortación en presente para recordar la poesía surge casi orgánicamente de una obligación pasada, un hábito aparentemente ilimitado y monótono que sorprende al lector por su insinuación de que tales uniones no sólo producen totalidades fundamentales sino también excepciones inesperadas. Los polvos de metales que resuenan como violines no son objeto de la coyuntura histórica, sino de obras artísticas que merecen recordarse.

En «Oficios de una bota», una bota resulta la sinécdoque de una épica histórica. El poema comienza definiéndola como el latido de un animal en la hora de su muerte, una muerte tanto «intrahistórica» como «asonante». Las botas son seguidas del campo a la ciudad, pero el viaje es interrumpido por dos estrofas que contienen experiencias estéticas en apariencia superfluas –el portugués y el cine– que dirigen a los lectores hacia otro camino, alejándolos de las botas más íntimas. En esa mirada cinematográfica aparecen otras botas, las de los soldados, y también un basurero. Luego el poema retoma la intimidad de la migración de un tío a la ciudad y de un nuevo trabajo con botas en un hotel de La Habana. Las dos últimas estrofas del poema están caracterizadas por tres frases: «Convivencia textual», «cenizas» e «historias»:

Y, esa bota que viene
de la convivencia textual;
en Lorca ya la vi:
bota de la guardia civil
bota de la guardia fascista,
un, dos, liebre
un, dos, hiena,
y *fumada*,
muita fumaça. Porque
Querella, ya dejó el Puerto.
También el Alabastro;
y el ruso fuma
mientras cae la ceniza
encima de su bota,
un, dos
un, dos
un, dos
más un vodka,
agua
agua
agua,
entre los peces
fluyen las historias. (Pérez 2003: 63)

Las botas entretejen esferas de oficios donde lo textual y lo extratextual coexisten. Las mundos lingüísticas del ruso y el portugués conviven con el español. Los años que pasó Pérez en Brasil con una beca literaria contribuyen a explicar esta invocación, pero las cenizas de las botas rusas esculpen el modo en que el poeta articula las utopías y el dolor. En lugar de la mera definición inicial de una bota, la estrofa final habla de los restos, forjados en una fluidez híbrida de vodka y agua en la que discurren las historias.

Ningún debate sobre los intertextos literarios relativos al mundo soviético en la escritura de Pérez debería pasar por alto el poema sin título que aparece en su inédito *Miedo a las ranas*, donde es imposible confundir su impresión de los setenta con nostalgia restauradora:

> Los rusos fueron perdiendo el equilibrio
> por el vodka ingerido
> en más de sesenta años.
> ¿Qué pasa con el equilibrio
> de los rusos?
> No logran llegar en pie
> a la plaza roja.
> Ahora ingieren lociones de afeitar,
> aguas de Colonia
> (es decir, líquidos
> que no pagan impuestos).
> Los rusos son ese tipo
> de gente
> que de madrugada
> se le ocurre despertar
> al resto de la familia
> y decirle que no se parecen
> a Napoleón, a Mozart,
> ni siquiera a Beethoven.
> Ellos construyeron San Petersburgo,
> los otros están agradecidos.

El apodo hasta cierto sentido afectuoso pero también peyorativo de «los bolos», que permite a los cubanos mantener cierto sentido de superioridad sobre los soviéticos, es llevado a un nuevo nivel crítico en los versos de Pérez. Los rusos de los que habla el sujeto poético conservan también cierto sentido de superioridad, a pesar de haber perdido su imperio. No son simplemente torpes, sino borrachos colonialistas que osan creerse superiores al resto —mejores que «Napoleón», «Mozart» e incluso «Beethoven»— y que creen que los «otros» deberían estarles agradecidos. Aunque la voz poética no establece un «nosotros» ni un «ellos» ni se incorpora explícitamente a sí misma en la «familia», es imposible leer el poema sin reconocer su íntima comprensión de lo que sostuvo al imperio soviético y sostiene aún el impulso ruso de control y dominación. Mientras que «Andréi Tarkovski» y «Oficios de una bota» el modelo repetitivo de amar, trabajar o contemplar arte se lleva a la muerte, como en la interpretación visual de Ernesto René de «Los músicos de Bremen», en este poema sin título la violenta tragedia del imperio se repite como farsa.

Como Pérez, el poeta Juan Carlos Flores nació en 1962; su poesía evoca Cuba como otra república de la Unión Soviética. Flores incluso se llama a sí mismo el «último poeta del Este». En «El Selenista» Flores exhuma la figura del obrero que gana una radio Selena por su desempeño laboral. Su repetición no es farsesca sino profundamente dolorosa. En este breve y potente «obituario» de la marca soviética que ya no existe, el trabajador aparece totalmente alienado, convertido en el objeto muerto que alguna vez lo definió. El poema concluye con un verso trágico, «El hombre del radio receptor envejeció, enfermó, murió con el radio receptor junto a la oreja» (Flores 2006: en línea). Uno podría asociar esta imagen con la del viejo que custodia la incineradora mientras espera la llegada de los repuestos soviéticos en *Un rey en la Habana*, pero el dolor y la belleza de la poesía de Flores no tienen el alivio cómico de la escena de Valdés. En otro poema, «Mea culpa por Tomás», Flores al principio parece retomar el chauvinismo cubano sólo para revelar, en la última línea, la razón por la que los niños ridiculizan a un niño soviético:

> Tomás, niño venido de la Unión Soviética, a quien nosotros llamábamos "cabeza de bolo". Porque se alimentaba mejor que nosotros, a golpear a "cabeza de bolo", porque se vestía mejor que nosotros, a golpear a "cabeza de bolo", porque tenía mejores juguetes que nosotros, a golpear a "cabeza de bolo", porque sacaba mejores notas que nosotros, a golpear a "cabeza de bolo", para que ninguna niña lo mirase, a golpear

a "cabeza de bolo". Creo que frente a Tomás, todos nos sentíamos un poco checos. (2006: en línea)

Sentirse «un poco checos» supone que los cubanos no dejan de percibir a los soviéticos como invasores, como en la Checoslovaquia de 1968. Una vez más, sentimientos adultos de envidia por lo que los soviéticos podían permitirse y de agresividad por su presencia en Cuba se desplazan hacia los niños.

Nada de ese rencor hacia el mundo soviético figura en el cuento «Solarística» (2005) de Ernesto René Rodríguez, donde Andréi Tarkovski es la herramienta con que el realizador de «Los músicos de Bremen» de Porno para Ricardo enmarca una extravagante carta de amor a una mujer, a un director, a toda una parte del imaginario soviético y a la ciudad de La Habana. En la historia, que combina varios géneros, incluido el poema narrativo y el epistolar, los personajes no se introducen en animados del bloque soviético, como con «Sobre Sovexportfilm» de Rubén Rodríguez, sino en el cine de Tarkovski y Larissa Shepitko. «Solarística» rinde homenaje a una de las películas más conocidas de Tarkovski, *Solaris* (1972), que narra la historia de un psicólogo que abandona la Tierra y viaja a la estación espacial Solaris para comprender por qué todos se han vuelto locos. Él también comienza a alucinar y encuentra en Solaris a muchos de los que ha querido y perdido. «Recuerda, estábamos en octubre, bajo la égida de la balanza (palabra que le gustaba a Larissa –sí, tu nombre era Larissa) y te invité a Solaris. Dios mío, estaba lloviendo, el agua entraba en los zapatos, todo era un océano, pero había que ir» (Rodríguez 2005: en línea). Larissa es el nombre de la segunda esposa de Tarkovski, y el océano alude a la superficie oceánica de Solaris. El narrador refiere que su amada acaba de aterrizar en este mundo y su inmensa fascinación por sus diversos códigos comunicativos:

> Pero, advertí que eran las menos cuartos y que las canchas estaban muy lejos, tal vez como tú, como los setenta, época que, por decirlo

de alguna manera, hacía ratón y queso jugaba yo al quimbe y cuarta y tú (personita feliz), casi a las menos cuartos, en tercer aniversario de los Reyes 73, acababas de aterrizar en este mundo-jeroglífico. (2005: en línea)

La descripción, sin duda, corresponde a un tiempo y un lugar que, salvo para los lectores que lo hayan vivido, podría resultar difícil de reconocer únicamente por las referencias al juego de canicas –las «bolas» cubanas– *quimbe y cuarta* y al popular grupo musical de los setenta, Reyes 73. Es como si Rodríguez, al igual que Jácome, estuviera resucitando otra dimensión de los setenta; no ya la retórica monumental que acompañaba los enconados esfuerzos por una mayor productividad o la represión generalizada, ni siquiera las figuras de la contramemoria soviética, sino la visión gozosa de un humor y un ritmo soviéticos distintivos, que fueron apreciados por algunos cubanos.

El narrador compara a su amada, una actriz, con la cineasta ruso-soviética Larissa Shepitko, un nombre que también remite a otra época y otros horizontes, y se compara a sí mismo con su marido, Elem Klímov, también cineasta, que terminó *Adiós a Matyora* después de que ella muriera en un accidente automovilístico junto a otros miembros del equipo, en 1979:

> Te estoy llevando en tablitas por considerar que estas escapá a lo, digamos, Larissa Shepitco; por supuesto, salvando las distancias (9550 según el canal 6 [...] ¿en el 84? Dios mío, ¿20 años no son nada?) entre ambas actrices. Ya quisiera ser tu Elem Klímov. (2005: en línea)

Su agrupación de iconografía soviética diversa es implacable: es como si la recitación de estos nombres pudiera permitirles sobrevivir y combatir el miedo del protagonista a la contaminación y los rápidos avances tecnológicos.

La subjetividad del protagonista está vinculada a una juventud libre de una amante de Estados Unidos cuyo ritmo no le excita.

«No me había dejado en esas doremifasolasi en crescendo sostenido a través de su auricular con supermicrochips de última generación» (2005: en línea). En la historia Rodríguez sostiene un mundo poético y alucinatorio, inspirado en el imaginario soviético, que no se corresponde con los significantes actuales en que se ve obligado a vivir. En este mundo «cualquiera tiene un chico, una chica extracontinental». Pero el momento más decisivo de la historia es cuando «la muchacha chejoviana más bella que ojos humanos han contemplado jamás», en compañía de su abuela chejoviana, le pregunta por la película que pondrán esa noche en el cine. Como no lo sabe, le pregunta a otro compañero, que dice que *Solaris*. La respuesta precisa aclaración. «"¿La rusa o la americana?", pregunté. "No sé, ahí dice que es americana"». Su desilusión con la respuesta lo lleva a mentir: «"*Despedida*. Es una peli rusa dirigida por la gran actriz Larissa Shepitko y terminada por su marido Elem Klímov". KONIEC» (2005: en línea). Al hacerlo, completa su deseo y por un momento restaura el mundo. En una «especie de attachment opcional o carta-solarística» a los lectores, el «autor» señala: «Se recomienda (si lo desean) que cada lector haga su propia selección como más gustéis y logren su CD-Solarístico; pero antes les sugiero ver la película *Solaris* =made in URSS=, con el sello inconfundible de su realizador» (2005: en línea). El llamado del narrador es que los lectores habiten brevemente el momento soviético, distinto del que viven actualmente. Curiosamente, la poetización de Rodríguez no sólo reposa en el periodo soviético, sino que lo mezcla también con el periodo republicano: «todos aquellos barrios que aún conservan la moderada elegancia de la República». La oda final de la historia a la restauración —«Yo lo único que puedo hacer por ti en este universo es resucitar, resucitar, resucitar» (2005: en línea)— se debe más a la melancolía del cambio de siglo que a otras tendencias extratextuales que incluyen los persistentes debates en Cuba sobre Stalin, la memorialización en 2010 de figuras del realismo socialista como Mijaíl Shólojov, o incluso la programación televisiva en ese mismo año de varias películas soviéticas de los setenta y los ochenta, como *Moscú no cree en lágrimas* (1980), de Vladimir Menshov.

De hecho, un fragmento de *Moscú no cree en lágrimas* aparece también en *9550* (2006), de Ernesto René y Jorge E. Betancourt, que mezcla a modo de pastiche otras películas soviéticas y cubanas, documentales y dibujos animados[9]. En el documental de René y Betancourt, uno de los primeros sobre el tema, el universo afectivo y visual de los soviéticos se refleja en seis cubanos, entre ellos dos hijos de matrimonios cubano-soviéticos, que en su mayoría pertenecen a la generación de los muñequitos rusos. El imperfecto documental «casa» las emociones y las actitudes que aportan los testimonios con escenas del cine soviético. De manera somera, y para nada polémica, toca brevemente los pilares del legado soviético: películas, dibujos animados y comida. El testimonio que mejor refleja el espíritu de *9550* viene de Angelo Gotay, que de niño vivió en el hotel Sierra Maestra de Miramar –ocupado entonces en su mayor parte por técnicos extranjeros del bloque soviético–, puesto que su madre se había casado con un polaco. Aunque sus comentarios incluyen algunos estereotipos (le gustaban aquellas reuniones donde los soviéticos comenzaban riendo a carcajadas y acababan llorando), Gotay también refiere detalles menos tópicos. Sus soviéticos son generosos: «Siempre asistían a las reuniones, a las fiestas. Siempre traían fruta, bebida, flores, y todas estas cosas las traían envueltas en papel periódico. No tenían a mano papel celofán, pero no dejaban de envolver las cosas». Ese espíritu generoso y de algún modo arquetípico también figura en el documental, por ejemplo en la imagen de la actriz que pone un disco de balalaikas rusas en un viejo tocadiscos, una imagen agridulce que contrasta con la más amarga de Flores en «El silenista».

---

[9] *9550* fue una producción de bajo presupuesto de la compañía Por la Izquierda, y según tengo entendido, sólo se ha proyectado en el simposio que coorganicé en febrero de 2007 en la Universidad de Connecticut, «Cuba-URSS y la experiencia pos-soviética».

Gotay también confirma lo que otras formas de nostalgia revelan en este libro: que los productos soviéticos, deseados o no, eran mucho más conocidos en Cuba que los propios soviéticos, y que son mucho más apreciados ahora, en retrospectiva, por haber sido tan asequibles entonces.

La exhumación de los setenta y los ochenta cubano-soviéticos que llevan a cabo Jácome, Rubén Rodríguez, Porno para Ricardo, Wendy Guerra, Gertrudis Rivalta, Ricardo Alberto Pérez, Juan Carlos Flores y Ernesto René (Rodríguez) está llena de un sentimentalismo –pérdida, ira, retribución, amor– que añade todavía más de lo que José Quiroga llama «palimpsestos» al ya complicado comienzo del nuevo milenio.

V.

EL FANTASMAGÓRICO SPUTNIK

Los artistas y escritores cubanos de los noventa y del nuevo milenio han lidiado en ocasiones con el desplazamiento simbólico del ámbito soviético remodelando sus identidades mediante la implementación de piezas de repuesto del Estado soviético y maquinaria en Cuba. Un buen ejemplo de este proceso se encuentra en *Livadia*, de José Manuel Prieto, cuyo protagonista sobrevive traficando con piezas de repuesto de un ejército soviético recientemente desmantelado. Ahora bien, las ramificaciones de muchos de los *collages* que integran este capítulo, compuestos por la industria soviética, son de algún modo distintas por el hecho de que su crítica se vuelve contra la nación cubana. La discusión de Pierre Nora sobre el calendario revolucionario francés como lugar para la memoria ayuda a teorizar sobre estas creaciones:

> *Lieux de mémoire* are created by the interaction between memory and history, an interaction resulting in a mutual overdetermination [...] The *lieux* of which I speak are hybrid places, mutants in a sense, compounded of life and death, of the temporal and the eternal. They are like Mobius strips, endless rounds of the collective and the individual, the prosaic and the sacred, the immutable and the fleeting. For although it is true that the fundamental purpose of a *lieu de mémoire* is to stop time, to inhibit forgetting, to fix a state of things, to immortalize death, [...] it is also clear that *lieux de mémoire* thrive only because of their capacity for change, their ability to resurrect old meanings and generate new ones along with new and unforeseeable connections [...] The new calendar adopted for a time during the French Revolution [...] is a *lieu de mémoire* [...] since [...] the calendar was also supposed to stop the clock of history at the moment of the Revolution [...] What further

establishes its claim in our eyes is its failure to fill the role foreseen for it by its authors. (Nora 1996: 14-15)

Nora explica que si el calendario revolucionario hubiera sustituido realmente al gregoriano, su propósito se habría transformado; habría fijado «the dates of other conceivable *lieux de memoire*» (1996: 15). Para Nora, con la formación de los Estados nación europeos surgió la necesidad de representaciones subjetivas de la memoria, es decir, de la historia.

De manera similar a la Revolución Francesa, la Revolución cubana creó un nuevo calendario para recordar al pueblo cubano las fechas e ideas revolucionarias más importantes. La creación de nombres para los años, como el «Año de la liberación», «de la reforma agraria», «de la productividad», «del centenario de la caída de José Martí», etcétera, fue una estrategia para asegurar que el pueblo cubano se mantuviera unido en la experiencia compartida del tiempo. La mayoría de las publicaciones cubanas anotan el tiempo tanto en el calendario gregoriano como en el de la Revolución, de modo que el calendario revolucionario deviene un «reino de la memoria» –una conversión que coincide con el tono melancólico de los años noventa. Ante tales exhibiciones heroicas de la historia, muchos artistas cubanos responden con sus propias y más privadas resurrecciones del pasado, con palabras y objetos visuales.

Especialmente a través del circuito de mercancías que hacen posible estos espacios virtuales, los objetos del mundo comunista han adquirido un valor diferente, como pone en evidencia el fenómeno de los muñequitos rusos. Como afirma Andreas Huyssen:

> Untold recent and not so recent pasts impinge upon the present through modern media of reproduction like photography, film, recorded music, and the Internet, as well as through the explosion of historical scholarship and an ever more voracious museal culture. The past has become part of the present in ways unimaginable in earlier centuries. (2003: 1)

La propia crítica cultural de la academia, situada fuera de Cuba, en las «entrañas del monstruo», es cómplice de distintos aspectos de la memorialización, no sólo mediante la consolidación inevitable de intereses disciplinarios, sino también mediante las compras de objetos «menores» que una vez fueron parte de patrimonios nacionales ajenos. Por ejemplo, la tienda online Distribuciones Potemkin, que abrió en 2006 para quebrar sólo dos años más tarde, vendía artefactos de la historia comunista que fácilmente podrían clasificarse como reliquias de los países comunistas, entre los que Distribuciones Potemkin contaba a Cuba (todavía no una reliquia del comunismo), China, Corea del Norte, las antiguas repúblicas de la Unión Soviética, Bulgaria, Vietnam, la República Democrática Alemana, y Laos. Aunque la ética de los consumidores del sitio fuera menos alienada que la de eBay o Amazon, prueba de su solidaridad con la causa comunista, había poca diferencia entre el patrimonio antiguo que vendía Potemkin y el que venden otros sitios.

La función y el valor de los dispositivos mnemotécnicos, según Richard Terdiman, resultan cruciales para entender cómo los artistas transforman y dan forma a los «reinos de la memoria». Estos objetos

> play a familiar triggering or anchoring role in the mnemonic process. Indeed, the nineteenth century institutionalized and exploited this connection between memories and objects in the form of a brisk trade in «keepsakes» and «souvenirs». So it is astonishing when somehow the mnemonic potential of the objects fundamental to an entire social formation turns up radically disrupted or disabled. Then the object –in its «metaphysically» enigmatic commodity form– mutates into a privileged icon symbolizing the crisis of memory and the sudden opacity of the past. (Terdiman 1993: 13)

Recientemente, los souvenirs del periodo soviético en Cuba han aparecido en lugares poco habituales. Los souvenirs son coleccionados por toda clase de razones, y en el Periodo Especial muchos objetos, como sellos, banderas, periódicos, libros o medallas de las primeras tres décadas de la Revolución y del periodo republicano se vendieron a aquellos que tenían mayor poder adquisitivo. Quienes carecen del poder adquisitivo deben transformar artísticamente aquellos emblemas, que alguna vez fueron centrales para sus naciones, en su propia forma de recuerdos.

DE VUELTA A LA EXPOSICIÓN SOVIÉTICA

Antes de analizar cómo los artistas en los últimos años han recontextualizado, imitado y parodiado diversa *memorabilia*, abordemos una novela que completó estas tareas incluso antes del fin del periodo soviético. *El ruso* (1980), de Manuel Pereira, respondía a la década del setenta: una década marcada por el fracaso de la Zafra de los diez millones de toneladas de azúcar en 1970, el caso Padilla en 1971, el Primer Congreso de Educación y Cultura en 1971 y la creación del Ministerio de Cultura de 1976, así como por los grandes logros tecnológicos y científicos soviéticos, cuyo aura, al menos, fue exportado a Cuba. Como recuerda Juan Abreu, consignas como «los escritores son obreros, pues escriben con la mano» y «lo mágico, lo real maravilloso es la visión caduca y pintoresca que va quedando atrás sobrepasada por la conciencia socialista, científica y revolucionaria» estuvieron entonces a la orden del día, lo que sugiere que resistencia de los sesenta al realismo socialista en la literatura había sido abandonada.

El proceso de sovietización a menudo se examina cuantitativamente, como hace Silvia Pérez en su estudio de 1983 sobre la relación entre Cuba y el bloque soviético. Entre 1960 y 1972 la ayuda técnica y económica de la URSS a Cuba se multiplicó por diez (Pérez 1983: en línea). Meryn J. Bain describe la empresa soviético-cubana como la que ha «Impinged on virtually every part of life in both countries. By the mid-1980s, this had seen over 5 000 joint projects completed in Cuba and some 8 000 Cubans a year studying in the Soviet Union» (Bain 2006: 83). Para Rafael Rojas (2008), la penetración filosófica de los soviéticos y su colonización de las ciencias sociales, junto con la entrada de Cuba en el Consejo de Asistencia Económica Mutua, resultan elementos cruciales.

Todo lo anterior permite comprender mejor la parodia que hace Manuel Pereira en *El ruso* de la apreciación en exceso entusiasta que se tenía de la Unión Soviética. Curiosamente, cuando se publicó una nueva edición de la novela en España, en 1982, Pereira explícitamente vinculó «su autobiografía de una generación de cubanos» a los sesenta. Se trata, dice, de «la historia de un muchacho hijo de un viejo militante comunista en la crisis de 1962-1963, cuando él estudiaba la secundaria» (en Pereda 1982: en línea). El joven es un cubano idiosincrásico que se autodenomina «el Ruso», y que se comporta quijotescamente en los inicios de la Cuba revolucionaria, tras la invasión de Bahía de Cochinos de 1961, cuando la isla, apoyada por las armas soviéticas y checas, comenzó a establecer relaciones más cercanas con aquella esfera «exótica». El Ruso, sobrecalentado en La Habana durante la mayor parte de la novela (por un capote que siempre lleva puesto, un guiño a *El capote* de Gógol, que dice estar hecho de astracán, pero es de restos de lana), y su mejor amigo, «Peróxido», son un par de científicos adolescentes; el campo del Ruso es el de las ciencias sociales y el de Peróxido la ingeniería. El discurso soviético oficial queda ridiculizado por la descripción que hace el narrador de los garabatos del Ruso:

> Comenzó entonces, frenéticamente, a dibujar monos y más monos sobre el mármol. Primero diseñó un primate colgando de un gajo. A eso siguió una retahíla de pitecántropos copiados de las ilustraciones de un libro de Darwin, y después del Cromagnon y del Hombre de Neandertal, dibujó la silueta de un cosmonauta y escribió arriba el nombre de Yuri Gagarin. Es su respuesta al Cristo de Casablanca. Era, en su febril imaginación, el monumento al materialismo erigido en la propia base del monumento al idealismo. Ésas fueron sus intenciones. (Pereira 1980: 106)

El pasaje retrata una mente joven y susceptible, capaz de imaginar una conexión entre la evolución y el materialismo histórico, dramatizando la congruencia entre los dos sistemas de pensamiento.

El fanatismo del Ruso por la Unión Soviética es resultado de su camaradería con su padres, que comparten su afición por lo soviético. Aunque el Ruso se siente inicialmente atraído por una joven, Nieves, cuyo nombre asociaba con el clima soviético, pierde su virginidad con otra chica, y es entonces cuando renuncia a su idealismo y su nebuloso estado mental. Finalmente se quita el capote y durante un tiempo es tanto el Ruso como Leonel Magín Hinojosa. Pero a medida que la salud de su padre empeora, sigue su último deseo y se marcha a Odessa para estudiar aeronáutica; es allí donde se convierte en Leonel. La psicología personal del Ruso, plagada de disociaciones y delirio, refleja y magnifica la de una nación que lucha por ser soberana. Si se piensa en Leonel y su ego ideal, es difícil no dejarse embaucar por el futuro, tal como se ve en el reflejo postsoviético de José Manuel Prieto en *Rex*, donde el nuevo ruso –Sasha– no reconoce al que era su «hermano menor». Los años de adoctrinamiento político a sus espaldas, adelanta Sasha, en el espectáculo, no del socialismo, sino del capitalismo.

Pero volvamos a tiempos más optimistas, cuando, bajo los efectos de la sovietización, los adolescentes cubanos de Pereira llegan a tal punto de delirio que se preparan para lanzar un cohete casero desde una playa al este de La Habana hacia el océano cósmico. Se sienten intelectualmente armados tras haber aprendido todo sobre Yuri Gagarin, del viaje de la perrita Laika y de los catálogos de naves espaciales que robaron en la última exposición soviética en La Habana. El absurdo de *El ruso*, en algunos aspectos, representa más íntegramente el prisma de los sesenta y los setenta que clásicos del realismo socialista como *La última mujer y el próximo combate* (1971) o *Cuando la sangre se parece al fuego* (1975), de Manuel Cofiño. Estas novelas ponen en escena la lucha del bien (surgido de los ideales socialistas) contra el mal (vinculado a lo que queda de una sociedad burguesa neocolonial). En su representación de los sesenta y los setenta, *El ruso* a menudo compite con *En ciudad semejante* (1970) de Lisandro Otero, una novela sobre los procesos históricos y políticos para la supresión de la corrupción moral de la sociedad y los inicios de la Revolución cubana. *El ruso* explota la sorprendente realidad de la extraña imposición de los ideales soviéticos en la nueva nación emergente.

No hay mejor sitio para consolidar y visualizar este impacto que una exposición. Durante los aproximadamente treinta años de solidaridad entre Cuba y el bloque soviético, tuvieron lugar dos exposiciones soviéticas en La Habana. La primera fue la Exposición Soviética de Ciencia, Tecnología y Cultura en el Museo Nacional de Bellas Artes, del 4 al 13 de febrero de 1960, que inauguró Anastás Mikoyán, por entonces el vicepremier soviético. En una conversación con Norberto Fuentes, Mikoyán mencionó la exposición como ejemplo de la primera entrada del bloque soviético en la Cuba revolucionaria[1]. *Lunes de Revolución*, el suplemento cultural literario del periódico *Revolución*, dedicó el número 46 al evento, que fue seguido en las semanas siguientes por una muestra de cine soviético y por un importante acuerdo comercial[2]. Luego, en 1976, tuvo lugar un espectáculo más

---

[1] Véase Fuentes 1982: 163-166.

[2] Sobre este acuerdo comercial, resalta Silvia Pérez: «Durante su estancia [la de Mikoyán], se firma el primer convenio de intercambio comercial, producto de las conversaciones sostenidas por Mikoyan con la dirección del Gobierno Revolucionario. Se estableció el compromiso por la URSS de comprar 425 mil toneladas de azúcar durante 1960 y en los sucesivos cuatro años, un millón de toneladas anuales. Además, se concedió un crédito de 100 millones de pesos, con muy bajo interés (2 y medio por ciento) para usar en la compra de equipos, maquinarias y materiales; y cuando se solicitare, asistencia técnica para la construcción de plantas y fábricas. El peso relativo de los países socialistas y de la URSS en el comercio exterior de Cuba se elevó de 1.4% y el 0.9% respectivamente en 1958, al 21.6% y 15.3% en 1960. Paralelamente, se fueron desarrollando también relaciones económicas con los restantes países socialistas» (Pérez 1983: 133).

asombroso si cabe. La Unión Soviética ocupó los quince mil metros cuadrados de la Academia de las Ciencias en La Habana, en el edificio del antiguo capitolio, con otra exposición, Logros de la ciencia y la técnica soviéticas.

La exposición se grabó en la mente de muchos cubanos como ilustrativa del periodo, y ha servido luego como fuente de inspiración para muchos artistas. Las exposiciones soviéticas se recuerdan en «Nostalgia» de Reina María Rodríguez, «Una breve exposición: fruto de la fantasía», de Jorge Miralles, y en el documental *Existen* (2005) de Esteban Insausti, sobre la suciedad de las calles habaneras, y menos explícitamente, en la exposición colectiva de artes visuales *Vostok* (2007). Reina María Rodríguez compara la magnitud de la exposición de 1976 con los recuerdos imprecisos que de ella conservan los habaneros:

> Para escribir este texto, pasé días preguntando a todos los que encontraba a mi paso qué recordaban de la gran exposición soviética que se montó en los salones del Capitolio habanero por los años setenta, y nadie me supo decir la fecha exacta ni que vio allí (tal vez, recuerdan al Lunajod-16 por su novedad lunar), pero ¿cuántas cosas no habría en aquella feria para rememorar aun treinta años después? Por ejemplo, aquel cohete de tamaño natural que hacía el simulacro de despegue echando candela artificial por su cola. (2015: en línea)

La niebla en torno al «lugar para la memoria», sin embargo, no merma la importancia de la exposición como punto de referencia.

Una avalancha de artículos periodísticos que documentaban la exposición confirma el recuerdo que tiene Reina María Rodríguez de su importancia. «Tres horas en la URSS», de Luis López, publicado en *Verde Olivo* en julio de 1976, describe las impresiones positivas de miembros de las fuerzas armadas cubanas, del Ministerio del Interior y del Ejército Juvenil de Trabajo en relación con los pabellones que se correspondían con sus ocupaciones respectivas. Por ejemplo, un docente señalaba: «Los avances técnicos y científicos que ha tenido la Unión Soviética con respecto a la educación son impresionantes […] Todo esto nos indica qué podremos utilizar en el futuro y el nivel tecnológico que debemos alcanzar» (López 1976: 54-55). Como sostiene Rodríguez, era el pabellón para la ciencia y la investigación del cosmos el que maravillaba a todo el mundo. López comenta con fervor la sección dedicada a la estación espacial Saliut, el Lunajod –un vehículo lunar– y Luna 16, la primera sonda lunar regresó a la Tierra tras visitar la luna, además de los uniformes de los cosmonautas y el equipo usado para comunicaciones satelitales avanzadas.

La descripción de Rodríguez se aleja de aquellos relatos periodísticos por su nostalgia, su silenciosa decepción ante el hecho de que ese futuro nunca llegase y su deseo de que el sueño que exhibía la exposición no se desvaneciese tan rápido. En cambio Jorge Miralles, nacido en 1967, apenas parecía desilusionado. En un texto de 2007, que permanece inédito, describe algunos detalles sobre las transformaciones en el edificio en función del evento que fueron ignorados por los periódicos: «La escultura más alta bajo techo de una mujer fundida en bronce fue desplazada por el holograma de Vladímir Ilich Uliánov Lenin […]. El artilugio soviético remplazaba, paradójicamente, el viejo símbolo de libertad republicana por uno nuevo y aún más pesado, el socialista». La amargura que provoca el esfuerzo por moldear la identidad nacional cubana para asemejarla a la soviética, con el «progreso» como meta, se filtra en las descripciones de Miralles. El desplazamiento del imaginario republicano a favor del soviético, recordemos, estaba ausente en «Solarística», de Ernesto René Rodríguez, donde ambos coexisten, pero sólo en la imaginación del protagonista de una felicidad que quedó sustituida por la nueva imposición global. Las versiones de Reina María Rodríguez y de Jorge Miralles sobre la exposición, como la historia de los dibujos animados de Masvidal, ilustran cómo la identidad de cada generación se afirma mediante la parcelación de un segmento de la historia. El futuro de la Revolución –que no era completamente distinto del rumbo tomado por muchas naciones emergentes, aunque quizás con más fuerza, dada la cercanía de los Estados Unidos–, dependía de la construcción de grandes causas socialistas y del entierro categórico de aquellos elementos que no la beneficiaran.

Una nueva familia científica

Pereira cuestionaba la ética de tales reducciones ya en 1980. ¿Hasta qué punto la exposición que aparece en *El ruso* se parece a la real? Hoy internet es el espacio virtual donde se libran las batallas ideológicas y científicas, pero a comienzos de los sesenta la lucha por la dominación del mundo se desarrollaba en el espacio exterior. La solidaridad cubano-soviética y el espíritu de la exposición soviética se transforma en la obra de Antonio Eligio «Tonel» Fernández (1958). Su muestra *Conversación con «La primera carga...»*, que tuvo lugar en julio de 2003 en La Habana Vieja, es una parodia de la retórica heroica de esa solidaridad. Las influencias de Tonel en esta exposición son múltiples, pero es imposible pasar por alto la película de Manuel Octavio Gómez *La primera carga al machete* (1969), citada por el propio Tonel desde el título mismo de la muestra. Se puede sólo especular que una combinación entre el enfoque estético de la película –cercana al *cinema verité*– y su contenido –la primera guerra de independencia– era un seductor punto de partida para el montaje de objetos, fotografías de un equipo internacional de científicos y grabados, entre los que el artista también incluyó a su «abuelo», Antonio Fernández, cuyo cuestionable vínculo con estas historias hace que los espectadores se pregunten cuán fiable sea la narrativa del artista. Si el artista norteamericano Joseph Cornell creó cajas llenas de objetos encontrados a la manera surrealista, las vitrinas de Tonel –repletas de camisas Radar (una popular marca cubana de los setenta y los ochenta) y pequeños sellos metálicos de temas revolucionarios, algunos evocadores de la solidaridad cubano-soviética, incluido un monograma metálico de la Escuela Vocacional Lenin[3]– reflejan la vida cotidiana pero surrealista de los cubanos. En otras palabras, las vitrinas evidencian la disparidad entre ambas culturas, al punto que su yuxtaposición resulta una invención surrealista con la que Tonel se siente extrañamente cómodo.

Tonel inscribe a su «abuelo» Antonio Fernández en una viñeta que forma parte de *Conversación con «La primera carga…»*. Sostiene que, entre 1962 y 1970, Fernández dirigió un equipo aeronaútico internacional que, desde un modesto hogar en el barrio de Nicanor del Campo en Playa, investigaron cómo ir a la luna y volver, usando las instalaciones del cosmódromo de Baikonur como lugar de aterrizaje. Como en *El ruso*, *Conversación con «La primera carga…»* de Tonel no deja dudas sobre el paternalismo de la nación cuando exagera la naturaleza falocéntrica de la iconografía de la carrera espacial durante la Guerra Fría. En *Baikonur*, un cohete explota como un inmenso falo. De manera similar, la intersección de fantasías personales y colectivas aparece en *Héroes de Baikonur*, donde en una parte de la instalación un retrato de familia alternativo incluye, en el sentido de las manecillas del reloj, a Vladimir Mayakovski, Trotski, Lenin, Rosa Luxembourg y, por último, a Antonio Fernández. La instrumentalización que hace Tonel de tales figuras apunta a un tiempo a la crítica y el homenaje del pasado soviético. Como ha señalado Juan Antonio Molina, ya a comienzos de los ochenta Leandro Soto subvirtió «la tradición épica de la fotografía directa posrevolucionaria» en su *Retablo familiar*, pero Tonel lleva la «reconstrucción tragicómica de los códigos oficiales de representación» (Molina 217: 841) a un nuevo nivel, al punto de imaginar a su abuelo como parte de esa extraña familia internacional. El análisis de Salomon Berman de la búsqueda postsoviética de un auténtico marxismo cubano aclara

---

[3] Tonel hizo el preuniversitario en la Lenin.

Héroes de Baikonur (detalle), de la exposición *Conversación con «La primera carga...»* (2003, La Casona, La Habana). Cortesía del artista.

un contexto en el que se pueden comprender las dimensiones de la familia artística de Tonel. Para Berman, la búsqueda a finales de los noventa y comienzos del milenio

> has expanded to figures and authors forgotten, ostracized, or banned by the Soviet Union and therefore of little or no diffusion in Cuba during the hegemony of the reverent view. These figures include Leon Trotski and Rosa Luxemburg, but especially the so-called superstructure authors for their emphasis on the relative autonomy of human consciousness, among them Georg Lukács and, above anybody else, Antonio Gramsci. (2008: 164)

El destino de Mayakovski es igualmente fascinante. Aunque las traducciones de su poesía obrera se han difundido mucho en Cuba, el acceso a su poesía satírica escrita entre 1922 y 1932, crítica de diversos fenómenos sociales de la sociedad soviética, es limitado. Según

Desiderio Navarro, la selección de poemas incluidos en la antología de Lila Guerrero de 1943 (publicada en Buenos Aires por Claridad) mostraba una cara más «benevolente». Navarro fue contratado para publicar una selección mayor en los ochenta, pero ese proyecto nunca se completó –lo que dice mucho no sólo del complejo legado soviético en Cuba, sino también de la compleja naturaleza de la política cultural cubana[4].

La unión del abuelo de Tonel con estos revolucionarios rusos matiza la búsqueda histórica de progreso, recogida en la exposición soviética, y hace que los espectadores se sientan casi como si estuvieran atravesando un álbum de fotos familiar ligado a los momentos borrosos de la historia de una nación. Los acerca a la historia sustituyendo sus nombres por los apellidos, y hace que parezca como si la implicación de Cuba en la exploración soviética del cosmos fuera la culminación de la Revolución de Octubre.

¿Qué sentido tiene esta representación mnemotécnica en el mundo de hoy? ¿Por qué no enterrarla sin más en los anales de la estupidez? Tonel destapa la lógica de la historia, retomando ciertos aspectos de forma que encajen. En 1967, *Islas* publicó el cuaderno de viaje de Samuel Feijóo sobre su viaje a la Unión Soviética junto con una crónica del viaje de Mayakovski a La Habana. El número estaba dedicado a la Revolución de Octubre y en cierto sentido evidencia la base histórica de las fantasías de Tonel. En «Mayakovski en La

---

[4] Como afirma Alejo Carpentier, «la literatura soviética tuvo una temprana difusión en Cuba. Primero se conocieron los poetas Yeset, Mayakovski, ya leídos hacia el año 1924» (2001: en línea). De hecho, las desigualdades raciales y monetarias de Cuba que se describen en el poema de Mayakovski «Blanco y negro» (1925) se consideran a menudo una de las referencias de Yevgueni Yevtushenko para el guión de la película de Mijaíl Kalatozov *Soy Cuba* (1964). Según Desiderio Navarro, Tatiana Gorstko y él compilaron y tradujeron una selección de poemas de Mayakovski a mediados de los ochenta, la mayoría inéditos en España. Aunque la editorial cubana Arte y Literatura les pagó su trabajo, el volumen *Poesía de crítica social de Vladimir Maiakovski* nunca se publicó.

Habana», Juan Hernández presenta las veinticuatro horas del poeta en La Habana en su camino a México y estados Unidos, en 1925. El poeta ruso estaba impresionado por «el antiguo y exótico folklore» (Hernández 1967: 78) y por los «alimentos [...] desconocidos, pero sabrosos» (1967: 80). En «La novela es el género...», el texto que acompañaba la exposición de Tonel, el artista experimenta con los testimonios y fantasea sobre un encuentro fortuito en un tranvía, en 1925, entre su «abuelo», un conductor de tranvías que también era poeta, y Mayakovski. Fuera de ese encuentro Tonel asegura que su abuelo fue «el primer poeta castellano de su generación en ser traducido al ruso, al kirguíz, al tártaro y al armenio (de todas esas ediciones príncipes, por suerte, se han salvado copias en los archivos de la familia)». Con un tono que recuerda a Borges y Gombrowicz, tanto el origen como el legado se entienden como sobredeterminados por la historia. Tonel ridiculiza el vínculo entre familia y orgullo nacional, representando en clave de humor el papel de «su abuelo» en el internacionalismo soviético.

La exposición de Tonel de 2009, *Cosmos: Feeling the Pull of Gravity* (Chelsea Galleria, Miami), pone de manifiesto cómo las definiciones y explicaciones reflejan los deseos de los que ostentan el poder. *Lunajod-1* y *Lunajod-2* ilustran el sueño de la robusta maquinaria soviética y la superficialidad y fragilidad que caracterizan al presente. Si *Lunajod-2* evoca la grandeza de la maquinaria soviética, *Lunajod-2* la elimina y deja al espectador ante un carrito de golf que curiosamente recuerda a los cocotaxis[5], un transporte habitual en La Habana. Aquellas fantasías de grandeza en forma de fotografías de la luna hacen aguas desde el *Lunajod-2* de Tonel. La reaparición del carrito de golf en la escena cubana representa el retorno de la ideología

---

[5] De color amarillo y con sólo dos asientos, los cocotaxis fueron pensados originalmente para el turismo, pero hace mucho que son usados tanto por nacionales como turistas en muchas zonas de la capital cubana.

Lunajod-1 y *Lunajod-2* (2009), de la exposición *Cosmos: Feeling the Pull of Gravity*, Chelsea Galleria, Miami, 2009. Cortesía del artista.

que la Revolución quiso abolir. En su presentación de la exposición, Tonel vincula el primer Lunajod al segundo:

> The show tries to connect the events taking place miles away and above the earth with some of the realities of the post-Cold War period, from the expansion of suburban life with its quintessential golf courses and golf carts to the triumph of neo-liberalism, free-market ideology and world (or perhaps cosmic) trade. The effects of the gravitational law have clearly played a role in all of these developments, affecting the rockets that are still being launched from Baikonur in Kazakhstan as well as the golf balls that fly over the artificial green grass of North American golf courses, not to mention the ups and downs of mighty superheroes.

El cinismo de Tonel no sólo revela los entretelones del espectáculo del fantasma soviético, sino también una red de intimidades intelectuales, familiares y sexuales de las que forma parte. Ilustra las

History (It is always wrapped in red fabric) (2009), de la exposición *Cosmos: Feeling the Pull of Gravity*, Chelsea Galleria, Miami, 2009. Cortesía del artista.

formas en que un cosmos puede sublimar a otro e insiste en recordar los procesos de esta sublimación. Su *History (It is always wrapped in red fabric)* atrapa a los espectadores desprevenidos con un Stalin gigante junto a Caperucita Roja y Superman. A primera vista, las tres figuras de rojo podrían ser la nueva versión de un cuento de hadas o de una historia de superhéroes, más que el envoltorio de cuento de hadas de la historia comunista. La frivolidad y el juego –atributos con los que también juega José Manuel Prieto y que se supone que no están presentes en los dibujos del bloque soviético– son centrales aquí. Estas cualidades, por lo general descartadas por las narrativas monumentales del progreso, son los pilares de la relectura humorística y dramática que hace Tonel del siglo XX, que pone de relieve la importancia de la carrera espacial y las competiciones científicas.

Las piezas de repuesto de la maquinaria soviética

Tonel no es el único artista que presenta reencarnaciones de la maquinaria soviética en las familias cubanas. El díptico a lápiz y rotulador titulado *Valentinas Tereshkova*, de Gertrudis Rivalta –recordemos *Quinceañera con Kremlin*–, evidencia la irónica distancia de los cubanos hacia la narrativa extranjera de una mujer soviética enviada al cosmos en 1963. Diez mujeres, la mayor parte de piel clara, aunque dos o tres parecen mestizas, aparecen juntas en la pieza con la cosmonauta al fondo. La aspiración de ser como Tereshkova, que refleja el rótulo «Todas queremos ser como Valentina Tereshkova», juega con la consigna de «¡Seremos como el Che!». De hecho, hay que mirar varias veces para darse cuenta de que «el Che» aparece escrito entre las líneas. En la otra parte del díptico, hay una respuesta implícita: «Qué fue de nuestras Valentinas Tereshkova». Los restos son pestañas postizas. El análisis de Suset Sánchez sobre la apropiación de la historia por parte de Rivalta es crucial para comprender el peso de una figura como Tereshkova dentro de estas representaciones visuales:

Valentinas Tereshkova (2004), díptico de Gertrudis Rivalta. Cortesía de la artista.

La urdimbre palimpséstica que Gertrudis crea dentro de la obra, a partir de la acumulación y superposición de figuras de la Historia de Cuba, y, con ella, de tiempos históricos, destruye, mediante la ficción, la realidad de un proyecto teleológico vivido como destino inexorable hacia el cual se dirigen, escalonándose consecutivamente, las fuerzas progresivas que han participado en el devenir de la nación. (Sánchez 2007: 685)

En gran medida, artistas como Rivalta inyectan nuevos significados en lugares de la memoria cuestionables. Vostok (que significa «Este» en ruso), fue un proyecto soviético de vuelos espaciales cuyo objetivo era enviar personas a orbitar alrededor de la Tierra; usaba las módulos espaciales Vostok, diseñados para vuelos tripulados. Tras despegar desde Baikonur en 1961, con Yuri Gagarin a bordo, el del Vostok 1 fue el primer vuelo espacial tripulado. El último vuelo a bordo de un módulo Vostok, el Vostok 6, con Valentina Tereshkova

Valentinas Tereshkova (2004), díptico de Gertrudis Rivalta. Cortesía de la artista.

a bordo, fue en 1963. El programa Vostok ponía de manifiesto la excelencia del dominio político, económico, científico y tecnológico soviético –una excelencia que, tras la desintegración de la Unión Soviética, quedaría ensombrecida por la vergüenza de los cubanos por su alianza histórica con la superpotencia fracasada.

Ese pasado espacial puede identificarse no sólo en el número de Yuris y Laikas cubanos de aquellos días, sino también por las numerosas intervenciones artísticas donde aparece el proyecto Vostok, comenzando con *El ruso* de Manuel Pereira. Además del Taller de Reparación de Aviones Cosmonauta Yuri Gagarin, fundado en 1966 por Raúl Castro, la palabra «Vostok» devuelve a los habaneros a otra tienda de repuestos de diferente orden, más tediosa, que no está especializada en naves espaciales, sino en aparatos soviéticos. En noviembre de 2007, el Taller de Reparaciones de Equipos Electrodomésticos Vostok se transformó en un espacio expositivo, uno de los dos sitios –el otro fue el Centro Provincial de Artes Plásticas y Diseño Luz y Oficios– que alojó la muestra colectiva *Vostok*, a cargo de los curadores Frency Fernández y Victoria Gallardo. Antes de la inauguración la exposición se anunció por algún tiempo en *La Jiribilla*, y Rafael Grillo publicó un sustancioso artículo sobre la muestra en una publicación *online*. Hubo unas pocas conversaciones públicas sobre el evento, pero la mayoría de los intelectuales con base en La Habana interesados en los fenómenos artísticos y socioculturales relacionados con el pasado soviético en la isla me comentaron que no habían oído hablar del proyecto. En sus conversaciones con Pierre Bourdieu, Hans Haacke, a propósito del significado de la obra de arte, sostiene que «the problem is not only to say something, to take a position, but also to create a productive provocation. The sensitivity of the context into which one inserts something, or the manner in which one does it, can trigger a public debate» (Haacke & Bourdieu 1995: 21-22). *Vostok* al parecer no provocó ningún debate público, de modo que si seguimos a Haacke, el sentido mismo de la muestra queda en entredicho.

Si bien pocos sabían algo, una fuente, que atribuyó la información a un rumor, dijo que algunas de las obras habían sido censuradas o destruidas y que la exposición en el taller Vostok de Centro Habana se cerró antes de tiempo. Otro decía no entender el encono de los artistas más jóvenes hacia el bloque soviético, cuando eran demasiado jóvenes para haber vivido aquel período. En respuesta a una pregunta mía sobre la técnica utilizada, un joven artista proporcionó algo más de información; su obra, me dijo, había sido confiscada por las autoridades políticas, y lo mismo parte de la obra de otro artista –lo que afectaba en gran medida al conjunto de la exposición–. Como muchos otros cubanos, atribuyó el percance a los legados más represivos de la Unión Soviética.

La mayoría de los artistas con obras en la muestra habían nacido en los sesenta o inicios de los setenta, y alcanzaron la mayoría de edad con la desintegración del campo socialista. El mundo que viven es distinto a aquel en que creció la generación anterior – artistas como Cosme Proenza, Arturo Montoto, Rocío García y Manuel Alcalde eran niños en el apogeo de la Guerra Fría (una guerra que se libró, en parte, a través de experimentos científicos como Vostok) y de jóvenes estudiaron en la URSS–. Para los artistas que exponían en *Vostok*, el programa espacial soviético, incluidos sus objetivos, era sólo una memoria heredada. Jairo Alfonso nació en 1974, Tessio Barba en 1975, Alejandro Campins en 1981, Diana Fonseca en 1978, José Fidel García en 1981, Hamlet Lavastida en 1983, Ernesto Leal en 1971, Jorge Luis Marrero en 1970, Gertrudis Rivalta en 1971, Lázaro Saavedra en 1964, Ezequiel Suárez en 1967 y Ulises Urra en 1972.

Con la muestra *Vostok* de 2007 en mente, recordemos algunos otros momentos del panorama artístico de los sesenta y los setenta que fueron reciclados y dotados nuevamente de significado entre 2005 y 2008. En diciembre de 2006, sólo cinco meses después de que Raúl Castro tomase el control de la isla por primera vez, el debate sobre el Quinquenio Gris de los setenta se avivó en la Cuba virtual y en la capital cubana tras la reaparición pública de uno de sus principales responsables, Luis Pavón[6].

En abril de 2007, aproximadamente cuatro meses después del «Pavóngate», y justo seis meses antes de la exposición de *Vostok*, se inauguró en Museo Nacional de Bellas Artes de La Habana el proyecto *Los 70: Puente para las rupturas*. Su razón de ser era mostrar

---

[6] Desiderio Navarro organizó un ciclo de conferencias en Casa de las Américas a raíz del debate, que buscaba revisar críticamente los años del Quinquenio Gris. Al año siguiente, en 2008, se daba cuenta de ello en un volumen colectivo, que incluía también trabajos de varios autores que no estuvieron implicados en el debate inicial. El libro fue publicado en La Habana por el Centro Teórico-Cultural Criterios, dirigido por Navarro. El propio título del volumen, *La política cultural del período revolucionario: Memoria y reflexión*, hace hincapié en «lo pasado» del evento.

que los setenta no fueron tan represivos ni monolíticos en el ámbito artístico como a menudo se cree. La curadora del proyecto, Hortensia Montero Méndez, explicaba que el arte de los setenta tenía cosas en común con el arte esperanzado de los sesenta y con el arte crítico de los ochenta. Es decir, los artistas cubanos –muchos de ellos venían del campo para aprovechar las nuevas iniciativas nacionales– podrían haber creado obras que reflejasen la principal retórica oficial del periodo a favor del valor pedagógico del arte, pero no habían imitado el realismo socialista soviético. Citando a Pedro Pablo Oliva, Montero Méndez asegura que «Los años setenta fueron los de un mundo muy soñador y vinculado a eso que en política le llaman ahora socialismo utópico. Era soñar un mundo mejor, lindo, hermoso, que llevó a tanta gente a intentar transformar el mundo, por mejorarlo, por hacerlo mucho más lindo» (en Montero Méndez 2007: en línea).

Con ese espíritu de la década en mente, la exposición mostraba el retorno a la naturaleza, los mitos de la *cubanía* y el fotorrealismo. Ahora bien, por un lado, el grado en que la Unión Soviética habitó el imaginario cubano de los setenta no se muestra de forma explícita en ninguna obra, aunque Montero Méndez destaca que muchos de los artistas habían estudiado allí. Por otro lado, el hincapié puesto en lo utópico puede considerarse tanto producto del influjo de la Unión Soviética como simplemente una tendencia común entre países que compartían ideología.

Según Juan Carlos Betancourt, «an ample catalog of images attests to the presence of Perestroika on the island» (2012: 69). En una conversación sobre la práctica de artistas como René Francisco, Eduardo Ponjuan, Glexis Novoa, Lázaro Saavedra y José Ángel Toirac, Betancourt «proves the critical connection of their poetics to the socialist realist aesthetic whose corpse had been buried formally in Havana at the beginning of the 1980s» (2012: 69-70). Los viajeros cubanos no fueron los únicos en asimilar la perestroika; también los artistas cubanos a finales de los ochenta y comienzos de los noventa, que incluso llegaron a parodiar retratos de las figuras soviéticas más importantes. El *Retrato escultórico de Lenin* de Alexis Esquivel incorpora un Lenin monumental que parece hacer autostop por las calles de Cuba, y su *Retrato de Gorbachov en pose romántica* (1992) presenta un Gorbachov gigante, con una hoz y un martillo en una camiseta roja, frente a una sierra (minúscula en comparación) y un cielo tormentoso, en alusión al empeño del líder por mantener su ideología en un paisaje cambiante. Esquivel no sólo juega con personalidades soviéticas que pronto serían excomulgadas, sino que también coloca héroes autóctonos en poses poco heroicas. El Che Guevara, por ejemplo, se reclina en un aseo, con las piernas extendidas, como un monstruo, leyendo el periódico; Fidel Castro come un helado de fresa, en vez de pontificar micrófono en mano. Betancourt describe parodias parecidas del realismo socialista en las obras de René Francisco y Eduardo Ponjuán.

> The numbers in «Composición 26753» (1989, Composition 7/26/53) allude to the date of the battle when a group of young soldiers led by Fidel Castro attacked the barracks of a Batista military regiment. It marked the beginning of the July 26th Movement [...] It also depicts the red and black flag of that movement in the form of a square, reminiscent of the Russian vanguard, but placed in a kitsch background as found in the sort of cheap ever- present reproductions on the walls of Cuban homes. (2012: 81)

La pieza de técnica mixta de Raúl Cordero *Lo que pasaba en el banco de abajo mientras yo pintaba el retrato de Yuri Gagarin* (2001) es una reproducción minuciosamente realista de la fotografía más difundida de la mítica figura, con la letra «C» de «CCCP» a la vista en su traje espacial. La instalación del video, sin embargo, aprovecha la representación parcial del nombre del país y planta al cosmonauta en la calle del estudio del artista en La Habana. Cristina Vives describe el contraste como casi brechtiano: «El video rompe el "hechizo" y

Yuri Gagarin –el tema– pierde protagonismo para cederlo al banco –la circunstancia– que es el centro de interés de Cordero» (Vives 2007: 911). Resulta curioso que el verdadero y cercano monumentalismo de Gagarin haya sido tan desconocido para Cordero, que nació en 1971, como para los participantes del proyecto *Vostok*.

Mientras que algunas obras de *Vostok* utilizan estrategias comparables, otras aplican una miríada de técnicas para extraer objetos y momentos del mundo soviético importado y reagruparlos en la nueva topografía cubana del siglo XXI. Por ejemplo, en la obra de Campins aparecen a menudo paisajes nevados de pequeños pueblos, pero hay algo extraño y fuera de lugar en esas imágenes ideales. En *Todo se cocina en la misma hoguera*, una bandada de pájaros vuela en un edificio con aspecto de iglesia, y en el texto se lee: «Entran por la izquierda, escapan por la derecha». Cuesta entender la declaración suelta del artista sólo como descripción visual, sin tomar en cuenta la ideología política. En otra pieza sin título Campins coloca lo que podría ser un paisaje de Europa del Este en primer plano, con el mar detrás y, al fondo, una isla tropical. La imagen recuerda el tipo de paisaje borroso y surrealista que evocan *Sputnik* de Ulises Rodríguez Febles y «Fotos de boda» de Jorge Miralles. Mediante una estilización *naif*, Campins sugiere el encuentro entre un territorio dominante y un lugar remoto bajo su esfera de influencia. En *Es tan grande que aplasta*, una figura roja como una nube monopoliza un cielo azul claro y salpica algo rojo sobre el paisaje de abajo. Escrito a mano en negro, con la segunda palabra tachada de rojo, de modo que sólo parte de una «i» y de una «ó» son visibles, está escrito: «ESTA –IÓN ES TAN GRANDE QUE APLASTA».

En una entrevista de 2007, Abel Prieto, por entonces ministro de Cultura, describía el reflejo agridulce de la nación en el bloque soviético haciendo referencia a su largo ensayo de hacía una década, *El humor de Misha*. «Lo que me interesó, obviamente, fue discutir (siempre en la cuerda humorística, irónica) si nuestro vínculo con

Es tan grande que aplasta (2007), Alejandro Campins, fue parte de la muestra *Vostok: Proyecto de exposición colectiva* (La Habana, 2007).

los soviéticos significó "atraso" o "adelanto"» (Prieto 2007: en línea). De manera similar, los óleos de Campins sugieren que la represión es parte integral de las construcciones ideológicas, incluso si se las interpreta de manera idealista –como en su paleta de colores infantiles, que obliga a los espectadores a sentir cierta empatía por aquellos sueños de solidaridad.

En un registro parecido, la obra de Jorge Luis Marrero imparte una vieja lección pedagógica en la que Lenin instruye a un cubano que se coloca en el papel del niño. En *Ya es hora*, por ejemplo, la imagen de Lenin aparece junto a los garabatos de un niño, como si el artista estuviera narrando la evolución de «lo nacional» en «lo internacional». En otra pieza de Marrero, recortes de rollos de película muestran una mezcla de dibujos animados del bloque soviético, el emblema de Sovexportfilm, y *Cómo fui mono* de V. Borisov y Y. Sergei. Las piezas de Marrero, incluso más directamente que los de Campins, aluden a una forma de colonización. De hecho, Marrero me explicó que *Ya es hora* se compone de reproducciones ampliadas de pequeños dibujos que hizo de niño en un libro de texto ruso traducido al español, que contaba historias sobre la Revolución de Octubre –los originales pueden verse en la esquina superior de sus pinturas de adulto–. Sin duda, las pinturas infantiles de Marrero y aquellas de «El Ruso» de Pereira forman parte del mismo universo, basado en los principios del marxismo-leninismo. Muchas de las imágenes de Marrero evocan la infancia y transmiten una extraña alegría en el proceso. La solidaridad revolucionaria internacional, como la evolución, conlleva una línea de progreso definitiva; el punto de partida es el mono, y el punto final un autor de su propio destino.

El sometimiento de lo personal a la política colectiva es la preocupación de Tessio Barba en un montaje del Kremlin sobre el emblema de un automóvil Zil[7] (una marca soviética conducida por el gobierno cubano), grabado sobre un cuerpo desnudo. En otro collage de Barba, un militarista Fidel grita: «Todos somos uno» en un desfile militar. Como otros expositores de *Vostok*, Barba recrea su propia infancia mediante una referencia al circo soviético y a un cuaderno escolar en el que se lee «La educación es el futuro del país». El circo ruso, de hecho, volvió a La Habana durante la feria del libro de 2010.

---

[7] En los últimos años se han hecho diversas reflexiones y resignificaciones de los automóviles del bloque soviético, incluida la sátira «Moskovich», del grupo humorístico Punto y coma, que comienza con la pregunta de cómo se dice «mierda» en ruso; la respuesta es «Moskovich», que viene a ser la opinión de los cubanos sobre el automóvil en cuestión.

Ya es hora (1999), de Jorge Luis Marrero. Cortesía del artista.

En un cuestionamiento más mordaz sobre el militarismo y la solidaridad, Hamlet Lavastida interactúa con una memoria sin duda heredada con graffitis de Castro y Jrushchov en las paredes de la ciudad, junto a «Partido del Pueblo Cubano» y el lema «unidad monolítica de pueblo, ejército y partido». La obra de Lavastida de inmediato se expone a los elementos –y tan pronto como aparece en las calles de La Habana se borra, pues desafía los códigos semióticos dominantes–. Como bien afirma Rafael Grillo en su cobertura de la exposición, «Si bien predomina la ironía y hasta cierto cinismo, ambas lecturas están presentes en la obra de los artistas convocados». Para Grillo, Hamlet Lavastida «representa la más radical de las visiones críticas con su dueto de instalación y video-proyección titulado

Microfracción o Macrofracción, un collage de imágenes y titulares de prensa, que no por gusto deja colar la frase "Retorno al colonialismo" entre sus mensajes más inquietantes» (2007: en línea). «Microfacción», recordemos, fue el término usado por Raúl Castro en 1968 para referirse a la facción supuestamente prosoviética de Aníbal Escalante. Al titular *Microfacción o Macrofacción* su instalación y la proyección del video, Lavastida desafía los límites de ese recuerdo del pasado soviético. ¿Puede el desafío artístico ser tan explícito como para llevar esta nueva semántica callejera a un «tribunal revolucionario» dirigido por Raúl Castro, el jefe del Estado cubano cuando se ejecutó la pieza?

El enfoque de Lavastida en su crítica del Quinquenio Gris conlleva un encuentro semiológico con el pasado en un proyecto que llama «UMAP». Lavastida dota de un nuevo significado al acrónimo de las Unidades Militares para la Ayuda de Producción, los tristemente célebres campos de trabajo forzado para homosexuales creados en 1965 y clausurados en 1968, traduciéndolo como Unión Militante de Agitación y Propaganda, y lo usa para referirse al arte callejero que crea y poco después borra.

Lavastida propone transformar el universo visual de las calles de La Habana mediante la desfamiliarización y la recontextualización. En sus obras, sobre paredes de seis metros de ancho y tres metros de alto y mostradas en miniatura en el blog de *Vostok*, las expresiones de compromiso con las causas sociales y políticas están desprovistas de su significado original. Ya no sólo parte del patrimonio nacional, sino también objetos como la edición cubana del *Manual básico del miliciano de tropas territoriales* (1981) aparecen ahora entre otros objetos encontrados. El proyecto Vostok ilustra el deseo de trabajar mediante múltiples narrativas de «piezas de repuesto» del bloque soviético.

Como sugieren tanto la muestra misma como las obras de finales de los ochenta e inicios de los noventa a las que recuerda, algunas de las estrategias empleados por los artistas cubanos para representar la situación postsoviética son comparables a las de los artistas del socialismo tardío en otras partes del mundo. Entre los rasgos que Aleš Erjavec considera característicos del arte y la cultura del socialismo tardío, menciona el «profuse employment of socialist and Communist imagery» (2003: 3), resultado de las específicas condiciones de posibilidad compartidas por los países socialistas (2003: 7). Si bien Erjavec sostiene que los noventa atestiguaron «very little of the previous interest in such art and culture» (2003: 7), las estrategias postmodernas de reciclaje y recontextualización de las realidades soviéticas aparecen en el arte cubano no sólo tras la caída del Muro de Berlín, sino también en el nuevo milenio[8].

Los artistas visuales cubanos no son los únicos que intencionadamente rompen con el monumentalismo de la ciencia soviética. Ramón Fernández Larrea (nacido en 1958) tira a choteo a Yuri Gagarin en una carta publicada en la columna de humor de *Cubaencuentro*. El choteo, tal como lo entiende Mañach como rasgo de la identidad cubana, «deauthorizes authority by debunking it and constitutes a form of rebellion [...] In the world of choteo individual exceptionalism and personal attachments are valued above the personal rules and distant norms of bureaucratic order» (Fernández 2000: 31). Poeta destacado de la generación de los ochenta conocido también por su trabajo en la radio, Fernández Larrea adopta la forma epistolar en sus

---

[8] El recuerdo de la carrera espacial de la Guerra Fría no se circunscribe, por supuesto, al arte postsocialista en el mundo postsocialista. Un buen ejemplo es la muestra *White on White: The Pilot (just like being there)*, de Eve Sussman y la Rufus Corporation, en la Winkleman Gallery de Nueva York, en 2009. Como afirma Jonathan T. D. Neil a propósito del evento, «The contents of the Cosmodrome are of particular importance for Sussman and Rufus. There, preserved like some eighteenth-century period room, lies the office of Yuri Gagarin, the world's first spaceman» (2009: en línea). Tal y como subraya Neil, la referencia intertextual al pintor y teórico ruso Kasimir Malevich es más significativa que la referencia directa a la realidad extratextual, pero aún así ese encuentro contemporáneo con Gagarin ilustra bien el mismo procedimiento de recontextualización.

publicaciones para *Encuentro de la cultura cubana*, la conocida revista de la diáspora cubana. Tanto si escribe a una lata de leche condensada como a una maleta de la escuela al campo, Fernández Larrea se centra en los detalles más mundanos de la experiencia colectiva mediante la parodia y la personificación, las mismas estrategias a las que recurre en su «Carta a Yuri Gagarin», donde repasa el idealismo y la insensatez de la década del sesenta a través de pequeñas anécdotas sobre Gagarin a la luz de lo que le sucedió a Cuba en décadas posteriores. El saludo con que comienza la carta, «Ingrávido y cosmopolita Yuri Alexeyevich Gagarin», asume el lenguaje solemne característico de los comunicados oficiales para burlarse del legado soviético en Cuba. Fernández Larrea confiesa que su primera impresión de Gagarin –«vestidito de blanco, junto a una cosa grande, verde, barbuda, desaliñada y con boina, saludando con cara de ruso alegre a la multitud por toda la calle 23»– es excepcionalmente temprana (de 1961), incluso de antes de que tuviera siquiera que afeitarse –«aún no había probado las cuchillas Astra», remata –las cuchillas Astra, fabricadas en Checoslovaquia, forman parte del imaginario cubano de marcas socialistas–. La mención y el reciclaje de tales objetos por parte de los artistas en la era postsoviética resultan un modo de influir sobre el destino de Cuba. Para Fernández Larrea, Gagarin representa el yugo soviético que inspiró su propia juventud, la de Cuba y la de un joven Castro, con sueños de grandeza que caben en una nave espacial donde sólo cabría un homúnculo (Gagarin medía sólo un metro sesenta, según Fernández Larrea), aquel módulo Vostok cuyo tamaño el autor compara con las decrépitas viviendas de Centro Habana. Centrando la atención en internet, la nueva forma de mediación del mundo postsoviético, Fernández Larrea acaso subestime demasiado fácilmente la geopolítica de la Guerra Fría:

> Más allá de aquella imagen imborrable que guardo, de tu uniforme blanco y tu sonrisa de guajiro estepario, al lado del lobo estrafalario, he tenido que buscarte ahora en otros lugares. Como Internet, por

ejemplo. Internauta cosmogónico yo, listo y nada aniñado, he buscado de galaxia en galaxia, ahora que cosmo todos los días y mi órbita es más desorbitante. Internado en Internet he hallado datos tuyos que no cesan de darme vueltas en el globo del ojo y que surcan mi descosmunal imaginación como un *sputnik* fantasmal. (2002: en línea)

Cuando rememora la muerte de Gagarin en 1968 en un accidente de vuelo, Fernández Larrea deja claro que nada es sagrado: desea que Gagarin haya aterrizado sobre Fidel Castro, y lo que a primera vista parecía un uso benigno del héroe soviético se convierte en un regicidio simbólico. Es más, Fernández Larrea resalta que la falta de fiabilidad de internet –el medio en que difunde lo que escribe– le provoca también cierta nostalgia por la época de su infancia, cuando era demasiado ingenuo y confiado para detectar la personalidad de Gagarin, la persona tras la figura de culto. Fernández Larrea pone de relieve la diferencia entre la galaxia de los sesenta y el espacio virtual del nuevo milenio, a través del cual él mismo está vinculado a otros cubanos que, como él, flotan en la diáspora intergaláctica, solos y sin embargo virtualmente interconectados por sus recuerdos del diminuto héroe soviético en las calles cubanas.

Los dispersos significantes soviéticos

La condición fantasmagórica del sputnik es explotada por Esteban Insausti en su documental *Existen* (2005), que recupera imágenes de viejos noticieros para explicar la condición desterritorializada de los cubanos. *Existen* retrata a los locos más reconocibles de las calles de La Habana. El documental muestra la transición sociológica, cultural y política poniendo en evidencia lo que ocurre cuando un elemento crucial del orden simbólico es desplazado. Es como si los sujetos de *Existen* estuvieran traumatizados y quisieran restaurar el orden simbólico.

El marco del documental es la exposición soviética de 1960 en La Habana, que, un año antes del primer viaje espacial tripulado, el del Vostok, resaltaba los mismos aspectos de la grandeza soviética. Como la muestra *Vostok*, que transforma la topografía cubana mediante los recuerdos de los artistas de la relación de su país con el Este, *Existen* pone en primer plano ciertos elementos de un pasado reciente que aún subsiste en La Habana, y que son inolvidables en el discurso de los «locos». En tanto retrato de la ciudad, los veinticinco minutos del documental pueden considerarse un contrapunto al largometraje *Suite Habana* (2004), de Fernando Pérez, donde los actores viven sus vidas articuladas mediante silencios provocadores, sueños y desilusiones que componen una topografía revolucionaria de hábitos sociales, dependencias y aspiraciones. En *Existen* la cámara se centra en un puñado de locos reconocibles para los habaneros porque frecuentan los mismos espacios públicos. Ahora bien, no son los paisajes de la ciudad lo que llama la atención en *Existen*, sino los rostros y palabras de quienes la habitan. Los espectadores apenas vislumbran los lugares que ocupan. El discurso de los «personajes» en *Existen* aparece subtitulado en la versión original, como si su argot desorientado precisase traducción. Además de haberse proyectado en varios festivales internacionales, *Existen* recibió el Premio Coral al mejor documental experimental del XXVIII Festival Internacional de Cine Latinoamericano de La Habana.

Gracias al uso del montaje y a una velocidad de tomas que recuerdan a las de un video musical, los espectadores apenas pueden distinguir entre el pasado y su mención en presente por parte de los enfermos mentales. Lo que resulta especialmente interesante es hasta qué punto el presente globalizador afecta a cómo se recuerda y representa el pasado soviético, y cuáles puedan ser las consecuencias futuras de ese archivo creciente.

Desde el comienzo del documental, la música, del grupo cubano Nacional Electrónica y X Alfonso, cobra protagonismo en su exploración de un desarrollo sociopolítico detenido. El trabajo de Nacional Electrónica, que se mueve entre varios estilos, recoge sobre todo influencias de la música tecno alemana y británica, pero sus miembros dejan claro que su sonido es «pobre, rudimentario, sucio, de factura doméstica»[9].

Volviendo a Gagarin, viene a cuento el video de uno de los temas de Nacional Electrónica –«¡Llegamos al futuro!», dirigido por Eduardo Benchoam– donde un actor que recuerda al personaje de Fritz Lang en *Metrópolis* contempla un número de la revista *Sputnik* en cuya cubierta se lee: «Gagarin: Apertura de la era cósmica». El fotograma siguiente muestra un disco de vinilo de música soviética. Desde un pequeño taller, como los que hoy abundan en La Habana, el protagonista del video –un cosmonauta, según parece– es propulsado al espacio exterior. A medida que la letra lo sitúa entrando en la Soyuz y dejando atrás Moscú, camina a cámara lenta, hasta que finalmente alcanza la azotea de un edificio cualquiera en La Habana, y pulsa un botón. La portada de *Sputnik* parace ser de 1981, mientras que el paisaje al que es proyectado primero el protagonista parece desértico. ¿Acaso podríamos estar en Tarará, el área del Este de La Habana adonde se envió a las víctimas de Chernóbil (y donde Polina Martínez Shvietsova situaba el encuentro de sus protagonistas polovinas)? ¿O acaso Alamar, el barrio que en su día alojó a los técnicos rusos, y que la mayoría había abandonado años antes?

Si nos fijamos en el cosmonauta, su tanque de oxígeno está lejos de parecerse a uno de verdad; más bien pareciera un catéter intravenoso, como si el director del video no hubiera podido encontrar esa pieza en su propio taller para caracterizar al cosmonauta postsoviético y hubiera optado por este otro aparato más burdo. El resultado es una imagen que recuerda la exposición de 1989 de Lázaro Saavedra y Rubén Torres Llorca, *Una mirada retrospectiva*, que recrea el ambiente

---

[9] Sobre la banda, véase <http://www.unsigned.com/nacionalelectronica>.

postsoviético de algunos lugares; allí una matrioshka y Elpidio Valdes, el héroe de los dibujos animados cubanos, están vinculados no por la solidaridad sino por un catéter intravenoso, que bombea sangre a Elpidio. De hecho, lo que causa sensación en el documental de 52 minutos *Los rusos en Cuba* (2008), de Enrique Colina, son sus últimas escenas, en las que Saavedra habla de esa instalación mientras se escucha la canción de Los Van Van «Se acabó el querer» y una joven y moderna cubana baila frente a un mural con banderas cubanas y soviéticas, con cortes a imágenes de archivo de los años de la solidaridad cubano-soviética de fondo, mientras Saavedra corta el catéter en primer plano[10].

Existen sugiere que los locos están esclavizados por el discurso de poder de la llamada sensatez, en línea con los trabajos de Foucault y Deleuze y Guattari, entre otros. Los aspectos más críticos de *Vostok*, como *Microfacción o Macrofacción* de Lavastida, sugerirían que la alianza entre soviéticos y cubanos situaba a los cubanos en el papel de monos. En *Existen* se retrata a los soviéticos como los principales arquitectos de la colonización y del secuestro del presente cubano por múltiples potencias, pero las palabras de los marginales sugieren que el bloqueo estadounidense y las políticas gubernamentales cubanas son también cómplices. Es como si la música de Nacional Electrónica condujera a las imágenes de la decapitación de una figura humana animada, bajo la que aparece el rótulo «¿Por qué perdemos la cabeza?»[11].

---

[10] Como *9550* (2006), el documental de Colina usa películas soviéticas –se nota que aquí con mayor presupuesto y mejor acceso a los archivos– para ilustrar la extraña yuxtaposición de los mundos sentimentales cubano y soviético.

[11] El director, en una entrevista con Sandra del Valle Casals, comenta qué lo impulsó a realizar el documental: «Sentía la curiosidad de descubrir cómo ve un loco los temas relacionados con la sociedad cubana, qué piensa una persona desequilibrada del bloqueo, de las relaciones Cuba-Estados Unidos; como otra manera de otorgarle también voz y voto a esa gente que uno ve todos los días

A continuación se remite al espectador a las respuestas contenidas en un catálogo de diversas relaciones trasnacionales. Si la nave Vostok es epítome de la primera parte de la historia, donde la juventud cubana tiene todavía el potencial para encarnar el ideal soviético, en *Existen* el ideal soviético ya se ha transformado en su desfiguración cubana. Es precisamente esta yuxtaposición la que constituye el centro de muchas de las narrativas de los últimos años, lo que hace particularmente iluminadora la alocución inicial del documental:

> Dadas las características ideológicas de la nación expositora debemos declarar que el hecho de que determinado estado, en uso de su perfecto derecho de ampliar su horizonte económico y comercial, exponga ante otro pueblo sus productos [...] no implica necesariamente que tengamos que incorporarnos a esa ideología.

La declaración lleva a los espectadores a preguntarse hasta qué punto se confirmó o superó esa afirmación. Las respuestas se encuentran en los retratos de los propios locos. Las marcas históricas del legado soviético en los nacidos después de 1960 –lo que incluye a todos los «actores» de la película– son inmensas, incluso si, o precisamente porque, los cubanos rechazan colectiva y agresivamente el pasado soviético a comienzos de los noventa.

Una toma de la exposición soviética de 1960 presenta a uno de estos locos de La Habana hablando sobre el Periodo Especial. Como apunta Antonio José Ponte en su reseña sobre la película,

> *Existen* podría entenderse como una exploración del nacionalismo en la locura. Y no es casual que *Existen* se inicie con imágenes de la

---

en las esquinas de este país y de las que uno se ríe –cosa que al menos a mí me resulta medio alarmante» (Valle Casals 2006: en línea). Resulta curioso que los soviéticos, el polo opuesto en la Guerra Fría, no se mencionen como parte de la lógica consciente inicial. Cabe pensar que fue el propio discurso de los locos el que inspiró que la película se enmarcara en la Exposición soviética de 1960.

gran exposición soviética celebrada en La Habana en 1960. Aquella exposición, muestrario de logros tecnológicos y científicos, procuraba un acercamiento entre ambas naciones. La voz del noticiero del cual provienen las imágenes advierte que lo expuesto allí no es forzosamente fruto de las virtudes de un régimen político tan alejado del cubano. Y, a juzgar por tal cita, parece tratarse de un caso de alienación. El país está en peligro de quedar fuera de sí, empeñado en destino ajeno, enajenado. (2006: en línea)

El análisis de Ponte sobre el grado de penetración de los eventos históricos y del discurso nacionalista normalizado en el discurso psicótico resulta especialmente interesante si se lo pone en paralelo con su narrativa. En «Corazón de skitalietz», por ejemplo, la alienación necesita expresarse en el idioma del anterior proveedor –«*skitalietz*» es la palabra rusa para «vagabundo»–. Publicada en Cuba en 1998, la historia toma la palabra del discurso de Dostoyevski sobre Pushkin en 1880, donde describe a Pushkin como descubridor y creador de ese infeliz *skitalietz* en su propio suelo. Aunque Dostoyevski no era muy querido por los soviets, muchas de sus obras fueron publicadas en Cuba desde los sesenta hasta los ochenta. En Cuba, como en la Unión Soviética, *Memorias del subsuelo* y *Los endemoniados*, consideradas las más oscuras y menos asimilables de sus obras, no se leyeron tanto durante el periodo soviético como *Crimen y castigo*, *El idiota*, *El jugador* o *Noches blancas*.

Abandonados por la Unión Soviética, todos los personajes de la historia de Ponte son huérfanos perpetuos. Mediante la utilización del ruso para describir la situación contemporánea cubana, «Corazón de skitalietz» recrea el vínculo de la nación desheredada con la Unión Soviética. El ruso es el idioma del país del que Cuba dependía, pero por supuesto es ajeno. El epílogo de la edición de 1998 de *Corazón de skitalietz* provoca al lector al tiempo que explica el título, cuando explica que Dostoyevski considera que la felicidad universal es indispensable para que el *skitalietz* tranquilice su espíritu. [...] Unos años más tarde, el joven Gorki habla con pasión a Vladimir Korolenko acerca de los buscadores de la verdad, de la Rusia de los caminos. Vladimir Korolenko escucha con una sonrisa y luego le hace ver que esos mismos buscadores de la verdad por los caminos son grandesególatras y unos vagos de cuidado. Para bien y para mal, la palabra *skitalietz* aparece en estas dos citas. ¿Por qué elegí esa palabra rusa? A diferencia de Escorpión, no fui educado en Rusia ni alcanzo a leer del ruso directamente. Debió ser entonces por la misma razón que llamé con esos nombres –Escorpión, Veranda–, apodos más que nombres, a un par de personajes. Porque la ficción me resulta una tierra extranjera. (Ponte 1998: vii-viii)

La equivalencia de los términos «buscadores de la verdad» y *skitalietz* (la palabra usada por Dostoyevski para designar a los intelectuales europeizantes que se creían superiores al pueblo ruso) hace hincapié en la inestabilidad del significado y la importancia de un contexto donde anclar los significantes. A la explicación de Ponte de su apropiación del término «skitalietz» cabría añadir un sentido de extrañeza que no puede ser narrado en el ambiente de lo nacional ni en un idioma extranjero cualquiera, sino únicamente en el idioma del imperio que durante tres décadas marcó el destino cubano.

En «Corazón de skitalietz» los personajes que deambulan están a cargo de transformar la capital de su país en otra. Desde el inicio los apagones del Periodo Especial funcionan como fuerzas naturales que modelan el desarrollo de la narrativa, autorizando temporalmente a los personajes a reinventarse no sólo a sí mismos, sino también a reinventar los paisajes que les rodean. Rafael Rojas (2006) afirma que en las ficciones de Ponte, plagadas de estudiantes cubanos en la Unión Soviética y Europa del Este, se echa de menos la diáspora de los noventa, que se ha visto a veces sobre todo como económica –aquellos que huyeron de la isla por la hambruna y los apagones–, pero diría que «Corazón de skitalietz» dibuja un puente entre ambos grupos.

Abandonados por la Unión Soviética, siguen viviendo en condiciones de orfandad pero, como muchos de los autores que analizados en este libro, también bajo la inmensa deuda de la lengua y la literatura rusas, que les proporciona el código lingüísticocon el que expresar su realidad sentimental.

En «Corazón de skitalietz» el personaje del historiador es bautizado «Escorpión» tras perder su trabajo en un instituto. La pérdida de su estatus laboral se asemeja al colapso del ideal histórico promulgado por la Revolución –el colapso de una ideología que unía a Cuba económica y políticamente a otras partes del mundo en la lucha contra el imperialismo. A Escorpión le acompaña un astrólogo, un cáncer cuyo nombre es Veranda. La Habana ya no es una ciudad en la que ambos se encuentran en una tediosa rutina; más bien se ha convertido en un lugar en el que son vagabundos: *skitalietz*. Después de que sus líneas telefónicas se cruzan, se reúnen para hacer frente a la falta de movimiento –la misma que tematiza «Los músicos de Bremen» de Porno para Ricardo-, y se imaginan a sí mismos como turistas en un país extranjero. Cuando Escorpión acaba en un asilo para vagabundos (a propósito, no hay indicio de un lugar así en *Existen*) y se le pregunta por su profesión, responde: «De ocupación *skitalietz*. Es en ruso, deletreó». Cuando le preguntan si es ruso, dice «Quieren hacer un loco de mí» (1998: 184). Sin la capacidad para mirar de frente la realidad, estos personajes tratan de invertir las estructuras del internacionalismo, la vigilancia social y el turismo. Apenas pueden imaginar su situación actual sin mencionar la herencia ruso-soviética. Lo que Escorpión llama «Logia de las Vidas Paralelas» (1998: 164) remite también a la experiencia de vagar en lo que podría llamarse el idioma extranjero de los desheredados. En las palabras del protagonista, en primer lugar «nadie podría ser libre si existía un solo, un único aquí, y tantos infinitos allá que reclamaban» (1998: 185). En segundo lugar: «La libertad puede consistir en un espacio cerrado un poco más grande» (1998: 188). La ficción de Ponte examina los sonidos simultáneos, casi esquizofrénicos, disonantes y discrepantes de idiomas en los que los espacios pueden amplificarse creativamente. El *skitalietz* es una manera de agrandar ese espacio y convertir la dependencia en libertad. Cuando Escorpión sale del hogar para vagabundos, reconoce que «la ciudad estaba llena de skitalietzs» (1998: 165). Como *Existen*, el relato de Ponte presenta protagonistas cubanos cuyos recuerdos quedan atrapados en una vida de *skitalietz*. Pertrechados únicamente de significantes soviéticos, incluso más desanclados de su significado que en *El ruso* de Pereira, estos recuerdos también los protegen de un futuro incierto.

En *Existen*, un hombre delirante en la treintena proporciona una posible solución para el Periodo Especial, pontificando junto a la cafetería La Pelota en la calle veintitrés, una de las pocas cafeterías de El Vedado que admitía entonces moneda nacional:

> Buscar todos los requisitos recaudables de dólares, hacer convenios con otros países menos con Rusia [...] hasta que Rusia no sea parte de la Unión Soviética otra vez y depende si nosotros no damos combustible a ellos [...] que sea por préstamo [...] creo que no podemos fallar más.

No hay que hacer mucho esfuerzo para reconstruir el orden de su locura, ya que mantiene intacta la esfera colectiva a través de su voz colectiva. El sujeto está tan inmerso en el orden simbólico, en la Cuba distanciada de la nueva Rusia, que lo vincula tan íntimamente a su vida como la mala calidad de la comida en La Pelota.

La efectividad de la crítica de Insausti se debe, en parte, a la brillante edición de Angélica Salvador, una técnica de montaje que difumina temporalidades distintas, y una selección de declaraciones oficiales a través de las cuales los espectadores pueden medir fácilmente el progreso de la nación y sus descontentos. Como afirma Ponte,

> Resulta interesante comprobar cuánto pueblan esos monólogos los asuntos del país. Claro que Insausti, guionista y director, pudo elegir

fragmentos que abundaran en lo mismo. Aunque, de ser así, queda en pie la coincidencia de tantos actores en idéntico tema. (2006: en línea)

La reacción de Ponte al documental invita a reflexionar sobre las similitudes de la película con un número de 2002 de la revista *Colors* de Benetton, sobre la vida en las instituciones mentales en todo el mundo y especialmente en Cuba. Ambos, documental y revista, recurren a estrategias de fotografía de vanguardia, video y marketing. *Existen*, financiado por la embajada española en Cuba, la Agencia Española de Cooperación Internacional (AECI), El Ingenio, la Fundación Ludwig, Producciones Sincover y el Instituto Cubano de Arte e Industria Cinematográficos (ICAIC), mezcla los rápidos ritmos del videoclip musical con la técnica del montaje para crear una sensación incongruente en los espectadores. La combinación conduce a la cuestión de si la música tecno termina por acomodarse a espectadores de afuera o más bien crea una sensación extraña sobre la esfera nacional cubana.

Lo que comentaba en otro sitio sobre la representación de uno de los locos en *Colors* también podría decirse de los muchos que se entrevistan en *Existen*: «The changes within her discourse extend to a game whose referents are outside of the mental institution, in the very nation: she confesses, then cries, her voice becomes infantile, she mentions something very powerful (exiting the country), she cries again, she affirms her nationality, and then –within the frame of categories constitutive of adversity– she seduces» (Loss 2005: 174). Un interno del asilo de Camagüey retratado en *Colors* declaraba: «Quise suicidarme dos veces, las dos veces con un Sputnik, una navaja rusa»[12]. Las cuchillas soviéticas Sputnik, tras el vuelo de Yuri Gagarin en 1961, iban empaquetadas con las letras CCCP y una nave espacial.

---

[12] En *Colors Magazine* 47 (*Madness*): 10. Algunas de las imágenes de este número de *Colors* aparecen en la web de la revista: <http://www.colorsmagazine.com/issues/47>).

Hoy en día estas cuchillas se subastan en ocasiones en eBay, y hasta hace relativamente poco, en la tienda especializada de Distribuciones Potemkim. Esos objetos de colección tienen funciones diferentes, mucho más prácticas, dentro del asilo cubano y en las calles de La Habana. Incluso en el delirio el bloque soviético continúa sometido a la mistificación de los cubanos.

El resto de los discursos que aparecen en *Existen* imitan del mismo modo el discurso revolucionario dominante. Uno de los entrevistados, según refieren los subtítulos de la película, se volvió loco porque se fue de Cuba. Tras mencionar todas las ciudades extranjeras que había conocido, afirma: «Todo eso es mío, pero mi Cuba es mi Cuba». Otro loco afirma: «Bueno, quiero tener que querer a Cuba, pero soy verdaderamente español» –una declaración que recuerda la política social predominante en los noventa y el nuevo milenio. Evidenciando lo particular que es, de hecho, la perspectiva de la creadora del blog más importante sobre los muñequitos rusos, Aurora Jácome, sobre sus afiliaciones culturales soviéticas, esta perspectiva «demente» recuerda el fracaso de las «afiliaciones ideológicas» con los «hermanos soviéticos» y el reclamo de lazos filiales con España y sus regiones autónomas con vistas a adquirir la doble ciudadanía e inmigrar a España. Un hombre negro, que según nos cuentan se volvió loco tras participar en la guerra de Angola, ofrece uno de los discursos más fragmentados de la película, que concluye con que «Y el de la bolchevique negra "bing bang"». Por último, otro afirma: «En la Unión Soviética había una equivalencia del que ganaba poco o menos, ¿no? A nosotros lo que se nos bloqueó eso, porque aquí todo el mundo iba en Lada a la playa [...] Aquí 100 pesos eran 100 pesos, ¿era así o no es así?». Las preguntas durante todo su parlamento muestran su deseo de ser comprendido y apoyado. Expresa indecisión sobre su postura –la responsabilidad sobre el bloqueo queda en suspenso. ¿Es la igualdad de «aquí» tan igual como la de los soviéticos? En sus palabras el pasado reciente de la nación, que coincide con su arribo a la edad adulta, parece lejano pero requiere de una esfera colectiva que le dé sentido.

El último loco habla de relacionar a Cuba con otras tierras:

> Ya Cuba tiene un promedio de 375 mil «shopping» [...] hacen falta unas 400 900 shopping más para que totalmente ya Cuba sea un capital total. ¿Me entiendes? [...] y que uniremos, unamos, esta tierra con otra tierra [...] que sea desconocida esta, unamos esta con la otra [...] y que sea un país grande como el Japón, como Norteamérica.

Como el comienzo del film, su conclusión sugiere que la incapacidad de adaptarse al sistema capitalista contribuye a condicionar la esquizofrenia nacional. Las estadísticas se muestran en pantalla: «En el año 2000, hubo un 45% más de esquizofrénicos que en 1985».

El paréntesis que era la representación fragmentada del loco en las calles se cierra luego con una secuencia sobre la omnisapiente Unión Soviética: la exposición soviética de 1960 y el discurso de expansión, explicado a los cubanos por medio de la retórica de la fraternidad y la solidaridad, vuelve: «Hay que romper fronteras que impiden conocerse y ayudarse a los hombres [...] Cuba, aislada como isla, alza sus brazos [...] en cordial saludo para todo el que quiera venir a sus lares». Al fondo del fotograma, un poster que no es del todo legible anuncia que «En la URSS se ha creado una potente industria de construcción de tractores». Finalmente,

> El progreso que exhiben los productos, la capacidad técnica de sus obreros y la admirable organización demostrada en esta exposición nos dicen del adelanto que goza este pueblo, cosa que celebramos, pero mantenemos intacto nuestro sentido nacionalista, informado del humanismo que tiene como filosofía nuestra formidable revolución.

Como hace el número de *Colors* sobre la locura, *Existen* se inscribe en el idioma de la Organización Mundial de la Salud presentando un discurso sobre la solidaridad y la producción que oculta las desigualdades y esconde las represiones. Con secuencias rápidas y música tecno, presenta una Habana plagada de esquizofrenia; las estadísticas generales de la Organización Mundial de la Salud se reflejan en la obsesión de los locos por las listas y los números –las claves para un discurso nacionalista y heroico. La representación del discurso del loco en La Habana resulta un método útil para revelar las experiencias de los cubanos.

El ciborg soviético, o la locura del sujeto postinternacionalista

Si para Fernández Larrea la decadencia de la gran maquinaria soviética se proyecta en un barrio marginal del centro de la ciudad, Centro Habana, en la escritura y las instalaciones que ya hemos comentado de Polina Martínez Shvietsova la culminación de la alianza cubano-soviética se manifiesta como una guerra contra el cuerpo sexuado. Esta guerra, no obstante, no está alimentada por la decepción. Dislocado por la maquinaria del Estado, el narrador ficticio y su contraparte visual encarnan una subjetividad esquizofrénica comparable a la del protagonista de Rubén Rodríguez en «Sobre Sovexportfilm». Martínez Shvietsova despliega el cuerpo como dispositivo que desafía diversas iconografías, incluidas las que tuvieron su origen en la Unión Soviética, Rusia, Cuba, Oriente y Occidente (que a menudo se fabrican en el Este). Como se ha visto en el capítulo primero, su cuerpo desnudo interviene en su práctica artística adornado con símbolos de la la solidaridad cubano-soviética. En su relato «Skizein (Decálogo del año cero)» (2008) narra el impacto de la desheredad y la disociación en un sujeto femenino que se sostiene a sí imaginando viajes a los paisajes de la literatura de otras partes del mundo.

Procedente del griego σχίζειν, dividir, el título de la historia evoca la transculturización frustrada. Como en *Existen*, donde los locos son confundidos por los deseos individuales y las exigencias nacionales, en «Skizein» la narradora mezcla el comercio humanitario y el militar: «pasaportes de la CCCP y Carnecitos vencidos del PCUS», «colchones y bastidores de IL-62»[13]. De esas partes irreconciliables, codificadas de manera incoherente en el militarismo soviético, Martínez Shvietsova forja una subjetividad post-internacionalista. El mundo con el que sueña la narradora es tanto espacial como aéreo, pero sus ilusiones están marcadas por la incapacidad de los cubanos para viajar y la ocupación con fines militares del territorio cubano por los soviéticos:

> Un rugido de IL-62 o de MIG-15: son miles, millones; son moscas, abejorros barzuk: este es un país de mamíferos aéreos. Semejante ingravidez sólo la viven los que habitan en un aeropuerto, como yo. Los nómadas de la stalinofilia y toda esa mierda perestroika del corazón. (2008: en línea)

Martínez Shvietsova rechaza la lógica convencional en su descripción del cisma en que vive y, de hecho, el segundo exergo de la historia, de «La prosa del observatorio» (1972) de Julio Cortázar, se dirige directamente a los intersticios existenciales: «Esa hora que puede llegar alguna vez fuera de toda hora, agujero en la red del tiempo, esa manera de estar entre, no por encima o detrás, sino entre». Al acercarse a la lógica interna de la historia con las pistas que proporcionan los epígrafes, los lectores pueden juntar las distintas partes. Su relato refiere controvertidos recuerdos de los años soviéticos en Cuba:

> Cuando salen las maletas, una viene soltando plumas de kolokol por la esterilla. Yo sé. Yo soy Dios, soy Vladimir sin Iliushin-62. Soy una Revolucioncita Mundial piloteada por quince MIGS. Ese paquete de plumas viene cargado con infinitas e ínfimas alas de kolokol, el pájaro mudo de la Siberia: la mejor música es su silencio. Esa maleta es un contrabando. La madrecita patria rusa que quiere emigrar de la Nueva

---

[13] El IL-62 es la abreviatura del Ilyushin-62, un reactor de pasajeros soviético de largo alcance. La mayoría de los cubanos que volaron al bloque soviético lo hicieron en esos aviones.

Rusia y aterrizar otra vez aquí. Como en los ochenta. En la misma olla de presión termonuclear. (Shvietsova 2008: en línea)

Martínez Shvietsova no recurre al choteo para romper las jerarquías; más bien, rompe con las categorías genéricas convencionales mediante incesantes frases poéticas que van en contra de la linealidad histórica. La narradora de «Skizein» termina por repetir en una «desmemoria tangible del desierto» que no está «loca de remate» sino «cuerdo de remate», haciendo en alguna medida lo que sostenía Esteban Insausti: que la verdad sobre la alianza cubano-soviética tiene que contarse en el lenguaje de los que están categóricamente locos.

Existen es crucial para imaginar el recuerdo colectivo sobre la presencia del bloque soviético en Cuba. Un debate similar podría aparecer provisionalmente en una pared de las calles de La Habana, pero no permanecer en *Vostok*. Estos habitantes enloquecidos de La Habana son coetáneos de muchos de los artistas que exponían su obra en *Vostok* y también del director de *Existen*, Insausti, nacido en 1971, que alcanzó como ellos la mayoría de edad en los ochenta. El Baikonur de Tonel y la mirada de Fernández Larrea sobre Gagarin evidencian que el recuerdo de la maquinaria soviética no sólo pertenece a la generación de los muñequitos rusos. Los objetos soviéticos ponen de relieve los errores presentes y pasados en Cuba. Representan tanto el nuevo orden geopolítico, que promueve rápidamente la sustitución de los poderes hegemónicos, como la aspiración imperial del pasado a la solidaridad internacional e ideológica.

Coda

El parque temático soviético

> En un cruce del ferrocarril transiberiano descansa una gallina de aspecto indeciso.
> El porvenir le reservaba tres destinos: ser devorada, cuando corriera a la taigá, por un zorro, que perseguido por un mujik, cayó en un cepo cuyos dientes le destrozaron el cuello; ser cocinada, cuando regresara a su gallinero, en la olla de un mujik, que en persecución de un zorro fue triturado por un tren cargado de uranio al cruzar la línea del transiberiano; o ser aplastada por un tren cargado de uranio a ciento diez millas por hora, que está descarrilado a dos kilómetros de allí, pues sus maquinistas frenaron bruscamente para evitar sin resultado despedazar a un mujik que cruzó sin mirar.
> La gallina del cruce del transiberiano no está indecisa. Es el porvenir, que no sabe qué hacer con ella.
>
> Kevin Fernández Delgado

«Gallina», de Kevin Fernández Delgado, ganó el premio Dinosaurio de relato corto, otorgado por el Centro Onelio Jorge Cardoso. En esta historia difícil de descifrar, en dos de tres escenarios el mujik muere, pero la gallina sigue siendo «decisiva». Es imposible leer esta fábula sin preguntarse si la gallina del cruce del transiberiano no es Cuba, que ya no puede imaginarse a sí misma por medio del progreso de un imperio remoto desde su descarrilamiento veinte años atrás. Afronta los obstáculos de un huérfano —abandonado por un patrón no siempre benevolente—, como el que aparece en muchos de las textos mencionados en este libro, en especial en la singular historia de Ponte sobre el Periodo Especial, «Corazón de Skitalietz», donde el destino de Cuba, desprendida de la geografía y el vocabulario del mundo soviético, está en juego. En la fábula de Fernández Delgado, sin embargo, la gallina no sucumbirá a las implicaciones geopolíticas y económicas de esta trampa; las claves de esta transformación se ubican un momento distinto de lo que podemos llamar, por el momento, cultura postsoviética cubana, que surgió más o menos cuando terminaba el Periodo Especial, alrededor de 2005. Esta coda pretende descifrar ese momento, sobre todo a través de pistas visuales que apuntan a la recomposición de los antiguos lazos –si de camino al descarrilamiento o a la restauración es difícil de determinar– así como a la creación de otros nuevos y su reflejo en las artes. En *Soñar en ruso* la gallina proyecta sus diversas narrativas sobre el descarrilamiento anterior.

El ensayo de Cuba como vertedero del bloque socialista ha entrado en un escenario totalmente nuevo. Ahora es casi la norma que los cubanos se refieran a los restos físicos del periodo soviético en la isla antes de profundizar en una conversación sobre su legado. La muestra *Vostok*, que recodificó un taller de reparaciones en un experimento de arte visual radical, desafió con ese gesto a recitar la lista, mientras que en la mesa redonda «Último Jueves» de la revista *Temas* de mayo del 2009, la crítica y traductora Zoia Barash comenzaba su presentación sobre la influencia del cine soviético en Cuba diciendo que «las huellas rusas existen, y a veces hasta se perciben no solamente en forma de nostalgia por la carne rusa o la lavadora Aurika». Una alusión anecdótica a la que Julio Travieso, otro respetado traductor que estaba entre el público, añadió «vodka» y «mujeres rusas»[14].

---

[14] Véase Aa.Vv 2009 para una transcripción de la conversación. Merecen destacarse los temas que abordó la mesa redonda. Desde distintas posiciones, los panelistas –Zoia Barash, Dmitri Prieto Samsonov, el dramaturgo Julio Cid, y Yoss– disertaron sobre las áreas de la herencia soviética que mejor conocen. Barash habló de cine; Prieto Samsonov, entre otros temas, del establecimiento

El documental de Enrique Colina *Los rusos en Cuba* (2008) hace un gran trabajo al recuperar la gran cantidad de artículos de consumo del bloque soviético que no sólo se continúan recordando, como las latas de carne rusa y leche en polvo, sino también empleando, contra todo pronóstico, como demuestran los magníficos primeros planos de una lavadora Aurika y un ventilador Orbita en funcionamiento.

Una versión de cuento de la alianza cubano-soviética podemos encontrarla en *Lisanka* (2009), de Daniel Díaz Torres, producida por Ibermedia en España, el ICAIC y los estudios Mosfilm, el primer producto del acuerdo firmado en 2008 entre Rusia y Cuba[15]. Usando las estrategias estilísticas de las fábulas –un narrador omnisciente, animación, personajes arquetípicos que viven en lugares pintorescos–, el film asigna un papel secundario a la Crisis de los misiles de 1962 para centrarse en las consecuencias más sentimentales de la llegada de un joven soviético romántico a una base militar cercana y su interrupción del triángulo amoroso entre una ardiente señorita cubana, Lisanka, su amante revolucionario y su amante reaccionario.

---

de una asociación de inmigrantes rusos en la isla; Julio Cid abordó la influencia soviética en la pedagogía artística; Yoss, las discrepancias entre lo que acontece y el lenguaje que se usa para describir los hechos, así como la influencia soviética sobre los artistas de su generación. Según comunicación de Mervyn J. Bain, en 2009 en Moscú tuvo lugar una mesa redonda comparable, que con el título «50 Years of the Cuban Revolution (roundtable at the Institute of Latin American Studies)», resaltaba la necesidad de realizar una investigación comparativa sobre la actual memorialización cubana y rusa. La transcripción aparece en *Latinskaya Amerika* 6 (2009): 4-31.

[15] En 2007, antes del acuerdo de 2008, el ruso Mijaíl Kosyrev-Nesterov dirigió el largometraje *Ocean* en Cuba, la primera coproducción en veinticinco años, sobre los temas universales de la traición y el amor. Se estrenó en 2008 con muchas y excelentes críticas. En 2010, Juan Padrón también devolvió a la pantalla la Crisis de los misiles con la película de animación *Nikita chama boom*, que aporta una visión cómica al *baby boom* de 1963 en Cuba.

El nuevo y equilibrado clima de revisiones cubanas de lo soviético debe entenderse como una dimensión más de las muchas colaboraciones estratégicas recientes, de las que el acuerdo cinematográfico de 2008 es sólo una; otras incluyen visitas oficiales rusas (el Primer Ministro Dmitri Medvédev en 2008 y el Ministro de Exteriores Serguéi Lavrov en 2010), la inauguración de la Iglesia Ortodoxa Rusa en 2008 y las concesiones a las explotaciones petrolíferas mar adentro en 2011.

Sin embargo, algunas cosas quedan todavía fuera de esta coreografía. Con diferencia, el acto de memorialización que mejor muestra las múltiples lealtades, las complejidades, las contradicciones y el oportunismo que entran en juego al hablar del recuerdo de los cubanos sobre el bloque soviético fue la Feria Internacional del Libro de La Habana de 2010, en la que Rusia fue el país invitado. En los terrenos del Castillo del Morro y la Fortaleza de la Cabaña se instalaron temporalmente, en lugar de las ruinas habituales, réplicas materiales únicas. Quizás nada fuese comparable con la réplica de un cohete espacial con la inscripcción CCCP y una fotografía de los cosmonautas Arnaldo Tamayo y Yuri Romanenko. Este objeto ambiguo estaba situado tras el restaurante «ruso» de la feria, y enmarcado por el panorama visual de las cruces de varias iglesias. La duda de si llamarlo «ruso» o «soviético» no ha desaparecido con la desintegración de la Unión Soviética. En la periferia de la feria, la instalación fácilmente podría haberse confundido con una ruina.

Dicho esto, cuesta analizar este «objeto encontrado» sin preguntarse quién estuvo tras la idea. En función de la respuesta, podría haber sido un síntoma de la nostalgia por el imperio ruso o una expresión de las aspiraciones de futuro cubanas mediante una oda visual a la solidaridad anterior.

Antes de examinar el restaurante ruso de la Feria del Libro, consideremos el restaurante que aparece en el documental de Zoe García *Todo tiempo pasado fue mejor* (2008). Este documental, básicamente

Feria Internacional del Libro, 2010. Fotografía de la autora.

una entrevista con cuatro intelectuales y artistas sobre los soviéticos en Cuba, se estructura en torno a la historia del restaurante Moscú de La Habana, que se inauguró en 1974, dos años después de la entrada de Cuba en el CAME, y que fue arrasado por un incendio en enero de 1990. El restaurante, que en su día ofertaba lo mejor de la cocina de la URSS, es una metonimia perfecta de la relación de Cuba con el bloque soviético. El título del documental, escrito en español pero con tipografía cirílica, se presenta como un escudo nacional coronado por las siglas PCC (Partido Comunista de Cuba) y apoyado sobre «CCCP». Durante todo un minuto los espectadores pueden contemplar el escudo y escuchar la versión tradicional de la canción «Los músicos de Bremen», la misma que Ernesto René brillantemente produjo en el video musical de 2001, que Asori Soto usó en la película *Good Bye, Lolek* de 2005 y que de nuevo René y

Betancourt emplearon en el documental *9550* (2006). Lo recurrente de la canción lleva a pensar que o bien la generación de los *Muñequitos Rusos* adolece de falta de originalidad, o bien —es lo más probable— que ninguna otra recoge tan bien las ansiedades de esta generación por no acabar como los personajes animados del bloque soviético.

El documental muestra la desorientación que caracteriza a unos habitantes que se han ido haciendo mayores y cuyo mundo ha cambiado ante sus ojos. Cielos grises y tormentosos sobre edificios que parecen haber sido bombardeados evocan partes del antiguo bloque soviético, aunque los primeros planos de residentes de La Habana dando indicaciones sobre la dirección del restaurante Moscú sitúan el documental en Cuba. El foco del documental sobre el restaurante y su oferta culinaria distrae al público de algunas de las cuestiones más problemáticas, como advierte el crítico de cine Gustavo Arcos: «La Unión Soviética fracasó por múltiples razones. Pero atención: esas razones por las cuales fracasó el sistema de la Union Soviética son las mismas razones que pueden hacer fracasar a este propio sistema porque está estructurado —repito— sobre los mismo esquemas, los mismos principios». Ese reconocimiento capta una contradicción fundamental, tratada en este libro: los cubanos sienten nostalgia por la cultura material soviética al tiempo que critican su ideología, algo que sigue bien presente en Cuba.

Es a la luz de esta contradicción que debemos considerar el restaurante «ruso» recreado con motivo de la Feria del Libro de 2010. Su carta, como la mayoría de los productos de la feria, estaba en moneda nacional e incluía sopa tártara, borsch, *salianka* y *sashik*, además de otros platos típicos replicados en la Cuba postsoviética con los paladares de los cubanos nostálgicos en mente. Poco importa que los rusos u otros extranjeros con acceso a la misma carta en el mundo capitalista no reconocieron en su mayoría los platos servidos, y que en más de una ocasión los clientes cubanos se quejasen de que la comida habría sido más auténtica si las «matrioshkas» que quedaban

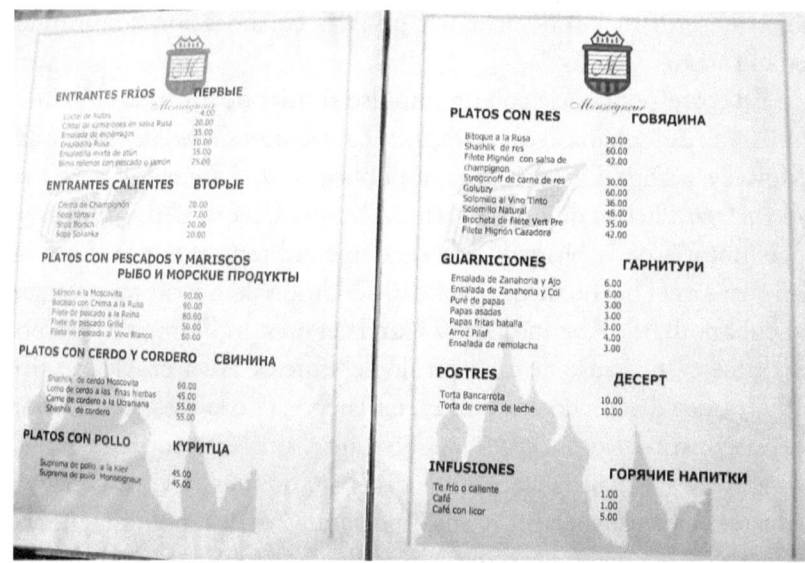

Carta del restaurante «ruso» de la Feria Internacional del Libro de Cuba de 2010. Fotografía de la autora.

en la isla la hubieran preparado. A los aderezos les faltaban algunos ingredientes para darles sabor ruso, pero por suerte muchos de los comensales «sabían» de sobra que los ingredientes que faltaban no frustraban tanto el diseño del conjunto. La atmósfera era agradable e incluso recordaba los mejores tiempos de los ochenta.

La presentación multifacética y ambigua de la alianza cubano-soviética en la Feria del Libro de 2010 refleja los diversos impulsos que la inspiraron. En primer lugar, tanto rusos como cubanos trataron de sacar a la luz los lazos presoviéticos entre Cuba y Rusia, esto es, lo que se remontan al siglo XIX y comienzos del XX. En segundo lugar, trataron de sacar de la esfera soviética los clásicos rusos de los siglos XIX y XX. En tercer lugar, trataron de defender los aspectos positivos del periodo soviético. Por último, quisieron distinguir entre los antiguos soviéticos, que actuaron como hermanos mayores de Cuba, y los nuevos rusos, que se han alejado del periodo soviético. Todo lo anterior, en función de articular posibles colaboraciones culturales en el futuro.

En correspondencia con un impulso similar de historización de la amistad rusocubana al que vimos en *Los rusos en Cuba*, de Alexander Moiseev y Olga Egorova, está la publicación de *La cultura rusa en José Martí* (2010), de Luis Álvarez Álvarez. Una dimensión incluso más notoria de la búsqueda de una amistad renovada por parte de los rusos es el hecho de que en 2010 su Unión de Escritores otorgase al cubano Jaime Abelino López García el premio Pluma de Oro por la traducción al ruso de un capítulo del libro de Álvarez Álvarez. En 1992, unos dieciocho años antes, en la época de la reestructuración de la constitución «autónoma» de Cuba, un libro sobre la huella rusa en Martí habría sido impensable. «Como es obvio», concluye Álvarez Álvarez, «la cultura rusa fue para Martí un polo magnético de atracción: poetas, novelistas, científicos, artistas plásticos, dramaturgos, monarcas y políticos, pero también su idioma, sus costumbres populares, su acervo folklórico imantaron su atención» (2010: 107). Para los modernistas hispanoamericanos, las culturas extranjeras fueron efectivamente un foco de atracción, y Álvarez Álvarez sitúa la cultura rusa dentro de este panorama universal; ahora bien, es imposible negar el momento tremendamente conveniente de esta exploración académica.

La traducción es de máxima importancia para el establecimiento de nuevos lazos, como lo fue durante el periodo soviético. En 2010, López García impresionó al jurado ruso con la suya; un año antes, este presunto admirador nostálgico de todas las cosas de la Unión Soviética, donde había estudiado ingeniería mecánica, ganó mención de la Pluma de Oro por su traducción al español de los cuentos populares del pueblo Mari en la antigua Unión Soviética. Lo que resulta interesante de López García es su deseo de transmitir la diversidad soviética a los jóvenes cubanos, como refleja el título del libro, que rinde homenaje a su hija, Laura: *Cuentos para Laura: Relatos populares maris*. El libro puede verse como un guiño a la juventud de López García, que estuvo acompañada por los cuentos publicados en ediciones cubano-soviéticas de los años setenta y ochenta.

Tal como la exploración de la influencia rusa en Martí, la publicación de varias traducciones al español de clásicos rusos de los siglos XIX y XX es síntoma del resucitado vigor político de la cultura rusa en Cuba. La antología *Cuentos de grandes escritores rusos* (2009), editada por Julio Travieso y publicada por Arte y Literatura, incluye historias de Alexander Pushkin, Nikolái Gógol, Mijaíl Lérmontov, Iván Turguénev, Fiódor Dostoyevski, Mijaíl Saltykov-Shchedrín, León Tolstói, Borís Pilniak, Yevgueni Zamiatin, Nikolái Leskov, Vladimir Korolenko, Antón Chéjov, Máximo Gorki, Aleksandr Herzen, Iván Bunin, Isaak Bábel, Mijaíl Bulgákov, Vladimir Nabokov y Mijaíl Shólojov, entre otros. El volumen responde precisamente a la nueva moda. Las traducciones, salvo las de Travieso, son anónimas.

Aunque el prólogo del libro –también de Travieso– no es largo, toca algunos puntos centrales cuya significación va más allá del volumen. Travieso describe un proceso de creciente institucionalización entre 1934 y 1953 que originó prescriptivas sobre cómo escribir «literatura gris y plana» (2009: 19). Ese periodo estuvo precedido por la época dorada de la literatura rusa y seguida de años de transición. Un ejemplo de cómo Travieso trata a los escritores más problemáticos es la explicación de su selección, entre otros escritores realistas, de Shólojov, a quien considera un practicante del «realismo psicológico» en vez del «realismo socialista» (2009: 18). Travieso menciona que Shólojov ganó el premio Nobel en 1965, pero no menciona que también ganó el premio Stalin en 1941. El tratamiento que hace Travieso de Shólojov en el volumen, junto con el rescate de algunos escritores soviéticos en la feria del libro de 2010 –en la que se celebraba el 105 aniversario de su nacimiento– es una manera de asegurarse de que Shólojov siga siendo un héroe en la esfera internacional, como lo fue alguna vez.

En la tierra del Don Apacible, una exposición en honor de Mijaíl Shólojov. Feria Internacional del Libro de La Habana, 2010. Fotografía de la autora.

Además, al evitar los aspectos más críticos de la relación cubano-soviética en favor de los lazos anteriores o posteriores menos conocidos, la feria del libro alargó simbólicamente el tiempo que rusos y cubanos estuvieron interesados los unos en los otros. Por ejemplo, en 2010 la embajada rusa publicó una revista titulada *Rusia: los libros que hacen sabio al hombre*, cuyo contenido prácticamente anulaba la historia reciente: una pieza breve dedicada a la riqueza de la colaboración cultural con la revista cubana *Unión* durante el período soviético aparecía en el contexto de un artículo sobre el primer maestro ruso en Cuba, llamado Fiódor V. Karzhavin, publicado por primera vez en *Granma* en el año crucial de 1989; una muestra de la literatura rusa contemporánea; un extracto de la traducción de Travieso de *El maestro y Margarita*; un texto sobre la naturaleza monumental de las bibliotecas rusas, como «la Léninka»; traducciones de historias populares rusas; y para colmo, una sección final de chistes rusos traducidos, que tal vez sea la contribución más significativa para comprender el futuro de las relaciones ruso-cubanas. Una caricatura del presidente Obama con una botella de vodka en una mano y un cóctel en la otra aparece en la parte superior de la página; debajo, la frase «¡Hola, vamos a hacer amistad!». Esa clase de humor venía a garantizar que los lectores cubanos no olvidaran que aunque los Estados Unidos presentaran entonces una cara más amable, durante la era Obama, seguía siendo cuando menos ingenuo; como destacan las crónicas de Dmitri Prieto Samsonov, para los rusos la tontería es peligrosa. Los antagonismos de la Guerra Fría perduran.

La prolongación de la amistad soviético-cubana también afectó la exhibición de colaboración militar, diplomática y cultural de la feria del libro. Por ejemplo, una sección del Pabellón Ruso estaba dedicada al 65 aniversario de la victoria en la Segunda Guerra Mundial, y en particular, a Enrique Vilar Figueredo (nacido en 1925 en Manzanillo, Cuba), el internacionalista cubano que, tras alistarse en el Ejército Rojo en 1942, falleció en Polonia en 1945 luchando contra el fascismo. Algunas fotografías que testimoniaban la amistad soviético-cubana aparecían apoyadas en las paredes de la sala de exposición: imágenes de Fidel Castro esquiando en Rusia, o con la bailarina Maya Plisétskaya, o estrechando la mano a Nikita Jrushchov y Leonid Brézhnev, junto a barcos de guerra con la palabra «Cuba» escrita en cirílico.

La exposición de «cosas rusas» de 2010 no alcanzó, por supuesto, las proporciones de la gran exposición soviética de 1976 en el edificio del capitolio de La Habana. El Pabellón Ruso de la feria del libro tení apenas a 450 metros cuadrados; ahora bien, estaban presentes trescientas editoriales, con unos tres mil quinientos libros expuestos. Había ordenadores con programas avanzados para mostrar a los jóvenes la vida en Rusia. Como si fuera poco, el Fondo Russkiy Mir donó unos treinta mil euros a la Biblioteca Nacional José Martí para inaugurar el Centro Cultural de Rusia, uno de los cuarenta y seis centros que existen en todo el mundo y el primero de las Américas[16].

Una de las estrategias más provocadoras para garantizar la persistencia de lo ruso en el futuro de los cubanos fue el esfuerzo realizado en enseñar a los niños cubanos la historia y la cultura rusa y soviética y a la vez recordar a sus padres, miembros de la generación de los *muñequitos rusos*, sus propios vínculos sentimentales con los soviéticos. Los cubanos también tuvieron la oportunidad de reencontrarse con la poesía de Vladimir Vysotski, traducida por Juan Luis Hernández Milián y publicada por Ediciones Matanzas en 2010. La colección de modelos hechos a mano de Vadim Levin que se utilizaba en la animación soviética acompañó la exhibición de libros infantiles rusos. Entre los autores de libros infantiles que visitaron la feria estuvo Eduard Uspensky, el autor de las historias de Cheburashka y el cocodrilo Gena, que volvía a visitar a los «hermanos cubanos»; pero Uspensky ya parecía estar en un plano diferente, aquel donde «el tiempo es dinero para los que tienen dinero». Aunque esperaba dirigirse a un público infantil, se encontró ante un grupo de padres que arribó a la adultez con sus dibujos animados y que estaban ansiosos por preguntarle por viejos temas como la ética y la estética, lo que no parecía muy de su agrado[17]. Más que con ningún otro grupo, fue en la generación de los *muñequitos rusos* donde la feria encontró su mejor interlocutor. El camino que atravesaba el castillo de Morro hasta el pabellón infantil estaba decorado con animados soviéticos, y al otro lado, sobre el escenario de los niños, había una reproducción de otro «castillo», la catedral de San Basilio, colocada allí casi como si fuera la corona de *Quinceañera con Kremlin* de Gertrudis Rivalta.

---

[16] Aunque la vigésima Feria Internacional del Libro de La Habana en 2011 estuvo dedicada a los nuevos aliados de Cuba, los países de la ALBA, el Pabellón Ruso volvió a estar presente de nuevo.

[17] Para una crónica de este encuentro poco habitual, véase Mir 2010.

Catedral de San Basilio en el Pabellón Infantil, Feria Internacional del Libro de La Habana, 2010. Fotografía de la autora.

Curiosamente, las secciones infantiles de la Feria del Libro eran los espacios donde la voluntad de restauración de los regímenes cubano y ruso era más evidentes. Las aspiraciones rusas para Cuba se tradujeron en una impactante exposición, *¡Cuba, eres mi amor!*, que presentaba en las paredes de pabellón las fantasías de los niños rusos sobre la isla, dibujos a su vez reproducidos en un pequeño pero hermoso catálogo[18]. Tras leer algunos de los textos canónicos de la literatura cubana, como los de Regino Boti, Nicolás Guillén, José María Heredia, José Martí y Juan Marinello, los niños rusos pintaron lo que imaginaban de la isla. En algunos casos, Cuba recordaba al Tahití de Gauguin, en el sentido de que predominaban los cuerpos de piel morena y los paisajes primitivos. Los niños cubanos, a su vez, participaron en un concurso de la feria del libro titulado «Los niños cubanos dibujan Rusia», organizado por la editorial rusa Veselye Kartinki. El hecho de que el concurso se anunciase escrito a mano en un cartel improvisado, en vez de haberse impreso con antelación con un diseño atractivo,

---

[18] Como muchos components de la Feria del Libro en La Habana, la exposición se presentó luego en varias provincias.

Postal 6, , de Oleg Masliakov y Efim Tsvik, 1961. «Toda Cuba es un puesto militar. Las líneas de los combatientes crecen. Los héroes de Cuba defenderán la libertad, la tierra y el trabajo».

remite a esas temporalidades discrepantes que se inmiscuyen en el actual reflejo cubano-soviético, como hemos comentado a propósito de *Rex*, de José Manuel Prieto. El imaginario actual de los niños cubanos sobre Rusia no difiere tanto de las réplicas de las familias soviéticas vistas en el relato de Adelaida Fernández de Juan o incluso en el ensayo fotográfico de Lissette Solórzano: los paisajes nevados, los samovares, las matrioshkas y la catedral de San Basilio se colaron sin mucho esfuerzo en los dibujos de los participantes en el concurso.

El letrero improvisado contrasta con una serie de postales, impresa para la ocasión sobre papel de una calidad poco habitual en Cuba. Las postales, con escenas monumentales de la historia cubano-soviética, se repartieron entre los niños que visitaron el Pabellón Ruso. Las imágenes, en su mayoría con textos escritos en ruso, rescatan lugares para el recuerdo recurriendo al desafío, una herramienta pedagógica clásica, para estimular la curiosidad de los niños. Para los que desearan algún *souvenir* del extranjero, estas postales eran todo un logro por su calidad. Algún día estos niños podrán descifrar estos términos extranjeros y descubrir su significado. En la postal número seis se lee: «Toda Cuba es un puesto militar. Las líneas de los combatientes crecen. Los héroes de Cuba defenderán la libertad, la tierra y el trabajo». La consigna capta el fervor del año posterior al establecimiento de relaciones económicas y comerciales entre Cuba y la Unión Soviética y compromiso de Castro de alinear a Cuba con las políticas internas y externas de la Unión Soviética. Que la postal esté en ruso implica que estaba dirigida a aumentar en la URSS el entusiasmo por la incipiente Revolución cubana; utiliza la imagen de un campesino cubano sovietizado que podría recordar a los destinatarios soviéticos la Revolución de Octubre. La postal número doce, de 1963, presenta una imagen familiar de Fidel Castro y Nikita Jruschov y el conocido lema «Viva la eterna e indestructible amistad y cooperación entre los pueblos de la Unión Soviética y Cuba». La postal número siete, también de 1963, recuerda a sus destinatarios que Cuba y la Unión Soviética están «siempre juntos». Estas dos

Postal 12, de Y. Kerchin y C. Turari, 1963: «Viva la eterna e indestructible amistad y cooperación entre los pueblos de la Unión Soviética y Cuba».

últimas postales fueron recordatorios de especial importancia tras la Crisis de los Misiles de 1962. Habría sido difícil imaginar en 1991 que en 2010 esas consignas se repartirían como postales entre los niños cubanos, puesto que esas viejas inyecciones de solidaridad parecían haber sido enterradas.

El espectáculo infantil tenía otras muchas dimensiones, incluidas algunas de tono mesiánico. Varios ejemplares de un libro de 2004 titulado *Niños del milagro*, de los periodistas Katiushka Blanco, Alina Perera y Alberto Núñez, se colocaron en una caja en un lugar visible de la feria, a libre disposición. La cubierta muestra los ojos de un niño tras un libro que lleva por título *Dime cómo es Venezuela*. Comenzando con una corta saga sobre la llegada de José Martí a la tierra de Bolívar en 1881, el libro está estructurado como un cuaderno de viaje por Venezuela, con testimonios de los beneficiarios de un exitoso proyecto humanitario cubano, Operación Milagro; es decir,

Postal 7, de V. Ivanov, 1963: «Siempre juntos». Copyright Estate of Vladimir Ivanov/RAO, Moscow/Vaga, New York.

se centra en las historias reales y edificantes de niños venezolanos que regresaron a su país después de haberse curado de enfermedades oculares en Cuba. La retórica del libro sugiere que Operación Milagro fuera la materialización de la solidaridad histórica entre Martí y Simón Bolívar. Rusia distribuyó gratuitamente su propia revista infantil –*Veselye Kartinki*– para entretenimiento de los cubanos. A primera vista, el mesías ruso era mucho más tradicional: Santa Claus. El mensaje explícito de amistad apenas transforma los mensajes de los «viejos tiempos» de la amistad cubano-soviética. Traducido por alguien con un conocimiento limitado del español cubano –nótese el uso peninsular de la segunda persona del plural–, el enunciado siguiente revive el heroísmo anterior: «A pesar de que Rusia y la preciosa isla de Cuba están lejos una de la otra, nuestros pueblos siempre han sido amigos. Ahora queremos que conozcáis mejor nuestra cultura, historia, actualidad del país y como viven en los niños rusos de vuestra edad»[19]. El mensaje no puede ser más claro. Ahora bien, el intento ruso-cubano de enseñar a los niños esa larga historia queda lejos de los logros de ambos pueblos; en su lugar, los niños cubanos ven sobre todo un dibujo sobre las fiestas de Navidad y Año Nuevo en Rusia, además de una muestra de acuarelas sobre cómo imaginan Cuba los rusos que tiene más de imagen estereotipada que de documentación de una colaboración real.

El otro grupo de cubanos a los que interpelaba la feria era un poco mayor que la generación de los muñequitos rusos; con entre cuarenta y cinco y sesenta años, algunos habían viajado a la Unión Soviética y trabajaban como traductores en los paneles bilingües de la feria. Trataban de mezclarse con los visitantes rusos, de acercarse más a aquellos con los que, en retrospectiva, sentían una afinidad que no se debía sólo a lo meramente nostálgico, como subrayaban las palabras de Julio Travieso en la mesa redonda de *Temas* en 2009: «lo importante para mí, más que recordar el pasado, [...] es qué huellas va a dejar la actual Rusia en Cuba. Y me pregunto si una parte de esos miles que fuimos a la Unión Soviética alguna vez podremos volver a Moscú, a Volgogrado, a las distintas regiones donde estudiamos» (Aa.Vv. 2009: en línea). De nuevo resultan útiles las categorías de Svetlana Boym de nostalgia «restauradora» y «reflexiva» para analizar estos gestos distintos, donde la nostalgia reflexiva permite «the meditation of history and the passage of time» y trata de «individual and cultural memory» (Boym 2001: 49), procesos a los que atañen las palabras de Travieso.

Al decir de Yoss, otro de los participantes en la mesa redonda,

> Creo que este concepto de «escondamos la verdad» todavía tiene una extraordinaria influencia en la sociedad cubana; la política de verticalidad es una de las peores huellas que ha dejado la presencia rusa aquí.

---

[19] *Veselye Kartinki*, edición para el programa «Rusia, país invitado de honor de la XIX Feria Internacional del Libro de la Habana», 2010.

Otras huellas, pudiera decir, son los grados y la teoría militar que se estudia, y sobre la cual se mueve todavía nuestro ejército, y que se basa, según mi criterio, en conceptos completamente dislocados. ¿Alguien se acuerda de lo que era la «Guerra De Todo El Pueblo»? Es un concepto estratégico que tiene significación en un país de gran extensión territorial, que puede darse el lujo de presentar una estrategia de retroceso elástica... que no tendría mucho sentido en Cuba, y que no obstante había sido mecánicamente copiada de los manuales militares rusos, como se copiaron otras tantas cosas. (en Aa.Vv. 2009: en línea)

La «Guerra de todo el pueblo», esto es, la estrategia militar adoptada en los ochenta que conllevaba la implicación de todos los ciudadanos en la lucha contra una posible agresión era, según Yoss, ejemplo del calco desafortunado de las estrategias militares soviéticas en la isla. Culpar al hermano mayor soviético de la estrategia de ocultar la verdad, acusación al menos válida en parte, es audaz en su admisión de las secuelas negativas de la dependencia cubana de los soviéticos, sobre todo ahora que las recientes interacciones culturales son parte de una iniciativa que busca nuevas inversiones rusas en la isla.

Yoss también ha explotado el elemento cómico de los nuevos encuentros entre el pasado soviético y el presente ruso en Cuba. En el relato de Yoss «Ivana Ivanovna y la peste a grajo», publicado en el número «rojo» de *El cuentero*[20], el narrador, un escritor, observa a un nombre llamado Igor que está mirando a una atractiva pelirroja de apariencia extranjera y a su acompañante, un cubano mulato, Yosvany, en un kiosco de bebidas de La Habana; de fondo se escucha un discurso de Dmitri Medvédev. Entretanto, y en parte huyendo del largo discurso del «gran jefe ruso» (2010: 25), Igor se acerca al narra-

---

[20] Como otras publicaciones periódicas ese año, el número de marzo de 2010 de *El cuentero* rendía homenaje a la nueva cercanía entre Rusia y Cuba publicando, entre otros textos, un ensayo de Chéjov, un extracto de «The Russian Point of View» de Virginia Woolf y un relato de Gary Shteyngart, narrador rusoamericano contemporáneo.

dor para entretenerlo con la historia de su relación con la pelirroja, Ivana Ivanovna, en Alamar, veinte años atrás. Igor le cuenta que Ivana es en realidad una rusa nacida en Cuba, hija de un coronel soviético que perdió a su mujer, enferma de dengue, poco después de nacer Ivana. Yosvany, el acompañante de Ivana ese día, es su amigo de años. Ya por entonces Ivana era tan despampanante como hoy, dice Igor, pero él trató de evitarla por su mal olor hasta el día que ella anunció que era hora para los soviéticos de regresar a su tierra –el momento de «bye bye asesores soviéticos, bye bye Bolilandia» (2010: 30)–. Ese día Ivana se ofreció a Igor, que tomó una profunda bocanada de aire antes de sumergirse en una apasionada aventura con ella. La historia trae a colación los estereotipos ya conocidos sobre el contacto entre cubanos y soviéticos: Igor recuerda lsobre todo la comida y a la pelirroja despampanante y olorosa que de adolescente traicionaba su legado soviético, olvidándose de Mayakovski y Lérmontov y bailando incluso como una cubana. La folclórica quiosquera, una mujer gorda que es la que concluye el cuento, escucha la conversación de Igor y el narrador. El mulato delgado es su hermano, que perdió el sentido del olfato tras contraer una neumonía durante su primer invierno en Moscú, en 1988. Cuando llegó la la perestroika y la glásnost y los estudiantes y trabajadores cubanos fueron traídos de vuelta a casa, Yosvany se quedó, y vino a reencontrarse con su amiga pelirroja en 1991. mientras él trabajaba de traductor en el Instituto Cervantes de Moscú. Entonces, ¿qué hacen ahora en La Habana? Resulta que han venido para la feria del libro, «siendo Rusia la invitada» (2010: 31). El relato de Yoss carnavaliza los nuevos vínculos entre Rusia y Cuba y subraya la extraña naturaleza de la rápida reconciliación que va a la par del grave olvido colectivo que Yoss combate en otros contextos.

Más que un vertedero o un museo de los productos materiales soviéticos, Cuba en muchos sentidos representa el espectáculo de un parque temático soviético. Iván de la Nuez ha usado ya el término en el sentido de ser un «abrevadero de nostalgias» (1999: 167), al igual que Antonio José Ponte, que habla de un «parque temático de la Guerra Fría» (2007: 67). Este libro muestra que ponerse un abrigo de astracán o erigir un pequeño monumento a la ciencia espacial de la CCCP no es la única manera en que los cubanos recuerdan el pasado soviético y ruso. Los intentos creativos de ajustar cuentas con la alianza cubano-soviética traducen una realidad muy cubana, que a la vez que escapa al compromiso con las transiciones, revela múltiples y complejas capas de tensiones y movimientos prospectivos y retrospectivos. El filtro colectivo del mundo que en su día proporcionó a Cuba ha desaparecido, pero que la Unión Soviética se haya desintegrado no significa que haya abandonado la imaginación de los cubanos. En su desintegración misma la Unión Soviética se ha expandido y transformado en la cultura cubana contemporánea.

Bibliografía

AA.VV. (2009): «Huellas culturales rusas y de Europa del Este en Cuba» [Mesa redonda con los tertulianos Rafael Hernández, Zoia Barash, Julio Cid, Dmitri Prieto Samsonov y Yoss. Instituto Cubano del Arte e Industrias Cinematográficos (ICAIC), 28 de mayo]. En *Temas*: <http://www.temas.cult.cu/debates/libro%204/050-069%20rusos.pdf>.

ABREU, Juan (2004): «Deuda». Conferencia en Kosmopolis: Fiesta Internacional de la Literatura, en el Centro de Cultura Contemporánea de Barcelona, 19 de septiembre: <http://www.cccb.org/rcs_gene/juan_abreu_cast.pdf>.

ACANDA, Jorge Luis (2000): «Recapitular la Cuba de los 90». En *La Gaceta de Cuba* 3: 60.

ACOSTA, Dalia (2009): «Cine en Cuba: El regreso de los rusos». En *IPS Noticias*: <http://www.ipsnoticias.net/2009/10/cine-cuba-el-regreso-de-los-rusos/>.

AGUILAR, Alejandro (2005): *Casa de cambio*. Dover: Cursack Books.

ALLATSON, Paul (2007): *Key terms in Latino/a cultural and literary studies*. Malden: Blackwell.

ÁLVAREZ ÁLVAREZ, Luis (2010): *La cultura rusa en José Martí*. Camagüey: Ácana.

ÁLVAREZ GIL, Antonio (1990): *Unos y otros*. La Habana: Unión.
— (1993): *Del tiempo y las cosas*. La Habana: Unión.
— (2002): *Naufragios*. Sevilla: Algaida.
— (2005): *Nunca es tarde*. Sevilla: Fundación José Manuel Lara.
— (2012): *Callejones de Arbat*. San Juan: Terranova Editores.

APPIAH, Kwame Anthony (1991): «Is the Post- in Postmodernism the Post- in Postcolonial?». En *Critical Inquiry* 17 (2): 336-357.

ARMENGOL, Alejandro (2009): «Unas 24.000 víctimas de Chernóbil atendidas en Cuba en 19 años». En *Cuaderno de Cuba*: <http://armengol.blogspot.com/2009/04/unas-24000-victimas-de-chernobil.html>.

ARMENTEROS, Antonio (2005): *El país que no era*. La Habana: Letras Cubanas.

ARREOLA, Gerardo (2005): «Debaten en Cuba la renovación del socialismo». En *Argentina militante*: <https://argentinamilitante.org/debaten-en-cuba-la-renovacin-del-socialismo/>.
BAIN, Mervyn J. (2006): «Gorbachev's Legacy for Russian-Cuban Relations in the 1990s». En Erisman, H. Michael & Kirk, John M. (eds.): *Redefining Cuban foreign policy: The impact of the «Special Period»*. Gainesville: University Press of Florida, 212-232.
— (2008): *Russian-Cuban relations since 1992: Continuing camaraderie in a post-Soviet world*. Lanham: Lexington Books.
BAKURADZE, Nadya (2007): «The Post-Pioneer Inferiority Complex». Ponencia en el coloquio «Cuba-USSR and the post-Soviet experience». University of Connecticut, Storrs, 5 de febrero.
BEJEL, Emilio (2001): *Gay Cuban nation*. Chicago: University of Chicago Press.
BERMAN, Salomon (2008): «Bound to Outlast? Education for Socialism». En Font, Mauricio A. (ed.): *Changing Cuba / changing World*. New York: Bildner Center for Western Hemispheric Studies, 137-175.
BERMEJO SANTOS, Antonio (2003): «*Islas* y la difusión del quehacer de las ciencias sociales». En *Islas* 45 (135): 145-158.
BETANCOURT, Juan Carlos (2012): «The Rebellious Children of the Cuban Revolution: Notes on the History of Cuban Sots Art». En Loss, Jacqueline & Prieto, José Manuel (eds.): *Caviar with rum: Cuba-USSR and the post-Soviet experience*. New York: Palgrave, 69-84.
BHABHA, Homi K. (2005): *The location of culture*. New York: Routledge.
BIRKENMAIER, Anke (2009): «Art of the Pastiche: José Manuel Prieto's *Rex* and Cuban Literature of the 1990s». En *Revista de estudios hispánicos* 43: 123-147.
BLACK, George (1988): «Cuba: The Revolution: Toward Victory Always, but When?». En *Nation* 373 (12): 373-385.
BOADLE, Anthony (2007): «Russian Women Stranded in Cuba since USSR Fall». En *Reuters*: <http://www.reuters.com/article/2007/09/05/us-cuba-russia-women-idUSN2135841320070905>.
BOYM, Svetlana (2001): *The future of nostalgia*. New York: Basic Books.
BRENNAN, Timothy (1997): *At home in the world: Cosmopolitanism now*. Cambridge: Harvard University Press.

Brown, Francisco & Dacal, Ariel & Díaz Vázquez, Julio A. *et al.* (2004): «¿Por qué cayó el socialismo en Europa oriental?». En *Temas* 39-40: 92-111.

Buck-Morss, Susan (2000): *Dreamworld and catastrophe: The passing of mass utopia in East and West.* Cambridge: MIT Press.

Calcines, Argel (2009): «Matrioshkas cubanas». En *Opus Habana*, 31 de marzo: <http://www.opushabana.cu/index.php/noticias/26-artes-visuales/1590>.

Carbonell, Néstor T. (1989): *And the Russians stayed: The sovietization of Cuba: A personal portrait.* New York: Williams Morrow.

Carpentier, Alejo (2001): «Publicaciones y libros cubanos después del triunfo de la revolución». En *La Jiribilla*, 26 de noviembre: <http://www.lajiribilla.co.cu/2001/n26_noviembre/762_26.html>.

Castro Ruz, Fidel (1961): «Palabras a los intelectuales». Discurso dado en la Biblioteca Nacional, La Habana, 16, 23 y 30 de junio: <http://www.cuba.cu/gobierno/discursos/1961/esp/f30061e.html>.

— (1972): «Discurso pronunciado a los estudiantes cubanos becarios en la Unión Soviética y al personal de la embajada de Cuba en la URSS». Moscú, 2 de julio: <http://www.cuba.cu/gobierno/discursos/1972/esp/f020772e.html>.

— (1974): «Discurso pronunciado en la inauguración de la escuela Vocacional Vladimir Ilich Lenin». Calabazar, La Habana, 31 de enero: <https://es.wikisource.org/wiki/Discurso_de_Fidel_castro_pronunciado_en_la_Inauguración_de_la_escuela_Vocacional_Vladimir_Ilich_Lenin_el_día_31_de_enero_de_1974>.

Cortázar, Julio (1972): *La prosa del observatorio.* Buenos Aires: Lumen.

Dacosta, Zeta (2009): «The New Miscegenation: Las Polovinas». En *Islas*, septiembre: 23-28.

Díaz, Jesús (2000): *Siberiana.* Madrid: Espasa.

— (2002): *Las cuatro fugas de Manuel.* Madrid: Espasa.

Díaz-Briquets, Sergio (1983): «Demographic and Related Determinants of Recent Cuban Emigration». En *International Migration Review* 17 (1): 95-119.

Díaz Gómez, Yamil (2007): *La calle de los oficios.* La Habana: Centro Cultural Pablo de la Torriente Brau.

Díaz Infante, Duanel (2007): «Muñequitos rusos, nostalgia cubiche». En *Cuba: La memoria inconsolable: Apuntes sobre cultura, historia e ideología*, 6 de abril: <http://www.duaneldiaz.blogspot.com/2007/04/munequitos-rusos-nostalgia-cubiche.html>.

Domínguez, Jorge I. (1993): «The Political Impact on Cuba of the Reform and Collapse of Communist Regimes». En Mesa-Lago, Carmelo (ed.): *Cuba after the Cold War*. Pittsburgh: University of Pittsburgh Press, 99-132.

Erjavec, Aleš (2003): Introducción a Erjavec, Aleš (ed.): *Postmodernism and the postsocialist condition: Politicized art under late socialism*. Berkeley: University of California Press, 1-55.

Espinosa Domínguez, Carlos (2012): «The Mammoth That Wouldn't Die». En Loss, Jacqueline & Prieto, José Manuel (eds.): *Caviar with rum: Cuba-USSR and the post-Soviet experience*. New York: Palgrave, 109-117.

Feijóo, Samuel (1965): «Revolución y vicios». En *El mundo*, 15 de abril: 4.

— (1967): «Viaje a la Unión Soviética». En *Islas* 9 (2): 83-307.

Feijóo, Samuel & Bulgákova, Nina (eds.) (1966): *Poetas rusos y soviéticos*. La Habana: Universidad Central de las Villas.

Fernández, Damián J. (2000): *Cuba and the politics of passion*. Austin: University of Texas Press.

Fernández de Juan, Adelaida (2000): «Clemencia bajo el sol». En Strausfeld, Michi (ed.): *Nuevos narradores cubanos*. Madrid: Siruela.

— (2010): «Segundas palabras prologares», En González Reinoso, Pedro: *Vidas de Roxy o el aplatanamiento de una rusa en Cuba*. Bogotá: San Librario Books.

Fernández Delgado, Kevin (2008): «Gallina». En *El cuentero*: <http://www.centronelio.cult.cu/cuento/gallina>.

Fernández Díaz, Verónica (2009): «Igor Stravinsky en Alejo Carpentier». En *Sic: Revista literaria y cultural* 44: 27-31.

Fernández Fe, Gerardo (2001): «De lémures y economías». En *Encuentro de la cultura cubana* 20: 348-349.

Fernández Larrea, Ramón (2002): «Carta a Yuri Gagarin». En *Encuentro en la red* 279, 14 de enero: <http://arch.cubaencuentro.com/humor/2002/01/14/5351.html>.

Fernández Retamar, Roberto (1971): *Calibán: Apuntes sobre nuestra cultura en América*. Ciudad de México: Diógenes.

Ferrer, Jorge (2009): «Una aventura de Roberto Fandiño en Moscú». En *El tono de la voz*, 28 de julio: <http://www.archivo.eltonodelavoz.com/2009/07/28/una-aventura-de-roberto-fandino-en-moscu/>.

— (2012): «Around the Sun: The Adventures of a Wayward Satellite». En Loss, Jacqueline & Prieto, José Manuel (eds.): *Caviar with rum: Cuba-USSR and the post-Soviet experience*. New York: Palgrave, 95-107.

Fornet, Jorge (2006): *Los nuevos paradigmas: Prólogo narrativo al siglo XXI*. La Habana: Letras Cubanas.

Fowler Calzada, Víctor (2008): «Todas íbamos a ser reinas». En *La pupila insomne*: <https://cinecubanolapupilainsomne.wordpress.com/2008/06/13/todas-ibamos-a-ser-reinas-de-gustavo-perez/>.

Fuentes, Norberto (1982): *Posición uno*. La Habana: Unión.

García Espinosa, Julio (1970): «Por un Cine Imperfecto». En *Hablemos de cine* 55/56: 37-42.

García Montiel, Emilio (2010): *Presentación del olvido*. Miami: Linkgua.

García-Zarza, Isabel (2000): «Cuba aún guarda huellas de la era soviética». En *El Nuevo Herald*, 11 de diciembre: 21A (3).

Gates, Henry Louis, Jr (1988): *The signifying monkey: A theory of Afro-American literary criticism*. Oxford: Oxford University Press.

Generacionasere/tony (2008): «Sobre *Goodbye, Lolek*!». En *Generación Asere*, 14 de mayo: <http://generacionasere.blogspot.com/2008/05/sobre-goodbye-lolek.html>.

González Reinoso, Pedro (2010): *Vidas de Roxy o el aplatanamiento de una rusa en Cuba*. Bogotá: San Librario Books.

Grillo, Rafael (2007): «Vostok: la paradoja cubano-soviética». En *Contemporary Cuban Art*, noviembre 27: <http://www.cubancontemporaryart.com>.

Guerra, Wendy (2006a): *Todos se van*. Barcelona: Bruguera.

— (2006b): «En Cuba es difícil guardar secretos». Entrevista de Mili Rodríguez Villouta. En *La Nación* (Santiago de Chile), 26 de noviembre: <http://www.lanacion.cl/prontus_noticias/site/artic/20061122/pags/20061122194534.html>.

— (2008a): *Nunca fui primera dama*. Barcelona: Bruguera.

— (2008b): *Ropa interior*. Barcelona: Bruguera.

GUERRERO, Gustavo (2002): «Retrato del científico adolescente» [reseña de *Las cuatro fugas de Manuel*, de Jesús Díaz]. En *Letras Libres*, abril: <https://www.letraslibres.com/mexico-espana/libros/las-cuatro-fugas-manuel-jesus-diaz>.

GUILLOT CARVAJAL, Mario L. (2000): «Reseña de *Siberiana*». En *Revista Hispano Cubana* 8: 174-176.

HAACKE, Hans & BOURDIEU, Pierre (1995): *Free exchange*. Cambridge: Polity Press / Blackwell.

HART, Celia (2006): «La bandera de Coyoacán». En *Apuntes revolucionarios: Cuba, Venezuela y el socialismo internacional*, 27-33. Madrid: Fundación Federico Engels <http://www.lahaine.org/b2-img/celia_apuntes.pdf>.

HERNÁNDEZ, Ihosvany (2009): «Un diario desde el país caribeño criado con códigos soviéticos». En *La parada de los mangos*, 13 de abril: <http://www.laparadadelosmangos.blogspot.com/2009/04/un-diario-desde-el-pais-caribeno-criado.html>.

HERNÁNDEZ, Juan (1967): «Mayakovski en la Habana». En *Islas* 9 (2): 77-83.

HERNÁNDEZ, Rafael (2009): «The Cuban Transition: Imagined and Actual». Conferencia en la Universidad de Chicago, 7 de octubre: <http://news.uchicago.edu/multimedia/latin-american-briefing-series-cuban-transition-imagined-and-actual-rafael-hernandez>.

HERNÁNDEZ BUSTO, Ernesto (2005): «La lección de Demonia». En *Cubaencuentro*, 4 de agosto: <http://arch1.cubaencuentro.com/cultura/200508 04/8ffddfcb196d249346a80a37317 03b95/1.html>.

HERNÁNDEZ SALVÁN, Marta (2009): «Requiem for a Chimera». En *Revista de Estudios Hispánicos* 43 (1): 149-171.

HOUZANGBE, Penda (2004): *Cuba mi amor*. Tesis, Escuela Internacional de Cine y Televisión de San Antonio de los Baños.

HUYSSEN, Andreas (2003): *Present pasts: Urban palimpsests and the politics of memory*. Palo Alto: Stanford University Press.

ISRAEL, Esteban (2008): «Change is coming to Cuba, on Chinese wheels». En *Reuters*, 13 de marzo: <http://www.reuters.com/article/2008/03/13/us-cuba-transport-idUSN1321778820080313?sp=true>.

JÁCOME, Aurora (2005) «Compartiendo un "trauma"». En *Muñequitos rusos*, 26 de noviembre: <http://www.munequitosrusos.blogspot.com>.

— (2012): «The *Muñequitos Rusos Generation*». En Loss, Jacqueline & Prieto, José Manuel (eds.): *Caviar with rum: Cuba-USSR and the post-Soviet experience.* New York: Palgrave, 27-35.
La Fountain-Stokes, Lawrence (2008): «Trans/Bolero/Drag/Migration: Music, Cultural Translation, and Diasporic Puerto Rican Theatricalities». En *WSQ: Women's Studies Quarterly* 36 (3-4): 190-209.
Laub, Dori (1995): «Truth and Testimony: The Process and the Struggle». En Caruth, Cathy (ed.): *Trauma: Explorations in Memory.* Baltimore: Johns Hopkins University Press, 61-76.
Leiner, Marvin (1994): *Sexual politics in Cuba: Machismo, homosexuality, and AIDS.* Boulder: Westview Press.
Leyva Martínez, Ivette (2003): «Miami: Pequeñas nostalgias del castrismo». En *Cubaencuentro*, marzo 20: <http://arch1.cubaencuentro.com/desde/20030320/6b1ffba34607b 446bdb97b1561830eaa.html>.
López, Luis (1976): «Tres horas en la URSS». En *Verde Olivo* 17 (30): 54-55.
López-Cabrales, María del Mar (2007): *Arenas cálidas en alta mar: Entrevistas a escritoras contemporáneas en Cuba.* Santiago: Cuarto Propio.
Loss, Jacqueline (1995): «Stravinsky: His Times and His Travels in Alejo Carpentier's *Concierto barroco*». Tesis de maestría, University of Texas.
— (2005): *Cosmopolitanisms and Latin America: Against the destiny of place.* New York / London: Palgrave.
— (2009): «*Skitalietz*: Traducciones y vestigios de un imperio caduco». En Basile, Teresa (ed.): *La vigilia cubana: Sobre Antonio José Ponte.* Rosario: Beatriz Viterbo, 95-109.
Martínez Shvietsova, Polina (2006): «17 abstractos de una agenda».En *El cuentero*: <http://www.centronelio.cult.cu/cuento/17-abstractos-de-una-agenda>.
— (2008): «Skizein (Decálogo del año cero)». En *Cubaliteraria*: <http://www.cubaliteraria.cu/revista/laletradelescriba/n72/articulo-3.html>.
Martínez Shvietsova, Polina & Prieto Samsonov, Dmitri (2012): «... So, Borscht Doesn't Mix into the *Ajiaco*? An Essay of Self-Ethnography on the Young Post-Soviet Diaspora in Cuba». En Loss, Jacqueline &

Prieto, José Manuel (eds.): *Caviar with rum: Cuba-USSR and the post-Soviet experience*. New York: Palgrave, 133-159.

Masvidal Saavedra, Mario (2008): «De *otakus* y *mangakas* en el Caribe». En *La Jiribilla* 394 (22-28 de noviembre): <http://www.lajiribilla.co.cu/2008/n394_11/394_16.html>.

Menchú, Rigoberta & Burgos-Debray, Elisabeth (1983): *Me llamo Rigoberta Menchú y así me nació la conciencia*. Ciudad de México: Siglo xxi.

Mir, Andrés (2010): «Lo que nos dijo el lacónico papá de Cheburashka». En *Revista electrónica Esquife*, 15 de febrero: <http://www.esquife.cult.cu/primeraepoca/agendaesquife/2010/Feria/03.html>.

Miralles, Jorge (2001): «Fotos de boda». En *Las voces del pantano*. La Habana: Unión.

— (2007): «Una breve exposición: ...*fruto de la fantasía*». [inédito]

Mistral, Gabriela (2003): *Selected poems of Gabriela Mistral*. Albuquerque: University of New Mexico Press.

Moiseev, Alexander & Egorova, Olga (2010): *Los rusos en Cuba. Crónicas históricas, juicios y testimonios*. La Habana: Abril.

Molina, Juan Antonio (2007): «La marca de su cicatriz. Historia y metáfora en la fotografía cubana contemporánea». En Santana, Andrés Isaac (ed.): *Nosotros, los más infieles. Narraciones críticas del arte cubano, 1993-2005*. Murcia: CENDEAC, 835-845.

Montero Méndez, Hortensia (2007): «A propósito de la exposición "Puente para las rupturas: Pensar los 70"». En *La Jiribilla* 312 (28 de abril-4 de mayo): <http://www.lajiribilla.co.cu/2007/n312_04/mirada.html>.

Moore, David Chioni (2001): «Is the Post- in Postcolonial the Post- in Post-Soviet? Toward a Global Postcolonial Critique?». En *PMLA* 116 (1): 111-128.

Morales Catá, Guillermo (2002): «Invaden balseros aéreos cubanos aeropuerto internacional de Madrid-Barajas y solicitan asilo político». En *Cubanet*, 12 de marzo: <http://www.cubanet.org/CNews/y02/mar02/12o2.htm>.

Muñoz, José Esteban (1999): *Disidentifications: Queers of color and the performance of politics*. Minneapolis: University of Minnesota Press.

NAVARRO, Desiderio (ed.) (2008): *La política cultural del período revolucionario: Memoria y reflexión*. La Habana: Centro Teórico-Cultural Criterios.

NEIL, Jonathan T. D. (2009): Reseña de *White on white: The pilot (just like being there)*, de Eve Sussman y la Rufus Corporation. En *4art*: <http://4art.com/profiles/blogs/eve-sussman-amp-the-rufus>.

NEWMAN, Britton (2008): «The Presence and Function of Russia in the Fiction of José Manuel Prieto». Tesis de maestría, University of North Carolina.

NORA, Pierre (1996): *Realms of memory: Rethinking the French past*. New York: Columbia University Press.

NUEZ, Iván de la (1999): «De la tempestad a la intemperie». En Nuez, Iván de la (ed.): *Paisajes después del muro*. Barcelona: Península, 163-179.

— (2010): «Llega el "eastern"». En *El País*, 8 de mayo: <http://www.elpais.com/articulo/portada/Llega/eastern/elpepuculbab/20100508elpbabpor_3/Tes>.

PADILLA, Heberto (1968): *Fuera del juego*. La Habana: Unión.

PEREDA, Rosa María (1982): «Manuel Pereira presenta en España "El Ruso," su "autobiografía de una generación de cubanos"». En *El País*, 26 de mayo: <http://www.elpais.com/articulo/cultura/PEREIRA/_MANUEL/Manuel/Pereira/presenta/Espana/Ruso/autobiografia/generacion/cubanos/elpepicul/19820526elpepicul_16/Tes>.

PEREIRA, Manuel (1980): *El ruso*. La Habana: Unión.

PÉREZ, Ricardo Alberto (2003): *Trillos urbanos*. La Habana: Letras Cubanas.

PÉREZ, Silvia (1983): «Cuba en el CAME. Una integración extracontinental». En *Nueva Sociedad* 68: 131-139.

PÉREZ CASTILLO, Ernesto (2007): «Bajo la bandera rosa». En Pérez Castillo, Ernesto (ed.): *Los que cuentan: Una antología*. La Habana: Cajachina, 31-49.

— (2008): «Escribir no es una carrera». Entrevista de Leopoldo Luis. En *El Caimán barbudo* 350: <http://www.centronelio.cult.cu/noticia/escribir-no-es-una-carrera>.

— (2009): *Haciendo las cosas mal*. La Habana: Unión.

Plasencia, Azucena (1977): Reseña de *La sexta parte del mundo*. En *Bohemia* 69 (48): 30.
Ponte, Antonio José (1998): *Corazón de skitalietz*. Cienfuegos: Reina del Mar.
— (2005): *Un arte de hacer ruinas y otros cuentos*. Ciudad de México: Fondo de Cultura Económica.
— (2006): «*"Existen"*: ¿Nación que es locura?». En *Encuentro en la Red*, 18 de abril: <http://www.cubaencuentro.com/cultura/articulos/existen-nacion-que-es-locura-15315>.
— (2007): *La fiesta vigilada*. Madrid: Anagrama.
Prieto, Abel (1997): *El humor de Misha: La crisis del «socialismo real» en el chiste político*. Buenos Aires: Colihue.
— (2007): «A mitad de cien caminos, la voz breve» [Entrevista de Elizabeth Mirabal Llorens y Carlos Velazco Fernández]. En *Juventud Rebelde*, 14 de octubre: <http://www.juventudrebelde.cu/cultura/2007-10-14/a-mitad-de-cien-caminos-la-voz-breve>.
Power, Kevin (2004): *Fnimaniev*. Catálogo de la galería Aural, Alicante.
Prieto, José Manuel (1996): *Nunca antes habías visto el rojo*. La Habana: Letras Cubanas.
— (1999): *Livadia*. Barcelona: Mondadori.
— (1998): *Enciclopedia de una vida en Rusia*. Ciudad de México: Consejo Nacional para la Cultura y las Artes.
— (2001): *Treinta días en Moscú*. Barcelona: Mondadori.
— (2002): *El tartamudo y la rusa*. Ciudad de México: Tusquets.
— (2007): *Rex*. Madrid: Anagrama.
— (2009): *Rex*. Translated by Esther Allen. New York: Grove Press.
— (2012): «Heberto Padilla, the First Dissident». En Loss, Jacqueline & Prieto, José Manuel (eds.): *Caviar with rum: Cuba-USSR and the post-Soviet experience*. New York: Palgrave, 119-130.
Prieto Samsonov, Dmitri (2004): «Jurel en Pesos». En Martínez Shvietsova, Polina & Prieto Samsonov, Dmitri (eds.): *Ternura entre milenios*. La Habana: Unicornio.
— (2007): «Descubrir "el agua tibia": La identidad cubano-(post)-soviética como horizonte polémico». En *Revista electrónica Esquife* 56: <http://www.esquife.cult.cu/primeraepoca/revista/56/13.htm>.

— (2009a): «Bases militares en Nuestra América». En *HavanaTimes*, 18 de agosto: <https://havanatimesenespanol.org/diarios/bases-militares-en-nuestra-america/>.

— (2009b): «Aniversarios de la Luna y de Woodstock». En *HavanaTimes*, 19 de agosto: <https://havanatimesenespanol.org/diarios/aniversarios-de-la-luna-y-de-woodstock/>.

— (2009c): «The Pravda of Reggaetón». En *Havana Times*, 9 de mayo: <http://www.havana times.org/?p=8363>.

— (2009d): «Feria del libro: Trotski en la Habana». En *Cuba información*: <http://www.cubainformacion.tv/index.php/cultura/33390-feria-del-libro-trotski-en-la-habana>.

Quiroga, José (2005): *Cuban Palimpsests*. Minneapolis: University of Minnesota Press.

Río, Joel del (2008): «Regresan los rusos a la Cinemateca». En *La Jiribilla* 366, 10-16 de mayo: <http://www.lajiribilla.co.cu/2008/n366_05/labutaca.html>.

Rivalta, Gertrudis (2012): «*Fnimaniev! Fnimaniev!* The tortoise and the hare: The black *moña*». En Loss, Jacqueline & Prieto, José Manuel (eds.): *Caviar with rum: Cuba-USSR and the post-Soviet experience*. New York: Palgrave, 171-181.

Rodríguez, Ernesto René (2005): «Solarística». En *Cuba Underground* (Anónimo Literario, Taller 1), 3 de febrero: <http://www.cubaunderground.com/anonimo-literario-taller-no-1/solaristica>.

Rodríguez, Reina María (2007): «Carta para no ser un espíritu prisionero». En *Cubaencuentro*, 15 de enero: <https://www.cubaencuentro.com/cultura/articulos/carta-para-no-ser-un-espiritu-prisionero-29675>.

— (2010): «Palabras prologares». En González Reinoso, Pedro (2010): *Vidas de Roxy o el aplatanamiento de una rusa en Cuba*. Bogotá: San Librario Books, 11-14.

— (2015): «Nostalgia». En <https://reinamariarodriguez.wordpress.com/2015/02/28/nostalgia-texto-de-otras-mitologias/>.

Rodríguez, Rubén (2007): «Sobre Sovexportfilm». En *La gaceta de Cuba* 3: 23-26.

Rodríguez Febles, Ulises (2007): *Sputnik*. En *El concierto y otras obras*. La Habana: Letras Cubanas.

Rojas, Fernando (2002): «De lo efímero, lo temporal y lo permanente». En Ubieta Gómez, Enrique (ed.): *Vivir y pensar en Cuba*. La Habana: Centro de Estudios Martianos, 13-33.

— (2004): «El triunfo de Stalin». En *El caimán barbudo 321*: <http://www.caimanbarbudo.cu/caiman321/especial1.htm>.

Rojas, Rafael (2000): «Las dos mitades del viajero». En *Encuentro de la cultura cubana* 15: 231-234.

— (2006): «Partes del imperio». En *Encuentro de la cultura cubana* 39: 251-253.

— (2008): «*Souvenirs* de un Caribe soviético». En *Encuentro de la cultura cubana* 48/49: 18-33.

Rossi, Jacques (1989): *The gulag handbook: An encyclopedia dictionary of Soviet penitentiary institutions and terms related to the forced labor camps*. New York: Paragon House Publishers.

Rubio, Raúl (2006): «Material Culture across Revolutions». En Font, Mauricio A. (ed.): *Cuba: ¿In transition? Pathways to renewal, long-term development, and global reintegration*. New York: Bildner Graduate Center, 293-309.

Rutland, Peter (1993): *The politics of economic stagnation in the Soviet Union: The role of local party organs in economic management*. Cambridge: Cambridge University Press.

Sánchez, Suset (2007): «El sabor de la galleta olvidada sobre la mesa». En Santana, Andrés Isaac (ed.): *Nosotros, los más infieles: Narraciones críticas del arte cubano, 1993-2005*. Murcia: CENDEAC, 681-691.

Sánchez, Yoani (2008): «Evocación de los bolos». En *Generation Y*, 6 de junio: <https://www.14ymedio.com/blogs/generacion_y/Evocacion-bolos_7_259244074.html>.

— (2009): «La extinción del Panda». En *Generation Y*, 27 de junio: <https://www.14ymedio.com/blogs/generacion_y/extincion-Panda_7_490820914.html>.

Smith, Martin Cruz (1999): *Havana Bay*. New York: Random House.

Terdiman, Richard (1993): *Present past: Modernity and the memory crisis*. Ithaca: Cornell University Press.

Tierney-Tello, Mary Beth (1996): *Allegories of transgression and transformation: Experimental fiction by women writing under dictatorship*.

Albany: State University of New York Press.

TRAVIESO, Julio (2009): *Cuentos de grandes escritores rusos*. La Habana: Arte y Literatura.

UBIETA GÓMEZ, Enrique (2002): «Prólogo». En Ubieta Gómez, Enrique (ed.): *Vivir y pensar en Cuba*. La Habana: Centro de Estudios Martianos, 5-10.

VALLE CASALS, Sandra del (2006): «Esteban Insausti: "Con el cine no se juega"». En *La Ventana*, 27 de febrero: <http://laventana.casa.cult.cu/modules.php?name=News&file=article&sid=3057>.

VEGA SEROVA, Anna Lidia (2001): *Limpiando ventanas y espejos*. La Habana: Unión.

— (2007): *Anima fatua*. La Habana: Letras Cubanas.

VÉLEZ BICHKOV, Antón (2004): «¿Son rusos los muñequitos? Koniec» [inédito].

VIVES, Cristina (2007): «Timing Lacking Mixture (Raúl Cordero en los espacios incompletos)». En Santana, Andrés Isaac (ed.): *Nosotros, los más infieles: Narraciones críticas del arte cubano, 1993-2005*. Murcia: CENDEAC, 907-912.

WEIMER, Tanya N. (2008): *La diáspora cubana en México: Terceros espacios y miradas excéntricas*. New York: Peter Lang.

WERMAN, Marco (2005): «Gorki». En *PRI's The World*, 19 de enero: <http://www.publicbroadcasting.net/wabe/.artsmain/article/10/70/729763/Programs/Gorki/>.

WEST-DURÁN, Alan (2005): «Puerto Rico: The Pleasures and Traumas of Race». En *Centro Journal* 17 (1): 46-69.

WHITFIELD, Esther (2008): *Cuban currency. The dollar and «Special Period» fiction*. Minneapolis: University of Minnesota Press.

WILSON, Michael G. (1988): «A Ten-Point U.S. Program to Block Soviet Advances in South America». En Heritage Foundation Report, 22 de junio: <http://www.heritage.org/Research/LatinAmerica/bg658.cfm>.

Yoss (2004): «Lo que dejaron los rusos». En *Temas* 37-38: 138-144.

— (2010): «Ivana Ivanovna y la peste a grajo». En *El cuentero*, marzo: 24-31.

YOUNG, Robert J. C. (1995): *Colonial desire: Hybridity in theory, culture and race*. New York: Routledge.

YULZARI, Emilia (2004): «Discurso transnacional en *Siberiana y las cuatro fugas de Manuel* de Jesús Díaz». En *Revista literaria baquiana* 5 (27-28): <http://www.baquiana.com/Numero_VII-VIII/Ensayo_II.htm>.

ZARDOYA LOUREDA, Rubén (2002): «Ideología y revolución: Notas sobre el impacto del derrumbe soviético y el socialismo europeo en Cuba». En Ubieta Gómez, Enrique (ed.): *Vivir y pensar en Cuba*. La Habana: Centro de Estudios Martianos, 34-55.

AUDIOVISUALES

BECKER, Wolfgang (2003): *Good Bye, Lenin!* Berlín: X-Filme Creative Pool. Köln: Westdeutscher Rundfunk.

BENCHOAM, Ricardo (2005): *¡Llegamos al futuro!* Videoclip para Nacional Electrónica. <http://www.youtube.com/watch?v=8OLwmR2sa6M&feature=related>.

BETANCOURT, Jorge E. & RENÉ, Ernesto (2006): *9550*. La Habana: Producciones por la Izquierda.

CENTENO, Guillermo (1989): *Desde lejos*. La Habana: ICAIC.

COLINA, Enrique (2008): *Los rusos en Cuba*. Malakoff: RFO.

DÍAZ, Jesús & GARCÍA ESPINOSA, Julio & GUTIÉRREZ ALEA, Tomás et al. (1977): *La sexta parte del mundo*. La Habana: ICAIC.

DÍAZ TORRES, Daniel (2009): *Lisanka*. Madrid / La Habana / Moscú: Ibermedia / ICAIC / Mosfilm Studios.

FANDIÑO, Roberto (1963): *Gente de Moscú*. La Habana: ICAIC.

FERRAZ, Vicente (2005): *I Am Cuba: The Siberian Mammoth*. Rio de Janeiro: Três Mundos Produções.

GARCÍA INSAUSTI, Esteban (2005): *Existen*. La Habana: Producciones Sincover.

GREY, Judith (2003): *Sin Embargo*. New York: Leaf Productions.

GUTIÉRREZ ALEA, Tomás (1968): *Memorias del subdesarrollo*. La Habana: ICAIC.

HENCKEL VON DONNERSMARCK, Florian (2006): *La vida de los otros*. Burbank: Walt Disney Studios Motion Pictures International.

HOUZANGBE, Penda (2004): *Cuba mi amor*. Tesis, Escuela Internacional de Cine y Televisión de San Antonio de los Baños.

KALATOZOV, Mijaíl (1964): *Soy Cuba*. La Habana / Moscú: ICAIC / Mosfilm.

PÉREZ, Gustavo (2006): *Todas iban a ser reinas*. Camagüey: TV Camagüey Productions.

RENÉ, Ernesto (2001): *Los músicos de Bremen*. En *Youtube*: <http://www.youtube.com/watch?v=lkqDDlUFPMo>.

SOTO, Asori (2005): *Good Bye, Lolek*. La Habana: Havana Producciones Aguaje.

VALDÉS, Alexis (2005): *Un rey en la Habana*. Culver City: Columbia Tri-Star.

Agradecimientos

Hablar de lo que uno cree que es lo suyo es difícil, y aún más lo es hablar de aquello que se finge saber de otro. Mis lecturas de lo que constituye «soñar en ruso» son fantasmagóricas, en la misma acepción del adjetivo en el capítulo titulado «El fantasmagórico Sputnik», un título que de diversos modos es a su vez un preciso compendio de este libro. Dichas lecturas podrían caracterizarse por una afinidad generacional vaga, aunque sólida, con la generación de los Muñequitos Rusos, la de aquellos que alcanzaron la mayoría de edad en los ochenta y que crecieron con los dibujos animados del bloque soviético. Esto viene de alguien que apenas ha visto dibujos animados aparte de Los Picapiedra, pero que se ha informado debidamente en un mundo que un día se dividió en dos y en un momento se volvió «uno».

Este libro es el producto de más de diez años de conversaciones. Mi extraordinario grupo de interlocutores habituales ha debatido conmigo a fondo, me ha mostrado historias viejas y nuevas, obras de arte, colecciones privadas y personas. Las reflexiones de Ernesto René Rodríguez sobre los ochenta en Cuba fueron adorables. Raúl Aguiar, Carmen Berenguer Hernández, Yana Elsa Brugal, Víctor Fowler Calzada, Jorge Miralles, Antonio José Ponte y Reina María Rodríguez han moldeado minuciosamente mi visión sobre cómo debió de ser su pasado, influido por el prisma soviético. La generosidad de Raúl Aguiar, no sólo con su archivo rusófilo de la infancia, sino también con su amplio conocimiento de la ficción cubana de hoy en día, ha sido inmensa. Las primeras conversaciones con Jorge Fornet me confirmaron que podría estar ante un descubrimiento. Caridad Tamayo ha sido una amiga y compañera increíble, cuya ayuda a cada paso del camino ha sido imprescindible. Para empezar a entender la extraordinaria relación de Desiderio Navarro con el bloque soviético y su inmenso aporte al campo teórico con su revista *Criterios* se necesitaría toda una vida; le doy las gracias por traducirme algunos aspectos. Pedro Manuel González Reinoso, Oneyda González, Polina Martínez Shvietsova, Gustavo Pérez, Dmitri Prieto Samsonov, Anna Lidia Vega Serova y Yoss también han contribuido a hacer de este proyecto un acto de amor. Los artistas Gertrudis Rivalta, Tonel y Jorge Luis Marrero han compartido conmigo, sobre todo mediante correo electrónico, sus propias aportaciones al tema. La mayoría de estos nombres recurren en el libro, recordándome lo afortunada que he sido de colaborar con todos estos pensadores y creadores. Es de esperar que mis lecturas no siempre coincidan con las suyas, pero confío en que en ocasiones sí lo hagan y que, cuanto menos, las discrepancias resulten productivas.

Agradezco a Anke Birkenmaier, Esther Allen, Naomi Lindstrom, Odette Casamayor-Cisneros, Ariana Hernández Reguant, Marta Hernández Salván, Osvaldo Pardo, Rachel Price, José Manuel Prieto, Laura Redruello, Andrew Rubin, César Salgado, Rainer Schultz y Armando Suárez Cobián su compromiso con este proyecto. El trabajo duro y la fiabilidad del ayudante de cátedra Jorge Castillo me han permitido llegar a este punto. Es prácticamente imposible imaginar el fruto de mi esfuerzo sin la colaboración de Esther Whitfield. Le doy las gracias a Mervyn J. Bain por informarme de este tema desde una perspectiva disciplinaria totalmente distinta. Estoy en deuda con José Quiroga y Elzbieta Sklodowska por sus aportaciones. Mis colegas de Español, el Departamento de Literaturas, Culturas y Lenguas, y la Fundación para la Investigación de la Universidad de Connecticut me han permitido mantener la larga investigación que el proyecto conllevaba.

El grandísimo apoyo de mi padre Calvin Loss, mi madre Barbara Rosenberg Loss, mi hermano Daniel Loss, y mis tías Florence Preiser y Madeleine Buchsbaum, me ha empujado a seguir adelante. En 2011, con mi hijo de sólo unas semanas en su «coche» y mi amiga Lecia Rosenthal ayudándome con el proceso, mandé la versión final de *Dreaming in Russian* a la editorial en Texas. Ahora, casi ocho años después, aprecio infinitamente la «paciencia» de mi hijo Leo Calvin Ampofo de Graft-Johnson.

Agradezco a Mary Taveras y Sue Carter la cuidadosa edición del libro, a Casey Kittrell que me presentara a University of Texas Press, y a Molly R. Frisinger, Victoria A. Davis, y, en particular, a Theresa May, que el libro original en inglés viera la luz. Almenara me ha permitido regresar a preguntas cuyas respuestas en 2019 tal vez sean un poco distintas. Me tienta volver a escribir algunas cosas de otra manera, pero recuerdo que hoy en día existe una comunidad de investigadores de primera en diferentes disciplinas que indagan en este imaginario. A todos ellos, mi agradecimiento.

Por último, sin el apoyo de Brendan Kane y el Book Support Committee (College of Liberal Arts, University of Connecticut) no se habría podido realizar esta traducción.

Catálogo Almenara

Aguilar, Paula & Basile, Teresa (eds.) (2015): *Bolaño en sus cuentos.* Leiden: Almenara.

Aguilera, Carlos A. (2016): *La Patria Albina. Exilio, escritura y conversación en Lorenzo García Vega.* Leiden: Almenara.

Amar Sánchez, Ana María (2017): *Juegos de seducción y traición. Literatura y cultura de masas.* Leiden: Almenara.

Arroyo, Josianna (2018): *Travestismos culturales. Literatura y etnografía en Cuba y el Brasil.* Leiden: Almenara.

— (2019): *Fin de siglo: el secreto y la escritura en la masonería caribeña.* Leiden: Almenara.

Barrón Rosas, León Felipe & Pacheco Chávez, Víctor Hugo (eds.) (2017): *Confluencias barrocas. Los pliegues de la modernidad en América Latina.* Leiden: Almenara.

Blanco, María Elena (2016): *Devoraciones. Ensayos de Período Especial.* Leiden: Almenara.

Burneo Salazar, Cristina (2017): *Acrobacia del cuerpo bilingüe. La poesía de Alfredo Gangotena.* Leiden: Almenara

Caballero Vázquez, Miguel & Rodríguez Carranza, Luz & Soto van der Plas, Christina (eds.) (2014): *Imágenes y realismos en América Latina.* Leiden: Almenara.

Calomarde, Nancy (2015): *El diálogo oblicuo: Orígenes y Sur, fragmentos de una escena de lectura latinoamericana, 1944-1956.* Leiden: Almenara.

Campuzano, Luisa (2016): *Las muchachas de La Habana no tienen temor de dios. Escritoras cubanas (siglos XVIII-XXI).* Leiden: Almenara.

Casal, Julián del (2017): *Epistolario. Edición y notas de Leonardo Sarría.* Leiden: Almenara.

Churampi Ramírez, Adriana (2014): *Heraldos del Pachakuti. La Pentalogía de Manuel Scorza.* Leiden: Almenara.

Deymonnaz, Santiago (2015): *Lacan en el cuarto contiguo. Usos de la teoría en la literatura argentina de los años setenta*. Leiden: Almenara.

Díaz Infante, Duanel (2014): *Días de fuego, años de humo. Ensayos sobre la Revolución cubana*. Leiden: Almenara.

Echemendía, Ambrosio (2019): *Poesía completa. Edición, estudio introductorio y apéndices documentales de Amauri Gutiérrez Coto*. Leiden: Almenara.

Fielbaum, Alejandro (2017): *Los bordes de la letra. Ensayos sobre teoría literaria latinoamericana en clave cosmopolita*. Leiden: Almenara.

García Vega, Lorenzo (2018): *Rabo de anti-nube. Diarios 2002-2009. Edición y prólogo de Carlos A. Aguilera*. Leiden: Almenara.

— (2019): *Rostros del reverso. Edición y prólogo de Carlos A. Aguilera*. Leiden: Almenara.

Garrandés, Alberto (2015): *El concierto de las fábulas. Discursos, historia e imaginación en la narrativa cubana de los años sesenta*. Leiden: Almenara.

Giller, Diego & Ouviña, Hernán (eds.) (2018): *Reinventar a los clásicos. Las aventuras de René Zavaleta Mercado en los marxismos latinoamericanos*. Leiden: Almenara.

González Echevarría, Roberto (2017): *La ruta de Severo Sarduy*. Leiden: Almenara.

Gotera, Johan (2016): *Deslindes del barroco. Erosión y archivo en Octavio Armand y Severo Sarduy*. Leiden: Almenara.

Greiner, Clemens & Hernández, Henry Eric (eds.) (2019): *Pan fresco. Textos críticos en torno al arte cubano*. Leiden: Almenara.

Hernández, Henry Eric (2017): *Mártir, líder y pachanga. El cine de peregrinaje político hacia la Revolución cubana*. Leiden: Almenara.

Inzaurralde, Gabriel (2016): *La escritura y la furia. Ensayos sobre la imaginación latinoamericana*. Leiden: Almenara.

Kraus, Anna (2018): *sin título. operaciones de lo visual en 2666 de Roberto Bolaño*. Leiden: Almenara.

Loss, Jacqueline (2019): *Soñar en ruso. El imaginario cubano-soviético*. Leiden: Almenara.

Lupi, Juan Pablo & Salgado, César E. (eds.) (2019): *La futuridad del naufragio. Orígenes, estelas y derivas*. Leiden: Almenara.

Machado, Mailyn (2016): *Fuera de revoluciones. Dos décadas de arte en Cuba*. Leiden: Almenara.

— (2018): *El circuito del arte cubano. Open Studio I*. Leiden: Almenara.

— (2018): *Los años del participacionismo. Open Studio II*. Leiden: Almenara.

— (2018): *La institución emergente. Entrevistas. Open Studio III*. Leiden: Almenara.

Molinero, Rita (ed.) (2019): *Virgilio Piñera. La memoria del cuerpo*. Leiden: Almenara.

Montero, Oscar (2019): *Erotismo y representación en Julián del Casal*. Leiden: Almenara.

Morejón Arnaiz, Idalia (2017): *Política y polémica en América Latina. Las revistas Casa de las Américas y Mundo Nuevo*. Leiden: Almenara.

Pérez-Hernández, Reinier (2014): *Indisciplinas críticas. La estrategia poscrítica en Margarita Mateo Palmer y Julio Ramos*. Leiden: Almenara.

Pérez Cano, Tania (2016): *Imposibilidad del* beatus ille. *Representaciones de la crisis ecológica en España y América Latina*. Leiden: Almenara.

Pérez Cino, Waldo (2014): *El tiempo contraído. Canon, discurso y circunstancia de la narrativa cubana (1959-2000)*. Leiden: Almenara.

Quintero Herencia, Juan Carlos (2016): *La hoja de mar (:) Efecto archipiélago I*. Leiden: Almenara.

Ramos, Julio (2019): *Desencuentros de la modernidad en América Latina. Literatura y política en el siglo xix*. Leiden: Almenara.

Ramos, Julio & Robbins, Dylon (eds.) (2019): *Guillén Landrián o el desconcierto fílmico*. Leiden: Almenara.

Selimov, Alexander (2018): *Derroteros de la memoria.* Pelayo y Egilona *en el teatro ilustrado y romántico*. Leiden: Almenara.

Timmer, Nanne (ed.) (2016): *Ciudad y escritura. Imaginario de la ciudad latinoamericana a las puertas del siglo xxi*. Leiden: Almenara.

— (2018): *Cuerpos ilegales. Sujeto, poder y escritura en América Latina*. Leiden: Almenara.

Tolentino, Adriana & Tomé, Patricia (eds.) (2017): *La gran pantalla dominicana. Miradas críticas al cine actual.* Leiden: Almenara.

Vizcarra, Héctor Fernando (2015): *El enigma del texto ausente. Policial y metaficción en Latinoamérica.* Leiden: Almenara.